U0362468

崔允漷　主审
鄢亮　曾宏　王毓舜　主编

# 基于课程标准的学历案：温江经验

华东师范大学出版社
上海

**图书在版编目(CIP)数据**

基于课程标准的学历案：温江经验/鄢亮，曾宏，王毓舜主编.—上海：华东师范大学出版社，2020
ISBN 978-7-5760-0476-2

Ⅰ.①基… Ⅱ.①鄢…②曾…③王… Ⅲ.①课堂教学—教案(教育)—中小学 Ⅳ.①G632.421

中国版本图书馆 CIP 数据核字(2020)第 096344 号

**基于课程标准的学历案：温江经验**

主　　编　鄢　亮　曾　宏　王毓舜
主　　审　崔允漷
责任编辑　彭呈军
特约审读　戎甘润
责任校对　樊　慧　时东明
装帧设计　卢晓红

出版发行　华东师范大学出版社
社　　址　上海市中山北路 3663 号　邮编 200062
网　　址　www.ecnupress.com.cn
电　　话　021-60821666　行政传真 021-62572105
客服电话　021-62865537　门市(邮购)电话 021-62869887
地　　址　上海市中山北路 3663 号华东师范大学校内先锋路口
网　　店　http://hdsdcbs.tmall.com

印 刷 者　昆山市亭林印刷有限责任公司
开　　本　787 毫米×1092 毫米　1/16
印　　张　25
字　　数　373 千字
版　　次　2020 年 7 月第 1 版
印　　次　2023 年 12 月第 7 次
书　　号　ISBN 978-7-5760-0476-2
定　　价　78.00 元

出 版 人　王　焰

(如发现本版图书有印订质量问题，请寄回本社客服中心调换或电话 021-62865537 联系)

本书系四川省教育厅普教科研资助金重点规划课题(川教函[2018]495号)“研修转型促进区域中小学‘学为中心’课堂变革实践研究”的研究成果之一

## 四川省教育厅2018年普教科研资助金重点规划课题
## 成都市温江区学历案区域推进改革实验项目

**组长**

鄢　亮

**副组长**

曾　宏　王毓舜

**主要成员**（按姓氏笔画顺序）

马　玥　冯文霞　冯龙俊　吕文英　向　伟
刘吉全　阮　洪　孙泽萍　杜　娟　李　琳
李中华　李霜玉　杨　立　杨　继　肖　红
何仕伟　何高明　余晓华　张　周　张光伟
陈之斌　陈怀炳　陈培林　卓　平　卓　琼
易　红　周　亮　周　洁　周丽蕊　赵　辉
黄　丽　彭　伟　谢云霞　戴　黎

**项目指导专家**

崔允漷　周文叶　朱伟强　雷　浩　王少非
付黎黎

# 目 录



## 第一部分 区域推进学历案的温江经验



## 第二部分 小学学历案精选

## 第三部分 初中学历案精选

# 开创“落实课标、学为中心”的教学新局面（代序）

崔允漷

感动于温江教育人的火辣干劲！感谢温江教育人8年来的执着参与！向温江教育人在“基于课程标准的学历案”的先锋式探索致敬！

我与温江教育人的相识始于2012年的秋天。整个温江区研培中心的专家在孟蜀华主任的带领下，不远千里，从西部的“天府之国”，横跨大半个中国，来到华东师范大学教研员研修中心、课程与教学研究所，开展以“基于课程标准的教学”为主题的研修——这在当时对于一个区级教研机构而言，确实是一个大动作。8天的研修中，我的印象无非就是：温江的教研员专家听报告、写博文、做作业都比较认真，互动也比较积极。本想事情会就此结束，可他们来自一个“来了就不想走”的城市（成都），的确有一种“来了就不想走”的品质：第一个班后，接二连三，几乎每年都有研修人员来我们中心交流学习，交流形式有大班也有小班，有专题培训也有面对面点评作业……总之，在这8年时间里，我与他们中的一些专家见面的次数非常多，多到好多专家我一见面就能直呼其大名。我非常敬佩温江区几任教育局领导的远见与魄力，以及区教研中心各位领导的决心与毅力！他们怀着极大的热情在全区推进“落实课标、学为中心”的课堂变革，深深地震撼了每一位培训专家。特别是近几年他们将关注点聚焦于基于课程标准的学历案，在区域推进课程改革、促进教育公平、提高教育质量方面创造了重要经验，堪称“区域深化国家课程改革的温江方案”，非常值得总结与推广。温江的实践有两个方面特别值得关注，一是区域的整体推进，区研培中心以多种多样的活动为载体，推动教师全员参与学历案的学习、实践与研究，形成了具有引领性的学历案区域推进模式；二是将原本我们主要在高中实践的学历案应用于义务教育阶段，并有所创新突破，为学历案提供了新的实践经验。鉴于此，本人愿意充当温江学历案推进实践的推荐者。

同时，本人也想借此机会分享一些背景性的专业理解与思考，以表示对温

 江教育人的敬意，并为同道提供一些参考！

## 一、深化课程改革从方案做起：从“教案”到“学历案”

说起来，世界上最早有记载的教案已有200年历史了。教案源于德国教育学家赫尔巴特的统觉论及教学形式阶段理论，此后其弟子莱因基于形式训练说将其演变成“五段教学法”，即预备、提示、联合、总结和应用。这是世界上第一个有理论指导的教学法，也是教学法（教育学）真正从思辨的哲学中独立出来成为一门学科的标志，所以对世界各国产生了深远的影响。自19世纪中期起，甚至形成了“要学教育，必去德国”的风尚，包括美国、日本、苏联都派留学生去德国学习赫尔巴特教育学。于是，“五段教学法”成了当时世界上最先进的、最科学的、最权威的教学法。1895年，美国成立了全国赫尔巴特教育研究会（1910年改名为美国教育研究学会），以至于“在19世纪90年代期间，对这个精心建立的专业共同体的兴趣，像浪潮一样，席卷了美国教育界的教师和学生”。① 正如美国教育部在1894年至1895年的报告中指出的：“在今天，美国比德国更信奉赫尔巴特学派的教育学。”②到了20世纪初，人们认为“每一个好教师都应该为每一节课准备一份教案，五个形式阶段都须非常明显”。③ 这一教学法后来经过日本传入中国，并且在传入中国之初，这种教学方法被视为“教案”的同义词。与之相应，这种教案主要关注的是上课程序的设计，而对每个教学阶段的教学内容则关注不多。

新中国成立后，尤其是20世纪50年代受到苏联凯洛夫教育学的影响，教案开始发生了变化。苏联沿袭赫尔巴特学派的“五段教学法”，形成凯洛夫教育学的“教学五环节”，即导入、复习旧知识、讲授新知识、巩固新知识与布置作业；

---

① Eby, F., & Arrowood, C. F. *The Development of Modern Education* [M]. New York: Prentice Hall, 1934: 786.

② Connell, W. F. *A History of Education in the Twentieth Century World* [M]. New York: Teachers College Press, 1980: 61.

③ Kilpatrick, W. H., Dewey's Influence on Education. In P. A. Schilpp (Ed), *The philosophy of John Dewey* [M]. La Salle, IL: Open Court, 1939: 465.

有时甚至还明确规定每个环节所花的时间范围，如导入2—5分钟，复习旧知识5—10分钟，讲授新知识10—25分钟，巩固新知识5—10分钟，布置作业2—5分钟，以此为新授课的基本模式。同时，还发展出复习课、讨论课、练习课等多种课型。在这种教学理论的指导下，教案的核心内容就是处理教材，要回答的问题就是“我”(教师)用什么方法或策略把教科书中的内容说清楚。这样的教案在我国差不多持续了半个世纪。

到了新世纪初，随着新一轮课程改革的推进，一些教师开始拥有了课程视野，尝试探索教学中的一些重要问题，教案的变革就是教师实践尝试的重要形式之一。在这一领域的实践探索中，学案、导学案、教学案、作业单等教学方案变革尝试先后出现。其中影响最大的是学案与导学案。学案的格式有多种，但比较经典的是由学习目标、知识构成、学习方法和技能训练四个部分组成的，它最成功的地方是在技能训练部分，即对作业的精心设计。众所周知，作业质量是决定教学质量特别是学生成绩的重要因素之一，如果真的能精准设计作业，实现作业校本化、班本化，让作业更适应自己所教的学生，那一定会带来学生考试成绩的提高。导学案一般包括学习目标、导学过程、资源链接与课后作业，从某种程度上讲，导学案与学案没有本质差异，它们都重视课后作业的精选与适应性设计。除此之外，导学案还关注教师如何导学，告诉学生有哪些资源。从教学设计的角度看，这些做法都是必要的。不过，笔者认为，学案、导学案之所以能提高学生的考试成绩，除了关注作业质量之外，更重要的是如下做法所带来的效应：学案与导学案是课前发给学生的，是教师设计好文本帮助学生学习，以便于学生有更多的机会与方案互动。也就是说，加强了学生与方案的互动才是学案、导学案成功的关键。反观教案，教案是教师自己用的，由于没有一个教师将教案发给学生，因此学生看不到教师用心设计的东西，只能凭“工作记忆”记住教师在课堂上所讲的那点东西，效益太低。教师们自己也会经常感觉到“为什么我那么认真教了，但学生没学会”，其原因也就在于此。可是，估计推行学案、导学案的人当中少有人意识到这一点。其实，从方案的专业化来看，无论是学案还是导学案，至少还存在下列五大问题：一是虽号称“学之案”，而非“教之案”，但却没有体现对学习主体“何以学会”的学习经历的完整设计，名不符实。二是只有作业的训练，没有突显与目标匹配的评价任务的设计。没有评价，就无法知道学生有没有学会；没有评价，就无法控制学生的课业负担。三是学案与导学案普遍淡化或隐去对教的设计，重视对学习方法或策略的建议，但却没有完整地设计学的过程，更没有体现“教—学—评”一致性的核心理念。四是学案和导学案仍然是教师教学的辅助工具或材料，教师还是按照那份没有发给学生的教案在教学，课堂教学仍然是教师立场。五是训练取向没有体现课堂学习的进阶，没有体现形成性评价及其对教学过程的调节；通常，学案或导学案或放在课前预习，或放在课后练习，这在一定程度上增加了学生的课业负担，并且容易成为应试教育的附庸。

基于这样的思考，同时吸收了学习科学的最新成果，笔者团队重新概念化了教学方案的本质，建构了一种新的教学专业方案——学历案（learning plan），并与中小学教师开展持续的实践探索。

何为学历案？它是指教师在班级教学情景下，围绕某一具体学习单位的主题、课文或单元，从期望学生学会什么出发，设计并展示学生何以学会的过程，以便学生自主建构或社会建构经验、知识的专业方案。一份完整的学历案就应该是一个完整的学习故事或课程单元，它至少需要包括学习主题/课时、学习目标、评价任务、学习过程（资源与建议、课前预习、课中学习）、作业与检测、学后反思 6 个要素，每一个要素都有详细的编写指南。它是替代教师教案的一种专业方案，它是一种微型课程计划、一张学生学习认知地图、一份累积性的学习档案、一种质量监测的文本。[①]

## 二、落实国家课程标准：让教学“回家”

300 多年前，自从作为专门教育机构的学校开始制度化以来，教学就超越了日常的、随意的教育经验，而成为有目的或有意图、有计划的活动，并且由具有专门知识或能力的人来执教，教学也开始成为专门化的职业。

起初，教育目的往往关注的是希望“培养什么人”的宏大想法，用现在的话说，就是关注“育人”这样的大问题；而通常来说，教学目的应该关注的是教什么

① 详见：崔允漷．学历案——学生立场的教案变革[N]．中国教育报，2016－6－9．卢明、崔允漷等．教案的革命：基于课程标准的学历案[M]．上海：华东师范大学出版社，2016．尤小平．学历案与深度学习[M]．上海：华东师范大学出版社，2017．

即内容，相当于现在所说的“教书”。这两者的分歧其实在于背后的立场的差异，前者往往是统治阶级或既得利益集团，抑或教育思想家立场，而后者通常是实践工作者即一线老师的立场。这两大立场代表着两种不同的社会经济地位、文化背景、专业视角，故在教育目的与教学目的之间存在很大的鸿沟，这一鸿沟后来一直被称为“两张皮”现象。

“两张皮”问题的极致表现是20世纪五六十年代美国的课程改革。当时美国联邦政府非常重视人才培养，把教育目的提高到国防的高度，提出要培养理智上高度发展的人才，并请顶级科学家编制教科书。结果只过了10多年，此次课程改革的核心人物布鲁纳(J. Bruner)就承认当初的设想“过于理想化”了。到了1983年，美国国家教育优异委员会递交了一个“扭转教育乾坤”的报告——《国家在危急之中：教育改革势在必行》，提出“回到基础、建立国家标准、开展问责”等措施。20世纪90年代特别是世纪之交，世界各国都在研制国家课程标准，掀起了一场世界性的“基于标准的运动”，努力在教育目的和教学目标之间建立一种承上启下的课程标准。如表1所示，课程标准既是教育目的具体化的产物，又是确定教学目标的直接依据，旨在通过建立这样一致性的三层教育意图体系，来消解长期存在的教育目的与教学目标之间的“两张皮”的鸿沟。

**表1　教育意图的层级**

| 代理人 | 意图层级 | 核心问题 | 举例 |
| --- | --- | --- | --- |
| 统治者或利益集团 | 教育目的 | 教育要培养什么样的人、为谁培养人 | 培养……的人 |
| 课程共同体 | 学科课程标准 | 怎样培养人，以及此学科课程能够为培养上述的人作什么贡献 | 拥有……知识、观念；能做……事；具有……态度 |
| 教学人员 | 教学目标 | 怎样培养人，以及如何分解上述学科的贡献，遵循儿童身心发展规律，展开具体的教育教学 | 掌握……知识或技能；能完成一项……具体任务 |

那么，课程标准到底是什么？为什么说它是教学之“家”呢？

在我国，课程标准的最早雏形可以追溯到清朝末年的《功课教法》或者《学科程度及编制》，但是课程标准名称的正式出现却是在1912年颁布的《普通教育暂行课程标准》中(这是不是世界上最早的国家课程标准，还有待考证)，此后这一名称沿用了近 40 年。新中国成立以来,特别是 1952 年后,在全面学习苏联的大背景下,课程标准被改为教学大纲。教学大纲对每一门学科的教学目的、教学要求、教学内容以及讲授和实习、实验、作业时数分配等做了明确规定。随着教学大纲的完善,基础知识和基本技能在教学大纲中的地位越来越得以凸显。也正因如此,教案更加重视基础知识和基本技能的落实,更加重视讲授、重复的机械操练。

然而,随着 2001 年义务教育课程标准的颁布,使用了近 50 年的教学大纲退出了历史舞台。国家课程标准规定了每门学科的课程性质、基本理念、标准设计思路,并且将课程目标聚焦于知识与技能、过程与方法、情感态度与价值观三维目标,内容标准聚焦于内容领域和行为目标,实施建议包括教学建议、评价建议、教材编写建议以及课程资源开发与利用建议,还有附录。2003 年教育部颁布了普通高中各科课程标准,2011 年修订了义务教育课程标准。2014 年,教育部印发《教育部关于全面深化课程改革落实立德树人根本任务的意见》,涉及四个部分:充分认识全面深化课程改革、落实立德树人根本任务的重要性和紧迫性;准确把握全面深化课程改革的总体要求;着力推进关键领域和主要环节改革;切实加强课程改革的组织保障。在此背景下,教育部启动普通高中课程标准修订工作,强化课程育人、学科育人,深化课程改革。新修订的普通高中课程标准(2017)有了两大突破:其一,凝练了学科育人的关键与抓手——学科核心素养;其二,增加了评价的焦点与杠杆——学业质量标准。这两大突破不仅极大地提高了课程标准的文本质量,而且对于课程理念的传播与落实以及普通高中的实践特别是教学、评价考试具有重要的指导意义。该课程标准有利于教师清晰地知道学科落实立德树人根本任务的内涵与路径,明白教学与评价考试的重难点之所在。

概言之,国家课程标准是德智体美劳全面发展教育方针的具体落实,是基础教育阶段人才培养的基本规格,是课程育人、学科育人的根本遵循。它反映了国家对某一学段学生学习结果的基本要求,是对学生在校期间应达到的知识与技能、过程与方法、情感态度与价值观的明确阐述。一个完整的课程标准包括内容标准、过程(教学或机会)标准与学业质量(结果)标准,分别意味着国家对某学段学生应该学什么、怎么学以及学到什么程度的规定。课程标准不同于教学大纲,它是对学生经过某一学段之后的学习结果的行为描述,而不是对教学内容(特别是知识点和单项技能)的具体规定;但是它主要规定某一学段或年级所有学生在教师的帮助下或在自己的努力下都能达到的要求，它是面向全体学生的共同的、统一的基本要求，而不是最高要求；它隐含着教师不是教科书的执行者，而是教学方案的开发者，它使教师与学生等课程实施者作为独立的主体参与教育过程，使课程具有生成性、适应性成为可能；它是国家基础教育课程质量的主要标志，统领课程的管理、评价、督导与指导，具有一定的严肃性与正统性。①《基础教育课程改革纲要（试行）》明确指出："国家课程标准是教材编写、教学、评估和考试命题的依据，是国家管理和评价课程的基础。应体现国家对不同阶段的学生在知识与技能、过程与方法、情感态度与价值观等方面的基本要求，规定各门课程的性质、目标、内容框架，提出教学和评价建议。"②由此可见，落实国家课程标准就是教学的宗旨所在，是教学的中心任务。打个比方，基于课程标准的教学就是让教学"回家"，所有背离国家课程标准的教学变革，都无异于"离家出走"。

## 三、基于课程标准的学历案：创建"学为中心"的教学规范

国家课程标准是国家纲领性的教学文件，是学科课程的灵魂，它全面地阐述了一门学科的育人意图与价值追求，引领着后续的专业实践；它也是一门课程的规范，大致框定了该门课程的目标、内容、方法与评价等。换言之，课程标准已经描绘了课程标准与教材、教学、评价一致性的蓝图，后续的专业实践都是围绕课程标准展开的，都是课程标准落实的路径与渠道。

就教学实践而言，要研读课程标准，研究教材和学情，由教研组或备课组统一规划好一个学期的课程，编制好学期课程纲要，然后递交一份给学校教务处或课程教学处备案，以便于国家课程校本化实施的管理，另一份留给教师自己使用。一个学期的课程规划好之后，教师或备课组一起依据学期课程纲要，编

---

① 钟启泉，崔允漷.新课程的理念与创新——师范生读本[M].北京：高等教育出版社，2003：70.

② 中华人民共和国教育部.关于印发《基础教育课程改革纲要（试行）》的通知[EB/OL].(2001-06-08)[2020-02-15].http://old.moe.gov.cn//publicfiles/business/htmlfiles/moe/s8001/201404/xxgk_167343.html

写具体的教学方案。方案编好后，教师、方案与学生三者在课堂内外开展充分的互动，最后采用基于课程标准或教学目标的评价，以检验目标的达成程度，反思教学的改进，甚至完善教材与课程标准。这一过程既体现了课程标准与教学、评价的一致性，也体现了在课程观念支配下的国家课程校本化教学实践。如果没有这样的程序，教师的教学实践很有可能会重蹈覆辙，产生“课程标准高高挂起，教学评价轻轻放下”的“两张皮”现象。基于这样的思考，笔者团队建构了“基于课程标准的教学实践模型”，其中“学为中心”的新教学系统就是该模型的核心。如图1所示。

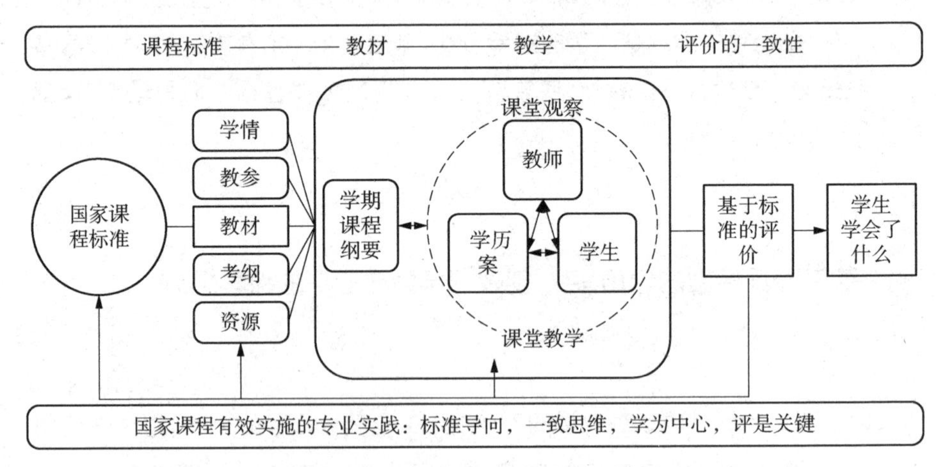


**图1　基于课程标准的教学实践模型**

就具体操作而言，“落实课标、学为中心”的教学实践分为如下三个步骤。

第一步：编制学期课程纲要。教师研读国家课程标准和教材，研究学情、教参、考纲和资源等，分学期编制课程纲要，替代原先的教学进度表。用课程大纲的形式一致性地回答一个学期的课程目标、内容、实施与评价，描绘出本学期课程学习的蓝图，形成国家课程校本实施的学期方案。《学期课程纲要》的编制有助于在课程实施的中观层面保证课程标准的导向作用和最终的落实。

第二步：编制单元或课时学历案。依据上述学期课程纲要的相关规定，分单元、课文(或章节)、课时编制学历案，在微观层面落实国家课程标准的要求。每一份学历案都要一致性地回答下列问题：

首先，确定清晰的目标。目标即预期学会的结果，专业的教学方案设计必须以“期望学生学会什么”的状态为起点。教师要依据课程标准中的内容标准或学业质量标准，确定单元、课文（或章节）、课时的目标，保证教学目标与课程标准一致。

其次，设计与目标匹配的评价任务。目标的实现离不开评价。目标确定之后，教师就应该设想“我用什么样的评价任务可以检测学生学习目标是否达成”，例如通过观察、提问、表演、交流、练习、测试、作品等了解学生已经学会了什么，离预设的目标还有多远，从而做出基于证据的教学决策，也便于学生基于证据调节自己的学习。这是学历案设计的关键，也是课程观念下的教学实践的关键所在。

第三，规划目标导向的学习过程。教师需要依据学生的认知特点设计从不知到知、从少知到多知，或者从不会、不太会到会的过程。过程规划主要有三个关键点：一是提供学习的资源、工具与脚手架，特别是线上教学；二是设计问题链或任务串，即什么样的难度或梯度才适合教师自己将要教的学生；三是将所设计的评价任务嵌入学习过程，既便于学生有更好的表现，也便于教师自己不断地了解学生的目标达成情况。这样的设计既体现基于课程标准的教学、以学定教、目标导向的教学等思想，也反映了“教—学—评”一致的技术应用。

第四，编制作业与检测题。除了设计上述评价任务之外，还需要设计作业。作业的目的是帮助学生巩固所学、实现迁移、综合运用。学而时习之，没有习是学不会的。一个单元结束时还要安排合理的检测，其目的有二：一是检测本单元的目标达成情况，二是将所学的知识整合到整个学科的知识体系中并让学生学以致用。

第五，引导学生学后反思。学而不思则罔。在一个单元、章节或课文学习结束之后，教师必须设计好反思的支架或路径，引领学生反思自己的学习。反思的内容应视学习目标或所学内容的意义而定，可以是核心知识的结构化，也可以是元认知，或者由文到道、由思到悟、由知到行的引导等。

第三步：实施基于学历案的教学与评价。设计好的学历案只是教师理解的课程，还是一纸文本，唯有借助教学实施，才能转化为师生运作的课程和学生实际获得的课程。课堂教学就是指把预设的学历案付诸实践的过程，其实质就是教师、学历案、学生三者互动以实现教育意义的过程。教师既然事先把学生何以学会的完整方案设计好了，那就应该留更多的时间给学生自学或合作学习，教师也有可能花更多的时间在课堂现场获取学情、分析学情，并采取有针对性的指导，把课堂变成真正的“学堂”，体现“学为中心”的理念。经过多年的研究与实践，基于学历案的教学有下列五种基本课型：

—**对话型**：学生自学学历案+同伴交流问题+师生对话解答。

—**合作型**：小组按学历案合作完成任务+全班交流与分享+教师点评或提炼。

—**自主型**：学生根据学历案自学+教师或同伴过程指导。

—**指导型**：教师根据学历案导学+个体或小组学习+教师总结。

—**评价型**：教师分享结果标准+学生按标准自我监测学习+学生自评或互评。

教了不评，或评非所学，非课程也。评价是课程与教学的关键。当某一个基于学历案的教学程序结束后，需要开展基于课程标准的评价或考试，以获取适当的数据进而评估学生学习目标的达成程度、支持教师的教学改进，以及修订与完善学历案、学期课程纲要、教材、课程标准等文本，最终是为了实现课程标准、教学与评价的一致性检验。唯如此，课程、教学与评价才能称得上是专业的实践，我们才能说教研员、校长与教师各自担当了自己的育人责任。

## 四、基于课程标准的学历案：可能的优势

综上所述，基于课程标准的学历案经过多年实践探索，取得了一定的成就。究其原因，主要是该教学方案至少存在以下可能的优势。

### （一）有助于提升教学方案的专业性

如果将传统教案与基于课程标准的教案、学历案作一简单的比较，如表2所示，可以发现，传统的教案至少存在六大问题：一是教师立场，而不是学生立场，教案通常告诉别人的是教师自己想做什么，而不是学生要怎么学；二是教学设计以课时（时间）而不是以一个完整的学习事件为单位；三是设计的取向是知识的分解，而不是经验的整合，学生学会或掌握的都是孤立、琐碎的“原子”，而不是“分子”，更不是“物质”；四是目标与评价强调的是有无落实知识点，而不是学科核心素养；五是重点关注的是如何教而不是如何评，误以为“教过，就等于

学会”,以致教而不评、评非所学;六是把领导或同行当作是教学方案的潜在用户,所以教师经常“汇报”自己要做什么,而不是将方案发给学生,以支持、引导和促进学生的学习。针对这些问题,基于课程标准的学历案作了有益的探索,大大提升了教学方案的专业性水平。

表2　传统教案、基于课程标准的教案与学历案的比较

| 传统教案 | 基于课程标准的教案[①] | 基于课程标准的学历案 |
| --- | --- | --- |
| (1) 课题;<br>(2) 教学目的/目标:<br>通常是三点论(知识目标;能力目标;态度、情感、价值观);<br>(3) 教学重点、难点:<br>通常是教学目标中某点的重复;<br>(4) 教学过程:<br>创设情景<br>复习引入<br>讲授新课<br>巩固新知识<br>布置作业 | (1) 课题;<br>(2) 相关标准陈述:<br>标准陈述从年段基准中而来,和上课内容息息相关;<br>标准陈述是具体的,包含内容标准和表现标准;<br>(3) 教学目标——学生学习结果:<br>教学目标要描述在这一堂课的教学中可以观察到的学生表现行为或结果;<br>教学目标要引导学生去证明标准陈述中的知识或技能;<br>(4) 检测这些表现或成果的评价活动方案:<br>评价的手段和工具要能检测学生是否达到预期的学习结果;<br>(5) 教学活动方案:<br>教学活动的安排应该能指引学生去证明自己的学习结果 | (1) 课题/课时;<br>(2) 学习目标:<br>依据课程标准、教材、学情等;<br>三维叙写;<br>(3) 评价任务的设计:<br>与目标一致;<br>以形成性评价为主;<br>(4) 资源、工具与脚手架;<br>(5) 学习过程:<br>用问题链或任务串设计学习的进阶;<br>嵌入评价任务;<br>适合课堂互动;<br>(6) 作业与检测:<br>巩固类、检测类与提高类;<br>(7) 学后反思:<br>提供反思路径或支架;<br>引导学生思考、感悟与行动 |

## (二) 有助于强化学生与方案的互动

课程育人的实现或机制在于教师、方案、学生三要素的有效互动。如果一个人能意识到一所好学校需要有好教师、好生源这两大要素,那我们只能说此人只知道常识,还没到专业人员的水准。如果一个人意识到一所好学校更需要

---

① O'Shea, M. R. *From Standards to Success: A Guide for School Leaders* [M]. Alexandria, VA: Association for Supervision & Curriculum Development, 2005.

好方案(即课堂上操作的课程),那么此人大概属准专业了。课程专业人员必须意识到学校教育的实质在于教师、方案、学生三要素的有效互动。如图1所示,我们在下列两方面的互动上有丰富的经验:一是关于教师与方案的互动,我们有很好的校本教研、集体备课、师傅带徒弟等传统;二是非常重视教师与学生之间的课堂互动,如我们经常会听到此类的口号——"决战课堂"、"赢在课堂"、"关键在课堂"等,这些都说明我们对课堂师生互动的重视。然而,少有人意识到方案在育人过程中的重要性,还没有听到有校长说"赢在方案""决战在学生与方案的互动质量"等,还以为把教材编好了,课程育人、学科育人就能实现了。其实好教材只是必要条件,而不是充分条件。只有把教材改编成适合教师和学生的方案,且与教师、学生进行有效的互动,该方案才是充分条件。习惯上,我们非常重视教师与教材的互动,先形成方案,然后在课堂教学中或后,教师还会与方案互动,但是,学生与方案的互动却少得可怜。专家编的教材,学生不太感兴趣;教师编写的教学方案,学生手上没有。学生往往在课上听老师讲、看老师的PPT或板书,课后基本上就看不到老师精心准备的教案或PPT了,只留下一点点关于方案的回忆,学生想"重回课堂学习"都不可能了,这可能是教学质量不高但没关注到的一个盲点。因此,课堂变革的着力点或突破口应该是强化学生与方案的互动。学历案就是将教材改编成更适合学生学习的专业方案,以一个个完整的学习故事,在老师的指导下,引起、维持或促进学生的学习,使学习增值。这是编制学历案的初心。从具体的课堂实践来看,上述基于学历案的五种课型充分体现了教师、学生与方案的互动,同时,学历案通常是课前就发给学生的,使得学生在课前、课中或课后都有机会与方案发生个别化的互动。此外,学历案是开放的,不都是教师开发好让学生用的,许多空白是留给学生自主建构或合作建构的,这样,更能提高学生与方案互动的品质与效果。

### (三) 有助于促进课堂教学型态的改变

如上所述,基于学历案的五种课堂教学基本型式不仅充分体现了"学主教从"、"以学定教"、"先学后教"的先进思想,而且充分展示了教师、学生与方案的深度互动,还改变了课堂教学的结构与型态,实现了课堂的转型。因为教师面对班集体要讲的内容都已经印在学历案上了,教师完全可以实现"少讲、精讲",留更多的教学时间去做评价工作,收集学生目标达成的信息,作出后续是否需要辅导、如何进行反馈的决策;可以花更多的时间关注学困生或学优生的个体学习;可以减少很多体力劳动时间,增加了管理、思考与交流的时间。同时,教师有了学历案之后,课上讲的内容本身也会发生变化,即课堂上更多的不是聚焦"是什么",而应该关注"为什么"、"怎么做",进而提高了信息本身的质量。就学生的课堂学习而言,平时经常听老师讲解,每分钟大概听到150~200个字,现在主要是自己阅读学历案了,每分钟一般能阅读600~800个字,效率整整提高3倍;由于教师不会像以前一样整堂课忙于讲解、放PPT或板书,而没有时间管理学生,以致部分学生经常"游离"课堂。采用学历案后,学生经常被预先设计好的学习任务所"绑架",教师也可以花更多的时间来管理学生的学习,这样,学生投入学习的时间会大大增加,课堂上也越来越没有空间与时间发生"虚假学习"、"游离学习"了,"在学习"、"真学习"的学生越来越多,课堂教学的结构与型态自然就会发生变化。

## 五、 基于课程标准的学历案: 展望

尽管说了那么多基于课程标准的学历案的好话,但我们自己非常清楚,物之初生,其形必丑,学历案是基于课程标准的教学变革中的一种做法,是为了更好地发挥学科育人、促进教师专业发展、推动课堂转型的一种探索,但它不是"包治百病"的灵丹妙药,它还有许多问题有待进一步探索。

首先,基于课程标准的学历案的充分条件是课程标准本身的完善。基于课程标准的教学需要课程标准必须具有相当的专业品质,必须是经过深入研究、得到广泛认同、便于分解操作的权威文件。就我国而言,由于编制国家课程标准的经验不足,专业的基础是教学大纲,研究的基础比较薄弱,投入资金相当有限,加上时间比较仓促,利益相关者之间缺乏充分的对话,因此当前我国已经颁布的各学科课程标准还存在比较多的问题,特别是还没有完全走出"教学大纲"的影子,只明确知识点的要求,学科学业质量依然还是"黑箱"。这极大地限制了课程标准对教学与评价进行规范与引领的功能。

其次,编制基于课程标准的学历案的必要条件是教师具有基于课程标准开展教学的能力。从某种程度上可以说,教师作为课程开发者也好,设计者也好,

研究者也好,最重要的素养是课程标准的素养,最重要的能力是落实课程标准的能力。[①] 然而,事实上是,教师从培养到培训都重教学能力,轻课程与评价能力。

如果不具备上述充分条件,基于课程标准的教学就可能出现"与标准无关"的教学的危险,也有可能导致基于"个人标准"(即人人都有自己理解的课程标准)的教学。如果不具备上述必要条件,基于课程标准的教学也就成了一句没有实际意义的空话。如何提升教师实施基于课程标准教学的能力?一种有效的策略就是在学校层面让教师在外部的强有力的专业引领下,对课程标准的理解、关键目标的确定、表现标准的设计、教学内容的选择与组织、教学实施的策略等进行广泛的协商,达成最大的共识。这就需要教师之间的深度合作。应该说,在基于课程标准的教学中,教师之间的合作不是一种被期待的工作条件,而应当是教师的一种专业责任。

幸运的是,我们一直以来并不孤单,我们有一个专业的、真诚的共同体,我们看到了新的地平线!

---

① 崔允漷,王少非.关于新课程的评议:一种视角[J].教育发展研究,2005(9):12—17.

# 第一部分
# 区域推进学历案的温江实践

以学历案为载体深化区域课程改革,是温江基于区域课程改革历史逻辑做出的现实选择,并在实践探索中形成了"区域深化国家课程改革的温江方案"。这一路探索的足迹,也许能为同行的你提供参考、借鉴、启迪……

# 学历案在温江：为何与如何

温江以学历案为抓手，区域推进课堂变革，看似机缘巧合，实则既是温江教育人敢于追求先进教育理念的现实行动，也是温江教育遵循区域教育改革与发展的历史逻辑作出的重要决策。温江教育以学历案为抓手串联起近20年课堂变革的实践历程，丰富了温江教育的现实内涵，当然也会成为引领温江教育未来发展的一面旗帜。

## 一、学历案：根植于历史的现实选择

在开始学历案探索前近20年的时间里，温江在推动教育改革和发展过程中一直坚持以区域性课题研究为载体。在这期间，先后承担了区域推进的3个省级课题，这些课题聚焦课堂教学研究、教师专业发展以及二者整合的研究，其中关于教师专业发展的研究先后获得省政府教学成果二等奖、一等奖。2017年前后，正当温江教育人寻求区域教育改革新突破之际，基于课程标准的学历案进入了我们视野。学历案以学习者为中心的理念与温江教育改革发展历史和现实深度契合，并且学历案操作技术恰好提供了我区前期课堂教学探索中从观念到行为转变的支架，温江教育人毫不犹豫地选择了学历案作为撬动新一轮课堂变革的支点，就此开启了基于学历案的区域推进课堂变革新征程。

### （一）关注学生主体，激发课堂活力

2001年，随着新一轮课程改革的启动，基于当时课堂整体上单调乏味、枯燥沉闷的状况，温江获批了四川省教育科学规划资助项目——“课堂自主参与教学研究”。在这一背景下，温江区以此课题为引领，启动了以落实学生课堂主体地位为抓手推动课堂变革的实践研究。经过近5年的实践探索，在“自主参与”核心理念引导下，全区教师积极参与，努力探索生动活泼的课堂发展样态。在

这一过程中，探索了课堂学生自主参与的竞赛活动、讨论活动、展示活动等“十活动”；概括出课堂目标制定、内容选择、总结反思等“八参与”；归纳出重视情境设计、提供选择机会、搭建展示平台等“六要素”；还提炼出课堂自主参与的主体性、民主性、参与性、合作性“四原则”。这些研究，有效推动了全区教师教学观念的转变，学生课堂学习的“主体能动性”得到普遍关注，参与课堂学习的意识得到了有效培养，课堂效益得到很大改善。2005 年，这一项目的研究成果获得了四川省人民政府教学成果二等奖。

### (二) 关注设计技能，转变教学行为

基于对课堂教学研究的持续关注，我们开始对区域课堂进行新的审视。经理性梳理发现，自主参与课题，更多是给温江教育带来理念上的革新，比如“以学生发展为本”、“让学生参与学习过程”等；但是在教师课堂教学行为层面上变化不大，也就是说教师们信奉的教育理念与他们的教学行为之间是“两张皮”。教师观念变了，但课堂教学行为却没有根本性转变，如何缩小教师观念与行为之间的差距，成为温江深入推进新课程改革，提高课堂教学效益面临的关键问题。

为了解决上述问题，温江教育抓住提升教师课堂教学设计技能这个载体，并以此构建了区域推进的提升教师课堂教学设计技能的“五环节校本教研活动”模式，解决“如何提升课堂教学设计技能的问题”。这一模式主要包括：从有效引领和促进教师课堂教学设计实践性知识积累出发，从转变研培形式、内容、角色、目的等方面着手，形成了培训、指导教师的“四个重要转变”，探索研培部门如何有效引领教师积累和发展实践性知识，促进教师专业发展。在整合多年的区域改革经验的基础上，重点探索了课堂教学目标设计、课堂学生有效活动设计、课堂教学环节设计等教学设计系统中的“三个关键要素”，回答“提升教学设计技能，关键提升什么的问题”。历经多年的实践研究，无论是在区域教研活动质量还是教师教学设计能力等方面都获得突破性的提升。2010 年，该课题研究成果获得四川省人民政府教学成果一等奖。

### (三) 聚焦学生活动，提高课堂效益

通过“课堂自主参与教学研究”、“提升教师课堂教学设计技能实践研究”等

区域性课题研究的不断深入，温江区教师普遍接受了“以生为本，以学定教”等课改理念，并且课堂上给学生较多的自主活动时间和空间，学生活动形式日益丰富，呈现出生动活泼的发展局面。

同经济改革一样，课程改革也总是“先解决容易问题，后解决困难问题；先解决表层问题，后解决深层问题；先解决外围问题，后解决核心问题”。随着容易、表层、外围问题的逐渐解决，困难、深层、核心问题就会逐渐涌现。经过全面深入的课堂调研发现，在课堂形式丰富、学生活动生动活泼的背后，仍存在活动目标不明，比如为活动而活动；活动本质异化，比如为配合教师的教而活动；学科特质不强，比如娱乐化倾向明显的课堂活动。因此，上述问题的解决成为课堂教学改革深化的关键。

新问题的出现并非改革失败的表现，恰恰是改革深入的必然产物。通过分析，我们认为以上问题的出现是教师将“以生为本、以学定教”等课改理念转变为教学行为过程中的必然现象。这一方面是因为传统习惯的力量和观念的惯性，使教师们理念转变为行为的过程异常艰难；另一方面则是由于教师教学活动设计技能较弱，从根本上制约着课堂学生活动效益的提高。基于此，我们又提出了“区域性提升课堂学生活动设计技能实践研究”的区域性课题。以此为突破口，促进教师将新课程理念转化为具体课堂教学行为，推动新课程改革向纵深发展，提升区域教师专业素养和课堂教学质量。

经过多年的实践研究，温江探索了学生活动的关键要素，解决了教师是否应该站在学生角度设计学生活动的问题；构建了区域推进的“4-3-2-1立体研修共同体”模式，引导教师主动积极研究课堂学生活动设计；研制了教师设计学生活动观察系列评价量表，为教师展开专业对话提供了基础；形成了区域教师研修专业取向的三个核心认识，克服了区域教师研修的非专业化倾向。2014年，该课题研究成果获得四川省人民政府教学成果一等奖。这又一次坚定了温江推动区域课堂变革向纵深发展的信念，也为区域教育改革发展奠定了坚实的基础。

### （四）探索课程纲要，关注课程实施

2012年前后，在回顾区域课堂变革历程时我们意识到，此前的研究，更多局限在一节课的视角推进“改课”。但新课程改革的关键还在于教师的课程观与

课程执行力，处理好课程、学科、课堂的关系。深刻理解了课程，才能从课程的视角，把握住“一门课程”的课堂教学。于是，从2012年开始，我区教研员、中小学校长及骨干教师在华东师范大学课程与教学研究所参加“基于课程标准的教学”研修后，引领全区教师研究、设计基于标准的学期课程纲要。经过四年的实践探索，编制完成义务教育段所有学科的学期课程纲要，分学段汇编成册印发给教师。引导教师通过课程纲要，让学生清楚，本门课程要学什么、如何学以及何以知道学会。在设计学期课程纲要时，不仅仅关注如何教、教什么，更重要的是站在学生的立场，分解课程标准、解读教材，设计学期学习目标。在目标的引导下，根据教材内容，设计学期的评价任务以及教学实施策略。教师先设计学期课程纲要再设计教案，先设计学习目标再设计评价任务，先设计评价任务再设计教学过程，强化了教师“教了”不等于“学了”，“学了”不等于“学会了”的观念。学期课程纲要的研究与实践，进一步强化了课程观，推进基于课程标准的教学；进一步强化了教学观，力求做到“以学定教”。“基于标准、以生为本、以学定教”的理念不仅在观念层面，而且通过学期课程纲要的实践，成为我区课堂教学的主导价值和提升课堂质量的助推器。

### （五）锁定学历案实践，推进课堂变革

学期课程纲要的引入，有效促进了教师从课程实施角度整体把握一学期的教学。但具体到每一个单元、每一个课时的教学，由于缺乏相应的技术和工具支撑，仍然存在一系列突出问题。一是课程标准的导向作用发挥不够。在课堂教学层面，课程标准的虚化和淡化，让许多看似积极的有效教学追求，从原点开始就变成了伪命题，即没有基于课程标准。二是课堂教学目标意识仍待加强。目标叙写不规范，难观察、难检测、难评价，不便于达成。缺乏与目标精准对应的评价及学习活动，学习过程随意性较大。即使在课堂中有呈现学习目标的环节，但关注学习活动是否聚焦目标达成，关注学生是否最终达成学习目标等，并没成为教师的普遍自觉。三是课堂活动的学科特点不明显。以非学科的方式进行学科学习，学习活动缺少“学科味道”，看似热烈的课堂活动，并没有实质性指向学科素养的提升。从学科育人的角度看，课堂出现了只加油不挂挡的“空转现象”。

如何从根本上解决这些“顽症痼疾”，让课堂回到“学为中心”、“标准导向”、

“学科立场”的道路上来，让学习目标基于课程标准，成为课堂的基本导向，让学生用学科的方式参与课堂学习活动，这些看似常识的问题，成为在新的历史时期困扰温江深入推进课堂变革的核心问题。

2016年6月，华东师范大学崔允漷教授在《中国教育报》发表“学历案——学生立场的教案变革”一文，引起了我们的高度关注。我们仿佛找到了深度推进课堂变革新的支点。学历案强调学生立场，聚焦基于课程标准专业设计教学方案，关注设计真实的学习经历以杜绝课堂“虚学习”“假学习”，学历案主张“教—学—评”一致精准指向学生“学会”。这些主张既对解决我区课堂“痼疾”有着极强针对性，又串联起了我区近20年的课堂变革历程。基于此，学历案成为温江深化区域课堂变革的抓手，也成为温江教育的坚定选择。

## 二、学历案区域推进的温江行动

区域推进学历案，涉及成千上万师生教与学行为的转变，也关系到区域课堂质量的稳步提升。我们严格遵循谋定而后动的原则，积极稳妥地推进各项变革举措。从变革路径的顶层设计到学历案理念的逐渐推广，从循序渐进地推进学历案编写到多措并举推进学历案课堂实施，有序、有力、有效地推动着以学历案为载体的区域课堂变革不断深化。

### （一）做好顶层设计，系统谋划学历案推进路径

学历案的本质是教案的革命，是对教师多年来习以为常的传统行为文化的改变。加之区域性大面积推进，这需要我们对可能遇到的困难进行充分的研究和预判。如果只是简单提出推进学历案，不从为什么推进进行谋划，很可能会遭到基于坚硬的传统文化及复杂现实困扰带来的各种羁绊。基于此，我们对改革的提出时机及改革的系统推进，进行了精心的谋划。2017年9月，教育部陈宝生部长在《人民日报》撰文，发出了“课堂革命”的改革号召：“教育改革只有进入到课堂的层面，才真正进入了深水区，课堂不变，教育就不变，教育不变，学生就不变，课堂是教育发展的核心地带。只有抓住课堂这个核心地带，教育才能真正发展。”这些观点为纵深推进课堂变革营造了宝贵的舆论环境。我们适时提出了区域推进“学为中心”课堂变革的主张。我们提出了让教

案更专业的“学历案”创编与应用研究，将改革主张落实到教学方案的编制中，解决课堂变革“物”的问题；通过让学生更自主的“三学”（自学—合学—群学）课堂结构研究，将改革主张落实到课堂实施中，解决好课堂变革“做”的问题；通过让“研修更专业”的研修转型研究，将改革主张落实到教师身上，解决课堂变革“人”的问题。三者从不同角度构成推进课堂变革的核心要素。把学历案编制和应用研究，放在课堂变革背景下系统推进，利用系统的力量形成区域推进变革的合力。我们组建研究团队，在梳理区域课堂变革历史、分析教育现状的基础上，精心设计了“研修转型促进区域中小学‘学为中心’课堂变革实践研究”课题研究方案，申报为四川省教育厅重点规划课题，并且顺利立项。该课题从“为什么做”和“该怎么做”的角度对改革项目进行了系统谋划，切实增强了推进改革过程的理性自觉。

除了立项课题研究增强改革的理性自觉外，我们也高度重视整合教育行政部门对改革的支持力量。根据课题研究的整体设计，我们编制了《进一步深化课程改革，推进中小学“学为中心”课堂变革三年行动计划》，以教育局文件正式印发。该计划由“学历案创编与使用、基于学历案的‘三学’课堂推进、聚焦学历案的研修转型促进”三大行动组成，从“做什么”“怎么做”“如何考核评价”等角度对改革项目行了系统的顶层设计和清晰的路径规划，加大了改革推进的行政保障力度。

### （二）做实培训引领，逐渐推广学历案先进理念

学历案推进，实质在于对教师备课、上课行为的改变，行为改变的前提在于观念的转变。因此，我们把扎实的培训作为学历案有效推进的基础，通过借力专家资源、推进区域培训等方式，分层、分类开展系列扎实有效的培训，逐渐引领广大干部教师接纳、认同学历案先进理念。

**借力专家资源培训。**学历案对我区绝大多数教师是陌生的新生事物，在推进初期，我们主要通过借力华东师范大学专家教授及学历案先行者南京一中、嘉兴一中名师资源，开展教师培训。首先是请进名师、专家，起步学历案培训。邀请南京一中陆芷茗、包旭东、吕建林等名师到温江，利用周末时间，对全区中小学干部教师进行了学历案基本理念的启动培训，开启全区中小学学习和研究学历案的大幕。邀请崔允漷教授、朱伟强教授、王少非教授、雷浩博士等专家观

摩我们的学历案课堂,对学历案编写与应用进行针对性的理论引领,并基于课堂实践给予点评指导,矫正学历案实践中的偏误。其次是借力高校资源培养学历案种子教师。每年 7 月,选派教研员、骨干教师代表、学校名优教师代表共 60 余人,到华东师范大学参加学历案设计与实施研修。每次培训都力求做到基于任务需求、基于问题与困惑、基于实践改进,既有先进理论的高端引领,也有基于实践的答疑指导。利用华东师范大学优质的培训资源和高效的培训模式,切实提升教研员、种子教师的学历案理论引领力和实践指导力。第三是走进学历案实践基地培训行政干部。由教育局副局长带队,全区中小学校长、副校长,先后两次到浙江嘉兴一中,通过听报告、看课堂、互动交流、答疑解惑等方式,把听专家讲与看先行者做相结合,经验分享与疑虑探讨相结合,深度学习卢明校长及其团队校本推进学历案的先进经验。既丰富校长们关于学历案的理论认知,又激发校长们践行、推进学历案的实践热情。

**立足区域自身培训。**全区 3 000 多名教师,异地培训只能解决关键少数人的培训问题,绝大多数教师的培训任务,还得依靠本土培训。我们主要通过精心组织学历案专题培训班、持续开展学历案学科主题研修活动、广泛开展学历案校本研修三种方式,在区域内营造学习、研究学历案的浓郁氛围,循序渐进地把学历案理念推广到更多的教师。一是精心组织学历案专题培训班。遴选教研员和种子教师,组成 7 个讲师团,分别承担 7 项与学历案相关的培训任务,具体包括:学历案整体感知、课标分解与目标叙写、评价任务设计与实施、学习过程设计与实施、资源建议设计与实施、学后反思设计与实施、大单元设计与实施等。对讲师团成员除了优先接受学历案培训外,还进行教师培训课程开发的专题培训。由他们分工合作开发学历案教师培训课程。先后组建中小学行政干部学历案研修班、中小学骨干教师学历案研修班、中小学骨干教师学历案进阶班 3 期共 6 个班级。每个班都是每周半天,连续 2 个月有序开展培训。通过一轮轮培训,为每个学校、每个学科都培养了学历案的引领团队,为学科主题研修活动、学校校本研修活动的有效开展,打下了坚实基础。讲师团成员也在承担培训任务过程中,完成了基于教会他人高效学习,进一步深化了对学历案的认识和实践。二是持续开展学历案学科主题研修活动。中小学每个学科,都把学历案学科化推进作为学科研修主要任务。围绕学历案创编和实施,每月至少开展一次学科主题研修活动。有的通过系列专题讲座有序推进学历案理念提升,有的通过研修沙龙讨论学历案创编中的具体问题,有的通过课例研讨推动学历案实践，有的通过示范课打磨树立学历案课堂标杆，利用常态化的教研活动平台，将学历案理念以各种鲜活的形式传递给广大教师。三是以赛促学激发学历案校本研修活力。根据学历案区域推进的三年行动计划，每年都要组织区级层面的主题竞赛活动，学历案要素解读大赛、学历案标杆课展评、学历案设计技能大赛等，这些竞赛活动搭建了各学校学习、研究学历案的展示、交流平台，“以赛促学”“以赛促研”的机制充分激发了各学校聚焦学历案组织校本研修活动的活力。各学校开展了丰富多彩的学习研讨活动：编写学历案学习资料、组织学历案专题讲坛、开展学历案读书演讲比赛、举办学历案知识竞赛等等。学历案理念在这些浸润式活动中，逐渐为广大教师所认同和接受。

### （三）组织骨干团队，循序渐进推进学历案编写

丰富的培训活动，推广普及了学历案先进理念。但如何将先进理念转化为学历案文本，我们先后经历了从“无形”到“有形”，从“有形”到“有神”两个阶段。首先是让学历案“有形”。就是编写出初步体现学历案理念、学历案要素齐备的学历案。由学科教研员牵头，组织学科骨干教师成立学历案编写小组，分别承担教材某一单元的学历案编写。大家结合专家讲解及培训资料，带着任务深度学习《学历案与深度学习》《教案的革命——基于课程标准的学历案》两本书。从借鉴、模仿南京一中、嘉兴一中高中学历案入手，编写义务教育段各年级各学科学历案。这些初步编写出的学历案，基本做到了要素齐备。但仔细分析，大家对学历案要素本质的理解，对学历案要素之间逻辑对应关系的体现，对学历案理念与学科特点的融合，都还存在着较大的差距。我们称之为“有形无神”的学历案。如何为这些学历案“赋神”，引导大家编写出“形神皆备”的学历案。我们采取了寻求专家支持和扎根实践探索两条路径。收集学历案编写中的问题与困惑，汇编各学科有代表性的学历案，带着这些困惑与“有形缺神”的学历案，组织编写组成员再次到华东师范大学接受崔允漷教授及其专家团队的培训指导。他们针对性的讲解厘清了大家在学历案编写实践中的困惑，也深化了大家对学历案理念的认识。特别是卢明校长和他的骨干教师团队，精心修改我们的每一篇学历案，再与我们分组面对面沟通交流，专家们的高位引领与一线教师的躬亲示范，使我们对“形神皆备”的学历案有了进一步的认识。我们认识到，学历案的“神”，来自对课程标准精准把握后的规范叙写目标，来自

对"教—学—评"一致的准确理解与严格践行,来自对学科课程的深刻理解与精准把握。带着这些培训收获,我们多次组织不同层次的学历案编写专题沙龙,达成学历案修订共识;组织学科主题研讨,落实修订意见;广泛征求教师、学生在学历案使用中的感受和意见,关注用户体验。经历反复多次的修订,学历案逐渐具备了我们期待的"神",学历案先进理念逐渐转化落实为文本载体。两年时间,教研员带领学科编写小组,完成了4—8年级学科全覆盖的学历案编写,教师在此基础上,结合自身实际进行二次备课,并在课堂中使用。这种"骨干教师示范编写——大面积教师修订使用"的模式,在学历案区域推进初期,降低了推进难度,引导广大教师迅速参与到使用学历案和研究学历案的队伍中来。

### (四)推进课堂实施,促进学历案转变为教学行为

学历案的实现需要课堂的改变。为避免学历案编写与课堂实施"两张皮"现象,有效解决学历案"编得好"却"不好用"的问题。我们在有序推进学历案编写的同时,致力于学历案课堂实施的推进。

**研制学历案课堂评价标准。**结合学历案编写,我们编制了《温江区学历案课堂教学评价量表》,根据学历案核心主张,设计了"学习目标、学习评价、学习过程"3个一级指标,每个一级指标下,又分解为3到5个二级指标,把学历案各要素的基本要求,转化为课堂教学行为的评价要点,引导教师根据评价要点,实施基于学历案的课堂教学。并把课堂评价量表,印制在全区统一使用的课堂观察记录本上,要求各学校、各学科在教研活动时统一使用。以评价为导向,引领教师将学历案理念转变为课堂教学行为。

**推进基于实证的课堂观察。**依托学科中心组,广泛推行基于实证的"学历案课堂观察评价"课例研究活动,活动统一按"课前交流—课堂观察—课后研讨"三个环节进行。"课前交流"主要是执教教师与课堂观察者就学历案设计进行交流,确定体现学历案理念的观察重点,设计学历案课堂观察工具。"课堂观察"则利用观察工具,聚焦观察重点收集课堂事实和证据,力求客观、真实地记录师生课堂相关行为。"课后研讨"则聚焦课堂观察收集到的事实和证据,对课堂学历案理念的落实情况,做出推论和判断,提出课堂改进的意见和建议,并概括提炼学科课堂落实学历案案理念的教学策略。这种课例研究,既推进了学历

案理念形成共识,又对学历案理念的课堂转化提供了工具支撑,形成了"主张—观察—评价"一致的学历案课堂区域研究模式,有效地推动了学历案从理念到文本到课堂行为的转变。

**逐级评选学历案标杆课。**根据"三年行动计划",逐级评选学校、学区、区级学历案标杆课。要求各学校根据"学历案课堂评价量表",组织校内晒课、赛课活动,每学科推荐 1 节校级学历案标杆课参加学区标杆课评选。各学区标杆课选评活动以教研组为单位参加,按照前期研讨陈述、课堂展示、课后研讨三个环节进行,评委组根据《温江区中小学学历案标杆课展评活动评价量表》评分,并现场点评指导。学区展评基础上,再组织区级标杆课展评,评选出每学科 1 节区级标杆课。整个展评活动,既有精心设计的展评流程规范,又有课题组开发的评价量表引导,既强化了教研组的合作研讨,又在学校、学科间形成了有序的竞争机制,有效引导并推动了学历案课堂实践的标本化、学科化推进。在此过程中,积累了教师们践行学历案的课程资源,培育并选树了身边的榜样,形成了区域研究学历案、践行学历案的浓郁氛围。

## 三、学历案区域推进的实践成果

几年的实践,学历案在温江已从少数人认同的理念,转变为多数人内心的遵从;已从无形的理念,转变成义务教育阶段学科全覆盖的文本设计;已从实验学科、实验学校小规模的课堂试水,转变为学校、学区、区级标杆课的逐级评选;已从对嘉兴一中、南京一中等高中学历案形式上的模仿,转变成对义务教育阶段学历案学科及学段特点的实践探索。2019 年 11 月,温江区举行了学历案区级标杆课展评活动。华东师范大学崔允漷教授点评时指出:"整体印象非常好,我心中的学历案课堂,就是这个样子。"崔教授的鼓励是对我们区域推进学历案的高度肯定,更加坚定了我们探索前行的信心。梳理温江学历案推进历程,我们认为,主要形成了以下几个方面的实践成果。

### (一) 区域落实国家课程的三级实践路径初步形成

学科课程标准是国家层面对教育目的的宏观规定,是对某一阶段学生该学什么、该怎么学以及学到什么程度的基本要求。广大一线教师如何把这些宏观规定，具体而微观地落实到课堂上，几年的探索实践，初步形成了"区域—学校—教师"落实国家课程的三级实践路径。

**首先是区域层面的实施指南。**由学科教研员带领区域骨干教师编制学科课程实施指南。主要解决三个一致性问题。一是通过对课程标准与教材内容的梳理，系统掌握教材编者是如何落实课标要求的，并据此形成基于课标要求的学习目标，解决教学内容与课标要求的一致性问题。二是根据学习目标设计单元评价任务和学期学业质量监测评价样例，从区域层面以基于课程标准的评价，引导基于课程标准的教学，解决评价任务与课标要求一致性问题。三是根据基于课标要求的学习目标，结合教学内容、评价任务及区域学情，提出教学实施规划建议，解决教学实施与课标要求一致性问题。**其次是学校层面的课程纲要。**由各学校备课组牵头研制，基于区域学科课程指南，结合校情、学情及教学资源，对学期课程目标、内容、实施和评价进行一致性设计，以教研团队的力量，对课程标准到学习目标的分解、教学内容的筛选与整合、教学策略的选择与优化、教学评价的设计与实施等做出校本化设计。**第三是教师个人的学历案。**教师基于区域课程实施指南及校本学科课程纲要，设计每一个单元主题或课时的学历案，结合本班学生实际，依据自己的教学风格或特点，对课堂教学的目标、内容、实施和评价进行一致性设计。

国家课程三级实践路径，力图推进区域、学校、教师等从不同层面落实课程要素的一致性分解，为国家课程在课堂层面落地，提供不同层级的行动支架。引导教师像专家一样思考，从整体视角关照局部、把握局部。促进国家课程标准逐渐落实为教师的课堂教学行为。

### （二）"教—学—评"一致核心技术得到区域推广

"教—学—评"一致是学历案核心理念，是学历案区别于传统教案、学案、导学案的关键点，也是学历案关于有效课堂教学的核心技术。

**首先是培训统一认识。**在各级各类学历案培训中，把"教—学—评"一致作为学历案重要理念反复强化。坚持"没有评价就没有课程"的理念，强调课堂教学的目标导向机制，始终将课堂定位在关注学生"学会"甚至"会学"；强调"评价先于过程"的逆向设计，充分发挥评价对课堂的导航作用；强调评价任务镶嵌于学习过程，完善评价导向的教学机制。**其次是评价工具引导。**在全区推行的

《学历案课堂教学评价量表》中，将课堂评价作为重要的一级指标给予凸显。并从评价任务的指向明确、方式合理、呈现恰当等方面引导教师的评价任务设计和实施。通过课堂评价量表的广泛使用，不断强化教师的课堂评价意识，为“教—学—评”一致理念转变为课堂教学行为打下坚实基础。**第三是课堂观察引领。**在学历案课例研究中，把“教—学—评”一致作为重要观察点，并设计观察工具表收集课堂师生相关行为表现，据此提出教学行为改进建议。通过这类校本研修活动、学科主题研修活动的广泛开展，基于教学情境不断强化教师的课堂评价行为，提升教师课堂评价技能，促进“教—学—评”一致理念逐渐转变为更多教师的教学行为。

### （三）促进了区域课程与教学资源的开发与建设

区域推进学历案以来，我们有意识加强了各种专业文本和课程资源的积累、研究和整理。**一是积累了系列课程实施指南和纲要。**既有系列汇编成册的学科课程指南、学校课程纲要，也有相关竞赛的优秀作品。这些指南和纲要，点滴见证着国家课程标准一步步落实为课堂行为的实践历程。**二是积累了大量的学历案设计文本。**我们通过有序推进“学历案创编与使用行动计划”，组织骨干教师创编完成了四至九年级学科全覆盖的学历案，并将这些学历案电子版本提供给全区教师，结合自己实际修订后，印制纸质版本给学生，供学生课堂学习使用。下一步，拟将这些学历案投放到区域教育资源平台，为教师结合自身教学风格、本班学生实际编写适合自己的学历案，提供启发与借鉴的范例。**三是积累了大量基于学历案的优秀课例。**通过校级、学区级和区级标杆课展评活动，我们形成了学校标杆课500余节，学区标杆课100余节，区级标杆课20多节。同时，积极推选优秀课例参加国家、省、市课堂教学比赛。近两年，共有30多节课在省市乃至全国赛课中获一等奖。**四是提炼了系列编写应用学历案的经验成果。**教研员、骨干教师们聚焦学历案，结合自己的学科教学实践，聚焦学历案的学段、学科特点及创编与使用中的实际问题，发表观点，总结经验。近两年来，教研员和骨干教师们总结提炼了100余篇讨论学历案创编与使用的案例或论文，参加省、市科研成果评选，30多篇获一等奖。

### (四) 总结形成了区域深化课程改革的温江经验

区域深化课程改革，改变观念不易，改变行为尤其艰难。多年的探索，温江总结形成了区域深化课程改革的实践经验。

**学术与行政双轮驱动。**基础教育一线的研究，绝大部分是行动研究。既需要“坐而论道”的理论研究，也需要“起而立行”的实际行动。**一是通过专业研究引领方向。**改革如果没有研究做前提，无异于“盲人骑瞎马”。行动前，我们反复思考、精心策划，深度讨论，从研究的视角顶层设计学历案的区域推进策略，系统谋划各阶段的研究活动。行动中，我们聚焦推进中的实际问题，开展调查研究、研修沙龙、专题研讨、主题教研、校本研修等活动，强化对问题的理性思考，讨论解决问题的办法。加强对行动反思，提炼改革主张，以务实的研究引领推进方向。**二是通过行政推进提供动力。**研究如果没有行动的跟进，难以转化为改革现实。将改革主张、各阶段的研究重点及主要研究活动等，转化为教育局的文件，从行政的角度有力有序推进学校及教师实践行动。先后印发《“学为中心”课堂变革三年行动计划》《中小学学历案要素解读大赛组织实施方案》《关于表扬中小学学历案要素解读大赛优秀单位和个人的通报》《关于成立学历案讲师团的通知》《关于表扬中小学学历案标杆课展评活动获奖教研组的通报》《中小学学历案技能设计大赛组织实施方案》等文件，通过行政力量，解决学历案推进实践中的疑虑、徘徊与激励先进等问题。

**学校和学科双线并进。**学校和学科是区域性推进课堂变革的纬线和经线。不抓住学校，改革没有基础广度。不依靠学科，改革没有专业深度。**一是发挥学校主体作用，延伸研究的广度。**采取“积极稳妥、试点先行”的推进策略，分批次申报实验学校。优先培训校长、行政团队及学校种子教师，引领学校推进中的关键少数。由他们激励、带动教师创编与使用学历案。开展系列校本培训，组织指导本校教师参加学历案要素解读大赛、学历案设计技能大赛、学历案标杆课大赛等区域性竞赛活动，形成学历案校本研究、推进的氛围。**二是发挥学科引领作用，拓展研究的深度。**强化教研员及学科骨干教师培训，加强学科中心组建设，把他们作为学历案学科化推进中的关键少数，带头创编学科学历案，常态化开展主题教研，聚焦实践中的主要问题，通过学历案微论坛、学历案课例研究、学历案标杆课选评课等方式，引领学历案研究在广大教师中逐渐深入。

**研修引领、课堂践行、活动聚力三措并举。**改革既需要观念的改变，也需要行为的改变，还需要一些关键性的活动来形成改革的势能和氛围。**一是研修引领方向。**借力华东师范大学、北京教育学院、南京一中、嘉兴一中等专家资源，组织学校行政、学科骨干教师开展异地研修。组建区内讲师团，组织区内各层次骨干教师学历案专题研修班，广泛开展研修培训活动。通过务实高效的研修培训，解决“学历案为什么、是什么”等观念认识层面的问题。**二是课堂转变行为。**依据学历案核心理念，开发学历案课堂教学的评价量表，引领教师课堂教学行为改进。推进基于实证的课堂观察，依托学科中心组和学校教研组，确立学历案课堂研究主题，选择观察点，设计观察工具，收集学历案理念在课堂落实的事实和证据，提出对基于学历案的课堂教学改进的意见。区域层面，形成“主张什么就观察什么，观察什么就评价什么”“教—学—评”一致的学历案课例研究模式，形成“主张—观察—评价”一致的研究机制，引领教师教学行为向学历案主张的方向转化，解决学历案课堂区域推进的研究机制问题。**三是活动凝聚力量。**精心策划、组织学历案要素解读大赛、学历案设计技能大赛、学历案标杆课大赛等区域性关键活动，引领区域研究活动循序渐进开展。从学科层面，定期开展学历案主题教研、专题沙龙、校本研修等多层次、多形式的活动。这些研究活动，既形成了区域与学校联动的强大势能和浓郁的研究氛围，又逐渐解决了“学历案怎么编、怎么用”等实践操作层面的实际问题。

## 四、学历案给温江教育带来了什么

几年来，温江聚焦学历案的编写与使用，朝着既定方向，按照已有主张，温柔而坚定地推进课堂变革。随着研究的深入，温江教育发生了一系列微妙而意义深远的变化，初步形成了教育高质量发展的新的增长点。

### （一）温江课堂发生了预期中的变化。

基于学历案的“学为中心”课堂变革推进，为温江课堂带来了预期中的变化。**首先是课堂的学生立场更加彻底。**学历案设计了课堂上学生学什么、怎么学及何以知道学会等，为学生课堂学习绘制了清晰的认知地图。因此基于学历案的课堂学习，为学生提供了充分的自主学习空间和必要的自主学习支持。教师不再为讲解传递知识占据更多时间，而有更多精力用于激发、服务、支持不同学生的学习。教研员普遍反映，学历案为广大教师提供了践行主体教育理念的抓手，随着学历案的逐渐推广，“学为中心”等我们倡导多年而难得的状态在课堂上逐渐清晰起来，温江中小学课堂的“学为中心”特质正逐步彰显。**其次是课堂的课程标准指向更加明确。**学习目标基于课程标准，正逐渐成为广大教师自觉的教学追求。无论是以内容标准为主的理科，还是以能力标准、技能标准为主的文科、综合性学科，基于课程标准的教材梳理，帮助教师准确把握教材编者的课程标准落实路径，促进了教师对教材内容与课标要求一致性的梳理，切实提升了教师课标解读和教材把握能力。为课堂教学基于课程标准，打下了坚实的基础。我区获全国“绿色杯”课堂教学大赛一等奖课例，点评专家给予“充分体现了基于课程标准教学的价值追求”的高度评价，我们的努力正逐渐转化为区域课堂的亮点和特色。**第三是课堂的目标导向特点更加鲜明。**虽然我区有多年开展“目标教学”的积淀，但因缺乏具体的实践载体支持而效果一直不太理想。学历案强调“教—学—评”一致的核心理念，并提供了评价任务先于学习过程设计、评价任务镶嵌在学习过程中、为每一项评价任务学习任务标注具体目标指向等行为操作要领，这些看似微不足道的操作细节，为广大教师提供了从课堂设计到实施的目标导向落实机制，对矫正教师基于经验教学、课堂随意性大等积弊，起到了积极的作用。课堂的目标导向，既在学历案上看得见，也在课堂上摸得着，逐渐积淀为温江课堂的鲜明特色。

### （二）教研员专业引领力有了明显提升。

基于学历案的课堂变革推进，为教研员提供了全新的专业实践平台，他们在全力投入改变区域教育生态的同时，也成就了自身的成长和发展。**首先在基于教会他人的学习中积淀了专业话语优势。**对学历案，他们先学一步、深学一层，准确把握学历案的主张和特点。在“学历案创编与使用”研究的任务驱动下，充分利用、深度挖掘教师创编与使用学历案过程中的第一手资料，将自己的所学所悟、所思所想开发成培训课程，对教师进行引领与指导。他们学以致用，与骨干教师一起编写、打磨学历案，指导教师经历学历案从无形到有形、从有形到有神的变化过程。他们指导教师总结经验，提炼观点，撰写论文，参加各级各类优秀教育科研成果评选。他们系统思考，组织团队，开展课题研究，集中攻坚实践中的关键问题、核心问题。在一系列学历案推进活动中,极大地提升了他们的专业指导力,快速形成了专业话语优势。越来越多的教研员被争相邀请到学校做学历案专题讲座,被邀请到省市参加学术活动,当点评专家或评委。**其次是在专业的研讨活动中提升了专业指导力。**教研员运用学历案的主张和思维,推进研修转型。创造性地开展基于教师需求和共性问题的沙龙式教研,充分尊重教师的实践智慧,采取"自研—合研—群研"的三段式教研方式,让教师的教研方式与学生的课堂学习方式"同频共振",众筹智慧形成共识。在学历案课例研究中,他们组织教师围绕问题开发观察工具,搜集数据和事实,基于实证提出课堂改进建议。他们按照区级教研展评"课前陈述、课中观察、课后评议"相关要求,对学科教研活动进行专业指导,实施有效引领。教研活动因为有了明确的任务驱动,具体的研究问题,切实可行的工具支撑,效益明显提升。教师们参加教研的积极性、主动性得到充分激发,研修活动,让他们有了更多成就感获得感,研修活动的"非常满意"率,平均提升了近 20 个百分点。

### (三) 温江教育专业影响力明显扩大。

区域推进学历案的系列举措,引导学校、教师们开展了大量的专业实践活动,在百度输入"温江学历案"搜索,会出现近 900 万条结果,虽然大多是近两年各学科、学校或区域开展各种研讨活动的简讯或消息,但聚焦同一主题的大量专业实践活动,为温江课堂变革、教师专业发展积淀了丰厚的营养,温江教育的专业影响力,也在这个过程中逐渐提高。**首先是温江的优质课堂更具竞争力。**全区中小学教师参加省市乃至全国各类比赛、展评,30 多节课在省市乃至全国各类赛课中获一等奖。获高等级奖所占比例从前几年的 58%增加到今年的 77%。**其次是教师的论文成果更有竞争力。**近两年,温江教育科研成果评选中,学历案、学为中心课堂变革相关成果聚焦度更高,约占成果总数的 60%。聚焦学历案创编使用,教研员和骨干教师们总结提炼了 941 篇基于实践的案例或经验论文,参加省、市科研成果评选,获一等奖比例增加了 14 个百分点。**第三是区域教育质量更有竞争力。**课堂质量的提升、教师专业的成长,为区域教育高质量发展提供了持续的动力,温江中考、高考质量在全市范围内保持了高位求进的发展态势,并且具有了一定的领先优势。

以学历案为载体区域推进课堂变革,我们才刚刚起步。但我们深深体会到，学历案不只是一系列关于教学方案的理论主张或操作策略，其实质在于深化课程改革，推进国家课程的校本化实施，或者说是国家课程在学校、课堂层面的真正落地。因此我们也清醒地认识到，学历案要向纵深推进，还面临一系列深层次挑战：**一是教师课标意识和解读能力的提升。**课标意识和解读能力，应该是教师重要的专业能力。但因种种原因，教师在这方面的积淀普遍不够。我们虽然已经起步，但已有的改变和现实需求之间，还有漫长的路要走。从发展角度唤醒教师的课标意识，对教师课标解读能力提升给予有效的专业支持，促进教师群体课标意识和解读能力有根本性提升，这是学历案有效编写、使用的灵魂，也是课程改革深入推进的基础。**二是校长课程领导力的提升。**学校如何从行政管理走向课程领导，校长的课程思维和课程领导力，教学管理人员的课程理解力、执行力，从根本上决定着国家课程实施质量。如何实现教学管理的“减负提质”，如何营造校长们思考课程、研究课程、谋划课程的学术环境，如何为校长创造性推进课程实施、强化课程管理提供专业支持，是以学历案为载体深化课程改革的重要动力。**三是教研员课程引领力的提升。**如何更加充分地发挥区域“学科责任人”的引领作用，在课程标准文本与课堂层面的学科课程之间，开发工具，提供支架，给教师有力、有效的专业引领与支持，帮助每一个老师既准确把握课程标准，又个性化创造性地实施学科课程，是以学历案为载体深化课程改革的关键。

我们既已找到区域教育内涵高质量发展的方向，正确的方向加上持之以恒的行动，一定会带给我们更加美好的未来。

# 第二部分 小学学历案精选

从教师立场到学生立场，从基于经验到基于标准，从传授讲解到提供学习支架，从教、学、评分离到“教—学—评”一致。本章精选的学历案涵盖了小学所有学科，力求实践上述转变。并通过“导读”、“设计说明”揭示“为什么这样设计”的理由，生动呈现学历案从理念到实践的转变过程。

## 导 读

本单元是"我们的国家"领域的话题，教材内容涉及了大量的地理知识，如中国的地形地貌、自然环境、生产生活方式等等。如何处理好地理知识学习与学科目标达成之间的关系，是本单元设计的难点。本设计结合学历案的相关主张，力图从以下三个方面突破难点：一是基于课程标准对知识、情感的要求，找准道德与法治学科着力点来分解和制定学习目标，从源头上规避学科性质的偏离；二是依据学习目标来设计评价任务、学习活动，进一步避免学习过程变成地理知识的讲授；三是根据学习目标，将教材内容情境化、生活化、活动化，使学生的参与体验更加有针对性、实效性。

# 一方水土　一方生活

张周　唐俊　任桂蓉

## 主题与课时

人民教育出版社版道德与法治教材五年级上册第三单元"我们的国土，我们的家园"，第一课"我们神圣的国土"主题三(1 课时)。

## 课标要求

主题五"我们的国家"第 3 条：了解我国不同地区自然环境的差异，知道并理解这些差异对人们的生产和生活方式的影响。

## 学习目标

1. 通过观察、品尝等方式，比较并能说出我国不同区域的自然环境在地形地貌、气候等方面的差异。

2. 通过小组探究、列表比较、交流展示等活动，梳理不同地方的生活方式、生产方式，能比较异同，说出原因。

3. 通过分享交流，形成相互尊重不同生活习俗的意识。

设计说明：将课标要求中的行为动词“了解”、“知道”、“理解”分解为观察、品尝、小组探究、交流展示、比较梳理等可观察、可操作、可评价的具体行为。基于学情和学科特点，着重了解地形地貌、气候两个方面的“差异”和“影响”。

## 评价任务

1. 完成学习任务一(3)。(检测目标 1)

2. 完成学习任务二(二)、(三)、(四)。(检测目标 2)

3. 完成学习任务三。(检测目标 3)

## 资源与建议

1. 在本单元前两个话题“辽阔的国土、好山好水好风光”的学习中，我们知道了我国幅员辽阔、地形多样、山河壮美。这些认知将帮助我们更好地学习本课时的内容。

2. 学习中涉及地形地貌带来的生活方式、生产方式的差异等知识，可以通过网络资源、视频、书籍资料、生活调查等途径来获取。

3. 本主题的重点是从对比分析中去了解我国地形地貌的差异，感受这些差异给社会生产、生活带来的影响。我们可以通过参与课堂活动、动手查阅、交流展示等途径来达成目标。

设计说明：本资源与建议，一是帮助学生建立知识联系，知道该主题是前两个主题内容的拓展运用。二是引导学生学会使用更多的方法和平台去提升信息搜集与处理的能力。

## 学习过程

**学习任务一：玩游戏“苹果对对碰”，初步感受差异**

1. 观察各小组桌上的苹果，看看有什么不同。（指向目标 1）

2. 尝一尝桌上的苹果，猜一猜为什么有这些差异。（指向目标 1）

3. 结合《中国苹果种植分布图》、《全国降水图》、《中国温度带图》，说说对差异的发现。（检测目标 1）

设计说明：任务一的设计意在通过对实物的观察与品尝，感受到地区之间产物的差异。借助情景创设、小组合作、全班分享等活动，降低了学习地理知识的难度，也体现了道德与法治学科活动性、生活性的特点。

**学习任务二：五官齐动员，体验一方水土一方生活**

**（一）读教材第 52 页上四幅图片，寻找不同地区生产方式不同的原因。（指向目标 2）**

1. 小组合作讨论，任选其中一张图片完成下表。

| 江南丘陵上的茶园 | | |
|---|---|---|
| 地形 | 降水 | 温度 |
| | | |

| 华北平原上的农田 | | |
|---|---|---|
| 地形 | 降水 | 温度 |
| | | |

| 南方的渔业小镇 | | |
|---|---|---|
| 地形 | 降水 | 温度 |
| | | |

| 内蒙古高原上的牧场 | | |
|---|---|---|
| 地形 | 降水 | 温度 |
| | | |

2. 小组派代表汇报对表中内容的认识。

**（二）看图片，感受不同地区不同的生活方式。（检测目标 2）**

1. 小组合作，将桌上六张房屋图片贴至《中国地形图》相对应的位置。

2. 说说这样贴的理由。

**(三) 听音乐,说一说从音乐中感受到什么不同的区域特色?(检测目标 2)**

**(四) 童眼看四川。(检测目标 2)**

1. 小组说一说:四川的衣、食、住、行与这里的自然环境有什么关系。

2. 全班交流。

设计说明:任务二的设计意在引导学生理解地理差异对社会生产、生活、文化等的影响。借助图片、视频,通过小组合作、交流展示等活动,提升学生获取信息、加工信息、转化信息的能力,促进学生主动学习、学会学习。

**学习任务三:交流展示,尊重彼此生活习俗(指向目标 3、检测目标 3)**

1. 观看视频并结合自己的经历,小组交流:与不同地区的人们交往时,需要注意什么?

2. 小组交流展示。

## 作业与检测

选择一个自己喜欢的地方,根据当地自然环境、生活方式特点设计一个旅游出行规划方案。

设计说明:道德与法治学科注重生活性、活动性、实践性。学生了解我国地形差异以及差异带来的影响的目的,最终是要作用于生活。设计旅游出行规划,既能检测学生对目的地自然环境差异的了解程度,也能培养学生根据差异来合理规划生活的能力,尊重彼此生活方式的意识也能得以体现。

## 学后反思

在认识自然环境带来的生活差异中,你采用了哪些学习方法?选择其中一种方法尝试分析生活中的其他自然环境差异带来的影响。

设计说明：该反思设计，意在引导学生提炼自主参与、查阅整理、分析归纳等学习方法，并能用这些方法来分析更多的差异现象。

## 导 读

本课时内容涉及的地理知识，如地形地势、山水风光、世界遗产等，是感受祖国山水之美、建立保护意识、提升爱国热情的基础。为了避免上成地理课、讲授课，本设计力求在践行学历案理论主张和彰显道德与法治学科特点上有所突破，主要体现在以下四个方面。一是将课标中认知类目标“知道”的程度界定在“体会、感知、了解”层次，弱化地理知识的识记、辨别等，使地理知识成为培养道德情感的载体；二是评价任务即是学习任务，指向学习目标，体现学教评的一致；三是学习资源直观形象，降低知识学习难度，提升目标达成度；四是注重教材内容情境化、生活化、活动化，使学生的参与体验更加有针对性、实效性。

# 好山好水好风光

赵辉 张萍 盛春容

## 主题与课时

人民教育出版社版道德与法治教材五年级上册第三单元“我们的国土，我们的家园”，第一课“我们神圣的国土”主题二(1 课时)。

## 课标要求

主题五“我们的国家”第 4 条：知道我国是一个地域辽阔、有着许多名山大川和名胜古迹的国家，体验热爱国土的情感。

## 学习目标

1. 通过阅读《中国地形图》、讨论、竞猜、材料分析，了解我国地形多样、地势西高东低的特点，初步感知我国多种多样的地形。



2. 结合自己的旅游经历，分享自己去过的独特景点，在交流分享中，感受祖国山水之美，产生爱国情感。

3. 通过读图、看视频、数据对比，在小组讨论、合作中，了解我国的世界遗产，初步建立爱护世界遗产的意识。

设计说明：目标是课程的眼睛，其内容与结构对课程的实施起到了引领性的作用。本学习目标将课标中的“知道”“体验”分解为读图、看视频、交流、分享、展示等行为，行为结果可观察、可评价、可检测。

## 评价任务

1. 完成学习任务三。（检测目标 1）
2. 完成学习任务四中的 4。（检测目标 2）
3. 完成学习任务五中的 5、6。（检测目标 3）

## 资源与建议

1. 本课时是上节课“辽阔的国土”学习的延伸，在此基础上将了解我国地形多样，山河壮美，拥有众多自然遗产，为后续学习自然差异对生产生活方式影响奠定基础。

2. 学习逻辑顺序：了解我国多种多样的地形——感受祖国山水之美——建立爱护世界自然遗产意识。

3. 感受祖国山河之美是本课时重点。通过分享、交流自己去过的独特景点，感受祖国山水之美，产生爱国之情来突破重点。

设计说明：明确本内容“从哪里来”“到哪里去”，给予学生学习路径与方法，告诉学生“何以学会”。

## 学习过程

课前活动：收集整理自己旅行的图片，并能简单介绍该处美景的独特之处。

课中活动：

**学习任务一：欣赏祖国盛世美景（指向目标 1）**

观看视频，说说自己的感受。

设计说明：借助具有视觉冲击力的中华美景图，初步激发学生对祖国大好河山的赞美之情，为后面的学习打下情感基础。

**学习任务二：找找祖国地形地势（指向目标 1）**

1. 自读教材第 48 页的文字和《中国地形图》，找一找与地形相关的信息。

2. 在小组内交流发现的地形信息。

3. 小组汇报，汇总信息。

设计说明：该活动是基于学习目标 1 而设置，通过直观的视觉、触觉，讨论交流让学生了解我国地形地势特点，也为后面学生进一步感受祖国好山好水好风光的“好”打下基础。

**学习任务三：说说家乡地形风光（检测目标 1）**

1. 结合 3D 中国地形图，摸一摸，看一看，说说我们生活的四川是什么地形。

2. 说说我们家乡四川的山水美景。

设计说明：本环节意在联系学生的生活实际，结合学生生活经验，从祖国到家乡，由远及近地提升学生的情感认知，增强对家乡的认同与热爱。

**学习任务四：分享祖国山水之美**

1. 向组员介绍自己带来的照片是哪一处美景。（指向目标 2）

2. 介绍该景点最能体现祖国风光之美的地方。（指向目标 2）

3. 小组推荐最有代表性的一处美景，并说出推荐理由。（指向目标 2）

4. 全班展示推荐情况，其他小组根据以下标准做评价：（检测目标 2）

☆ 图片能体现祖国风光独特的美。

☆ 语言简洁，能描述出祖国风光独特的美。

☆ 表现自然大方，表达流畅。

设计说明：本环节基于学习目标 2 设计，学生通过小组交流、展示、补充，将课前做的准备进行展示，在这个过程中既锻炼了学生语言表达能力，还训练了学生运用材料的能力，给了学生充分的展示机会。现场根据标准对分享进行评价，也体现了教—学—评一致性的要求。

**学习任务五：了解祖国世界遗产**

1. 看视频，说说世界遗产有哪些种类。（指向目标3）

2. 自读教材第50至51页的文字，以及《中国的世界自然遗产分布图》，看看我国有哪些世界自然遗产。（指向目标3）

3. 圈出自己去过的地方，给同桌介绍介绍。（指向目标3）

4. 小组讨论并汇报：它们为什么能入选世界自然遗产？（指向目标3）

5. 观察祖国世界遗产排名表，说说从这组数据中发现了什么。（检测目标3）

6. 关于保护世界遗产，我能做的是：____________________。（检测目标3）

设计说明：本环节的设计是基于学习目标3，通过对世界遗产的认识与了解，不断提升学生民族自豪感，增强学生对祖国的热爱之情，为后面初步建立保护世界遗产的意识，完成文明旅游公约做好准备。

## 作业与练习

全班共同设计一份《旅游文明公约》。

## 学后反思

1. 我们可以通过____________________________________________________________等途径来了解更多的祖国好山好水好风光。

2. 当你在风景区游玩时，你打算怎样提醒大家保护景点：________________________________________________。

设计说明：对学习的知识进行一个回顾与总结，有利于帮助学生掌握知识点和学习方法，并能将保护的意识落实到生活中。

## 导 读

本单元以“历史传说故事”为主题，以“了解故事情节，简要复述课文”为语文要素。本文是本单元第二篇课文，课后练习及语文园地“交流平台”提示，本文的学习重点为“梳理主要内容，练习简要复述”，与后面课文《故事二则》的“按事情发展顺序复述”，共同达成本单元简要复述课文的学习目标。基于以上分析，本设计紧紧围绕“学习简要复述”这一重点，在梳理情节、感悟人物智慧的基础上，通过讨论，师生共同制定简要复述课文的表现性评价标准，引导学生逐步归纳、掌握“简要复述”的要点，并在大量的言语实践中落实、检测这一目标，力争发展学生语言的建构与运用等学科素养。

# 西门豹治邺

卓琼

### 主题与课时

人民教育出版社版小学语文教材四年级上册第八单元(2 课时)。

### 课标要求

1. 有初步的独立识字能力。
2. 能初步把握文章的主要内容，体会文章表达的思想感情。
3. 能复述叙事性作品的大意，初步感受作品中生动的形象和优美的语言，关心作品中人物的命运和喜怒哀乐，与他人交流自己的阅读感受。

### 学习目标

1. 通过自学生字、词语测读等，认识“豹、娶”等 12 个生字，能正确书写“派、媳”等15个字，会写“管理、人烟”等12个词语，提升自主识字学词能力。

2. 借助提示梳理故事情节，初步区分内容的主次，能用简要的语言复述课文内容，提升语言表达能力。

3. 通过抓第10—14自然段中描写西门豹言行的语句，感受西门豹的智慧，体会语言的精妙。

设计说明：本课三个学习目标均依据课标、教材及学情来设定。目标1属于语文基础性目标——识字学词；目标2源于课标“初步把握文章的主要内容”、“能复述叙事性作品的大意”，教材将其细化为“详细复述——简要复述——创造性复述”，本课是围绕本单元语文要素“了解故事情节，简要复述课文”来设定的，同时目标中设计了行为条件“借助提示梳理故事情节，初步区分内容的主次”，提供了完成行为的情景和条件；目标3的确立是源于课标“初步感受作品中生动的形象”、“与他人交流自己的阅读感受”及课后的思考题。

## 评价任务

1. 完成学习任务一中的(二)和(三)。(检测目标1)
2. 完成学习任务四中的(二)。(检测目标2)
3. 完成学习任务三中的(二)。(检测目标3)

## 资源与建议

1. 本文是一篇传统的历史故事性课文，其学习重点是练习“简要复述”，这是在三年级“详细复述”基础上的发展，能进一步提升我们的阅读理解能力和概括能力；同时也能为我们后期学习“创造性复述”打下基础。

2. 课前可通过拼读教材中的拼音或查阅工具书，独立学习生字和新词，完成摘录笔记。学习本课时可以抓住描写西门豹言行的重点语句，感受西门豹大智大勇的高大形象；同时体会“长话短说”的方法，在小组内练习简要复述课文。

3. “简要复述课文”是本课的难点，练习时要抓住主要情节、尽量“长话短说”，在个人练习的基础上，在小组内复述，争取多练习几次，一次比一次复述得更好。

设计说明：本设计力求让学生明确“简要复述”在学习过程中的地位及其

与前后教材的关联；指明体现学段特点的“抓关键词句体会”的学习方法。同时，指明了突破“简要复述课文”这个学习难点的方法，是引领学生学习的“导学图”。

## 学习过程

### 课前预习

1. 朗读课文至少三遍，注意读准字音，读通句子，并给课文段落标上序号。

2. 将课文中的生字词语及好词勾画出来，并进行摘抄识记，如果遇到不理解的词语请查工具书理解，并在书上做批注。

3. 思考课后的问题，提出不明白的问题，将想法批注在书上。

4. 查阅资料，了解时代背景及西门豹的相关故事。

### 课中学习

**学习任务一：初读课文，认读字词（指向目标1）**

**（一）我能把课文读好，争取做到读准字音，读通句子。**

**（二）这些词语我会读：（检测目标1）**

西门豹　娶媳妇　巫婆　官绅　干旱　徒弟

提心吊胆　磕头　淌血　开凿　灌溉

1. 读给同桌听一听，请同桌给我评价：☆☆☆☆☆

2. 开小火车认读词语。

**（三）这些词语我会写：（检测目标1）**

西门豹　派出　娶媳妇　淹没　硬逼　浮着

干旱　徒弟　扔下　求饶　骗钱　灌溉

1. 和同桌交流加点的字容易写错的地方。

2. 在全班交流对词语的理解及其运用。

3. 为强化巩固，我要选几个词写一写：

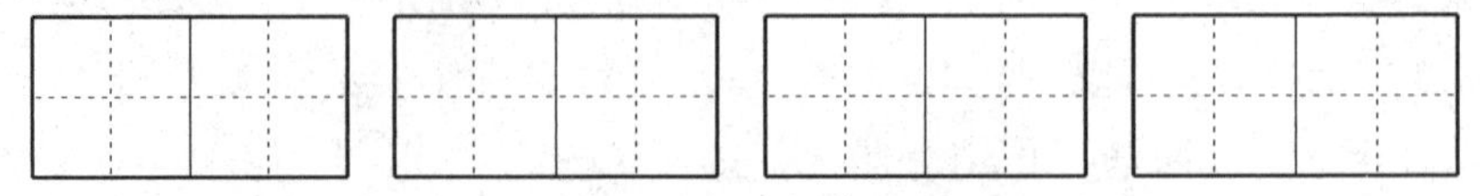

**学习任务二：整体感知，梳理情节（指向目标2）**

（一）再读全文，思考：西门豹为了“治邺”，先后做了哪些事？并在文中找出相关的段落，独立梳理完成表格：



| 段落 | 事件 |
| --- | --- |
| (1—9) | (摸清底细) |
| (10—15) | (惩治巫婆和官绅) |
| (16) | (兴修水利) |

（二）从“西门豹、娶媳妇、巫婆、官绅、干旱、徒弟、提心吊胆、磕头、淌血、开凿、灌溉”中选择词语，分别说说三个情节的内容。

1. 在小组内说一说。

2. 在全班交流。

3. 思考：这三个情节中，作者详细写(花费笔墨最多)的是________，略写的是________。

**学习任务三：研读“言行”，感受智慧（指向目标3）**

**（一）研读“言行”。**

1. 默读课文10—14自然段，在惩治巫婆和官绅的过程中，西门豹是怎么说、怎么做的？勾画描写西门豹言行的句子。

2. 在小组内交流西门豹的言行，归纳梳理西门豹惩治恶人的步骤，并在全班汇报：

救下姑娘→(　　　　)→(　　　　)→破除迷信

**（二）感受智慧。**

1. 小组讨论：西门豹的办法好在哪里？从哪些关键词句能感受到西门豹的智慧？借助表格在小组内交流(检测目标3)：

| 惩治恶人 | | |
| --- | --- | --- |
| 步骤 | 关键词句 | 智慧 |
| 救下姑娘 | (不行、不漂亮……) | (计策周密) |
| | | |
| | | |

提示：

(1) 可运用联系上下文、揣摩人物心理活动、结合课文插图等方法来体会西门豹做法的巧妙。

(2) 在组长的带领下，轮流发言，借助关键词句说一说西门豹的办法好在哪里。

(3) 组长做好分工，为小组展示汇报作准备。

2. 全班交流：(请一个小组作汇报)

要求：

(1) 分工合理，紧扣关键词句谈出体会，组内其他成员作补充。

(2) 可用这样的句式来交流：请大家看到第________自然段的句子________________，我抓住关键词________________，感受(体会)到西门豹的________________________。

(3) 其他小组认真倾听，相互补充、质疑。

3. 自由、有感情地朗读重点词句。

设计说明：采用“自学—合学—群学”的学习形式，以默读、朗读等形式引导学生抓住人物言行的句子来细细体会，在充分的交流与有感情的朗读中，感悟并能说出西门豹的做法好在哪里，从而深入感知西门豹大智大勇的人物形象和语言的精妙。

**学习任务四：感悟方法，练习复述(指向目标 2)**

**(一) 学习“长话短说”，区分内容主次。**

1. 比较句子：读读下面两个句子，说说它们在表达上有什么不同。

◆ 官绅一个个吓得面如土色，跪下来磕头求饶，把头都磕破了，直淌血。

◆ 官绅跪地求饶。

从比较中看出，第一个句子________，第二个句子________。我们要根据表达的需要，选择恰当的方式。

用________的方法，可以帮助我们长话短说。

2. 比较情节：在“摸清底细”与“惩治巫婆和官绅”两个情节中，主要情节是________________，次要情节是________________，理由是________________________。

**(二) 根据提示，练习简要复述课文内容。(检测目标 2)**

摸清底细→惩治巫婆和官绅→兴修水利

1. 以小组为单位，讨论并制定《简要复述课文评价标准》。

2. 全班交流讨论，明确简要复述的要求：

(1) 按照事情发展的顺序进行复述。

(2) 主要情节可以复述得详细一些，次要情节可适当省略。

(3) 可适当运用“长话短说”的方法复述内容。

3. 在小组内复述课文内容，完成评价表。

| | 自评 | 互评 |
|---|---|---|
| 条理清晰 | ☆☆☆☆☆ | ☆☆☆☆☆ |
| 主次分明 | ☆☆☆☆☆ | ☆☆☆☆☆ |
| 简要流畅 | ☆☆☆☆☆ | ☆☆☆☆☆ |

4. 推荐代表在全班复述，其他同学认真倾听、互评。

设计说明：“简要复述课文内容”是本课的学习重点，也是学习难点，通过“学方法”、“用方法”，让学生在大量的语言实践中练习复述；再通过制定《评价标准》，并对照标准来自评、互评，不断调整、练习、提高，让目标与教学、评价达成一致，有效促进了学生表达能力的提高。

## 检测与作业

1. 组内听写文中的生字词语。（检测目标 1）

2. 我能朗读好表现西门豹言行的语句，从中我感受到西门豹是一个________的人。（检测目标 3）

3. 我能把这个故事简要地复述给爸爸妈妈听。（检测目标 2）

## 学后反思

1. 抓住人物的言行，运用________等方法，可以帮助我们很好地感受人物形象。

2. 我们在简要复述课文时，要注意哪几点？

## 导读

本文是小学段为数不多的一篇议论文，单元主题是“科学精神”，语文要素为“体会文章是怎样用具体事例说明观点的”，其学习重点是“体会有针对性叙述事例证明观点的方法并尝试运用”。本设计根据课标要求，淡化文体特征，围绕学习重点，有效分解并精准叙写了符合年段特点的3个学习目标，体现了学历案目标设计科学、清晰的特点。同时，基于教材和学情，从整体到局部，从文本理解到语言运用，设计了相互联系、逐层深入的五个学习任务，巧妙运用对比阅读的方式，让单元主题及语文要素在课堂学习中得以落地。

# 真理诞生于一百个问号之后

杨继

### 主题与课时

人民教育出版社版小学语文教材六年级下册第五单元(2课时)。

### 课标要求

1. 有较强的独立识字能力。

2. 能联系上下文和自己的积累，推想课文中有关词句的意思，体会其表达效果。

3. 在阅读中了解文章的表达顺序，体会作者的思想感情，初步领悟文章的基本表达方法。

### 学习目标

1. 通过自学生字、词语测读等，能正确认读、理解并运用“锲而不舍、追根求源、见微知著”等9个词语，会写“域、惯”等12个生字，会写“真理、领域”等20个词语，提升自主识字学词能力。

2. 通过联系上下文，品读事例中的关键词句，能体会并概括出人物的科学精神，准确表达“真理诞生于一百个问号之后”的含义，提升阅读感悟能力。

3. 通过对事例的梳理概括，能说出三个事例在材料选择、叙述顺序上的特点以及这样叙述的好处，尝试运用“用具体事例说明观点”的方法，提升语言运用能力。

设计说明：结合课文内容及编者意图，寻找课标里与之匹配的要求作为本课学习目标的确立依据。同时进行细化分解，将课标“有较强识字能力”的要求分解为能认读、理解及运用词语；将“推想词句意思，体会表达效果”分解为能体会并概括人物精神，准确理解句子含义；将“了解文章表达顺序及领悟文章表达方法”分解为能说出事例在材料选择、叙述顺序上的特点及这样叙述的好处，尝试运用“用具体事例说明观点”的方法。这样就把宏观的课标要求细化成了可观察、可检测、可评价的学习目标。

## 评价任务

1. 完成学习任务一中的2、3。(检测目标1)
2. 完成学习任务二中的2，任务四中的2。(检测目标2)
3. 完成学习任务三中的2、3，任务四中的4，任务五。(检测目标3)

## 资源与建议

1. 通过本单元第一篇课文的学习，我们对“科学精神”以及“用事例说明观点的方法”有了初步的感知。本课的学习，可以进一步体会“科学精神”的内涵，并深入了解“用具体事例说明观点”的方法，有助于更好地完成课后的“小练笔”及本单元的“口语交际”。

2. 课文中有不少含义深刻的词句，课前可以运用查工具书、联系上下文和自己积累的方法去理解。还可以借助网络，搜索阅读一些中外发明家、科学家的小故事，为学习举例说明文章观点积累一些素材。

3. 学习课文时，要先整体感知课文内容，明确作者的观点；再深入阅读，梳理所列举的事例，通过对比阅读、交流讨论，体会作者“用具体事例说明观点”的方法;最后尝试运用这种方法继续讲述事例说明文章观点。

设计说明:上述内容不仅告诉了学生学习本课对于进一步理解单元主题,体会“用具体事例说明观点”这种写法的重要意义,还告知了学生理解课文关键词句的方法以及学习的大致流程,为学生更好地完成本课的学习作好了铺垫。

## 学习过程

### 课前预习

1. 朗读课文至少三遍,注意读准字音,读通句子,并给课文段落标上序号。

2. 将课文中的生字词语及好词勾画出来进行摘抄识记,查工具书解释不理解的词语。

3. 思考课后的问题,提出不明白的问题,将想法批注在书上。

4. 收集发明家的故事。

### 课中学习

**学习任务一:认读字词,理解运用**

1. 自读课文,注意读准字音,读通句子。(指向目标1)

2. 小组开火车读词语,提醒易读错、写错的字。(检测目标1)

洗澡、机械、逆时针、玫瑰、领域、锲而不舍、追根求源、司空见惯、见微知著

3. 结合课文内容,从上面词语中,选择恰当的填在句子中,再读一读。(检测目标1)

在科学________,科学家们善于从________的现象中提出问题,________地________,这才发现了那一个个真理。

**学习任务二:整体感知,理解观点**

1. 读课题,说说对本文题目的理解。(指向目标2)

2. 默读课文,找一找文中哪些语句正好是对课题的解释,用“________”勾画出来。(检测目标2)

(1) 小组内交流勾画的句子,说说句子中哪些地方在告诉我们“真理诞生于一百个问号之后”。

(2) 小组汇报交流成果,相互补充,并带上感情朗读这些句子。

**学习任务三:概括事例,感知写法**

1. 为了证明自己的观点,作者在文中列举了哪些具体的事例?默读课文

3—5 自然段，用自己的话进行简要概括。（指向目标 3）



2. 说说这三个事例与课题之间有什么关系？如果作者只列举一个事例，行不行？再多列举几个事例呢？（检测目标 3）

3. 小结：用具体事例说明观点时，要＿＿＿＿＿＿＿＿＿＿。（检测目标 3）

设计说明："用具体事例说明观点"的方法看似简单，但在运用时却暗藏不少奥秘。上述活动设计正是在引导学生去发现用具体事例说明观点时，要注意事例与观点间的关系，以及事例的数量问题，既指向"是什么"，又指向"为什么"。

**学习任务四：研读事例，品味表达**

1. 作者在第 2 自然段中曾说"从细微的、司空见惯的现象中发现问题，不断发问，不断解决疑问，追根求源，最后把'？'拉直变成'！'，找到真理"。默读课文 3—5 自然段，思考：这三个事例中的"？"具体指什么？"！"具体指什么？主人公又是怎么把"？"拉直变成"！"的？勾画出相关词句，并完成下面表格。（指向目标 2）

| 主人公 | "？"（发现问题） | "拉直"（探索过程） | "！"（得出真理） |
| --- | --- | --- | --- |
| | | | |
| | | | |
| | | | |

2. 纵向观察表格内容，抓住感受深的词句，在小组内说说，为什么每个事例中的主人公都能够发现真理？他们之间有什么共同点？并在全班汇报交流。（检测目标 2）

3. 横向观察表格内容，说说作者在写这三件事时，都是先写什么？再写什么？最后写什么？作者为什么要采用这样的叙述顺序来介绍三个事例？（指向目标 3）

4. 小结：文中列举的三个事例，作者都是先写＿＿＿＿＿＿，再写＿＿＿＿＿＿，最后写＿＿＿＿＿＿。这样的叙述顺序与文章观点的表述方式是＿＿＿＿＿＿，能够更好地证明＿＿＿＿＿＿＿＿＿＿＿＿。（检测目标 3）

设计说明：通过三个事例的对比阅读以及对事例中关键词句的反复品读，让学生自主发现事例中人物所共同具备的科学精神，以及作者在叙述这些事例时的巧妙构思，从内容到表达，进一步加深对文章观点的理解及作者写法的体悟。

**学习任务五：运用方法，证明观点**

1. 小组内有针对性地讲述其他事例来继续说明课文的观点，并推荐代表在全班讲述，相互评价。注意事例要恰当，叙述顺序要合理。（检测目标 3）

2. 仿照课文的写法，选择几个恰当的事例来说明另外一个观点，比如："有志者事竟成"、"玩也能玩出名堂"、"团结就是力量"。（检测目标 3）

观点：________________________________________

事例 1：________________________________________

事例 2：________________________________________

事例 3：________________________________________

设计说明：语文课程是一门学习语言文字运用的综合性、实践性课程。在感知了"用具体事例说明观点"的方法后，让学生尝试运用这种方法来继续举例说明文章观点和其他观点，以此来检测目标 3 的达成情况。

## 作业与练习

1. 组内听写文中生字词语及成语。（检测目标 1）

2. 摘抄课文中对自己有启发的语句，写一写从中受到的启发。（检测目标 2）

3. 继续仿照课文的写法，用几个事例来说明一个观点，注意根据所选择的观点有针对性地叙述事例。（检测目标 3）

## 学后反思

1. 从"真理诞生"的过程中，我受到的启发是：________________________________________

________________________________________

________________________________________

2. 我认为在向别人说明自己观点的时候，需要注意：________________________________________

________________________________________

________________________________________

## 导 读

本单元以“舐犊情深”为主题，以“体会作者描写的场景、细节中蕴含的感情“为语文要素。本文是单元第一篇课文，在深入解读文本后，确定了本课的学习重点为“品味印象深刻的场景、细节，体会反复出现的词语的表达效果”。本设计为第二课时，在第一课时整体感知内容、梳理主要场景的基础上，精心安排“识反复”—“品反复”—“用反复”三个活动，巧妙突破本课学习的难点。并且，在活动中适时嵌入表现性评价，通过明确的评价工具来导学、促学，帮助学生高效达成学习目标。

# 慈母情深

刘宇

### 主题与课时

人民教育出版社版小学语文教材五年级上册第六单元(第2课时)。

### 课标要求

1. 能简单描述自己印象最深的场景、人物、细节，说出自己的喜爱、憎恶、崇敬、向往、同情等感受。

2. 能联系上下文和自己的积累，推想课文中有关词句的意思，体会其表达效果。有感情地朗读课文。

3. 珍视个人的独特感受，积累习作素材。

### 学习目标

1. 通过回顾内容和文中主要场景，选择印象最深的场景或细节进行交流，体会并说出自己感受到的“慈母情深”。

2. 通过圈点勾画反复出现的词语及其所在的句子，运用联系上下文、想象画面等方法体会其表达效果，能用有感情的朗读表达自己的感受。

3. 能联系生活实际，尝试运用反复的手法，写一写令自己“鼻子一酸”的瞬间，提升语言运用能力。

设计说明：根据课标及教材要求，结合文本特点，确立了三条学习目标，从感人场景的分享到重点词句的品读，再到联系生活的表达，体现了目标设计的层次性，不仅有助于学生深入理解本单元人文主题，还落实了语文要素的学习。

## 评价任务

1. 完成学习任务一中的3。（检测目标1）
2. 完成学习任务二中的1(3)、2(3)。（检测目标2）
3. 完成学习任务三中的1。（检测目标3）

## 资源与建议

1. 学习本课时，用心体会作者描写的场景、细节中蕴含的情感，不仅有助于提升语言的品读能力，加深对单元主题“舐犊情深”的感悟，还能为本单元的口语交际和习作做好铺垫。

2. 课文中有不少富有特点、表达新颖的语句，课前可以运用联系上下文和自己积累的方法去理解，从中选择印象最深的句子批注感受并摘抄，有利于对文章情感的理解。

3. 学习课文时，要先回顾课文主要内容和主要场景，交流令自己印象深刻的场景，体会并说出自己的感受；再自读感悟，抓住场景中反复出现的词语，在多形式的朗读中体会其表达效果；并尝试运用反复的写法描写令自己“鼻子一酸”的瞬间。

设计说明：这里不仅告诉了学生学习本课对于本单元学习的重要作用，还为学生指明了学习的路径与方法，帮助学生更好地建构学习的框架。

## 学习过程

### 学习任务一：回顾场景　分享感受

1. 本文讲了一个什么故事？请用简洁的语言讲述。（指向目标1）

2. 文中的主要场景有________、________、________和________。（指向目标1）

3. 我印象最深的场景是________，从中感受____________。（检测目标1）

交流时注意下面的要求：

（1）能用简洁的语言说出印象最深的场景。

（2）能说出自己独特的感受。

设计说明：先讲述主要内容，再梳理主要场景，最后选择印象最深的场景交流感受，既能激发学生对课文的已有认知，还能一步步地将学习重点聚焦到重点场景的品味上，从而达成目标1的要求。

### 学习任务二：品读反复　揣摩效果

1. “初见厂房”识反复

（1）读“初见厂房”，我发现作者语言表达的特点是——________。（指向目标2）

（2）按照下列要求自学第6—9自然段。（指向目标2）

① 默读课文，圈出词语“七八十”，并勾画其所在的句子。

② 围绕勾画内容，用一两个词批注体会。

（3）全班交流，体会“反复”。（检测目标2）

交流时可用这样的句式：透过这个句子中的“七八十”，我仿佛看到了____________，从中我体会到了________________________。

2. 走进场景品反复

（1）按照下列要求自学第10—34自然段。（指向目标2）

① 默读课文，圈出反复出现的词语，并用“____”勾画其所在的句子。

② 围绕勾画内容，联系上下文，细细品读，并用一两个词批注体会。

（2）根据自学情况，小组交流，注意下面要求。（指向目标2）

① 在小组内依次交流自己圈点勾画的词句，谈谈体会。

交流时可用这些的句式：请大家看到第________自然段，其中反复出现的词语是______________,让我仿佛看到了______________,从中我体会到了______________________________。

② 朗读勾画的句子,表达自己的感受。

(3) 按下列要求开展全班交流,品读"反复"。(检测目标 2)

汇报小组:①合理分工,有序大方;②抓住反复出现的词语及句子,能谈出体会,读出感受;③注意与全班互动。

其余同学:认真倾听,积极补充、质疑。

设计说明:该任务分两步走,先引导学生共同认识"初见厂房"这一场景中的"反复"写法,品味其表达效果,再放手让学生在自学、合学、群学的过程中,去寻找其他场景中的"反复",体会不同场景中"反复"的不同表达效果,从而加深对"反复"这种写法的体悟。这种由扶到放的学习方式,不仅有助于目标 2 的达成,还能有效提升学生对语言的品悟能力。

**学习任务三:尝试运用　表达情感**

1. 小练笔:回忆自己曾经"鼻子一酸"的经历,试着写一写。(检测目标 3)

要求:(1) 选择一处场景或感动的一个瞬间来写。

(2) 写出自己真实的感受。

(3) 尝试运用反复的写法。

______________________________________________________________________

______________________________________________________________________

______________________________________________________________________

______________________________________________________________________

2. 读给同桌听一听,请同学给我评一评。(☆☆☆☆☆)

设计说明:在学生对课文场景、细节及表达方法有了充分的体悟后,及时引导学生回忆生活经历,写下让自己感动的瞬间,既能帮助学生进一步加深情感体验,又能提升学生的语言表达能力,有效达成学习目标 3。

## 作业与练习

1. 摘抄场景中最能感受到"慈母情深"的句子,并有感情地朗读。(检测目标 2)

2. 根据练笔的要求和同学的建议,修改自己的小练笔。(检测目标 3)

## 学后反思

1. 请梳理体会到的“反复”写法的表达效果。

________________________________________

2. 通过本课的学习，我认为我们在生活中应该这样回应父母的爱：________

________________________________________

## 导 读

学生之前已经直观认识了一些平面图形，本单元将进一步认识平面图形的特点与性质。本节内容是通过直观操作活动，探索并发现三角形内角和的性质。重点是经历“发现—猜想—验证—结论”的研究过程，难点是如何突破思维限制，找到验证的多种方法。基于以上分析，本学历案以特殊三角形内角和为研究起点，设计层层递进的问题串，通过操作活动，把动作逻辑内化为思维逻辑，激发了学生的数学思考，让学生完整地经历了从“特殊到一般”的数学研究过程，为探索图形的性质积累了经验，体现了学科素养在课堂落地。

# 探索与发现：三角形内角和

余晓华

### 主题与课时

北京师范大学出版社版小学数学教材四年级下册(2课时)。

### 课标要求

通过观察、操作，了解三角形内角和是180°。

### 学习目标

1. 经历对特殊三角形内角求和的过程，猜测任意三角形内角和，初步形成大胆猜想的意识。

2. 通过直观操作活动验证自己的猜想，知道任意三角形的内角和，经历“从特殊到一般”的研究过程，发展动手操作和观察、比较能力。

3. 能应用三角形内角和的性质解决一些简单的实际问题。

4. 能运用“从特殊到一般”的研究方法,探索其它多边形的内角和,感受大胆猜想对数学研究的价值,体验思考与探索的乐趣,增强学习数学的兴趣。

设计说明:结合课标和教材要求,不仅将课标要求的内隐行为动词“了解”分解成了“猜测、经历、验证”等系列可观察、可测评的外显行为动词,而且从数学学科的核心素养出发,将基础知识、基本技能、基本思想和基本活动经验落实在整个学习活动中,并将知识技能的学习指向研究方法与学科兴趣的培养,努力体现了目标的三维叙写。

## 评价任务

1. 完成任务一中的4。(检测目标1)
2. 完成任务三中的2。(检测目标2)
3. 完成任务四中的1、2、3、4。(检测目标3)
4. 完成学习任务五中的2。(检测目标4)

## 资源与建议

1. 三角形内角和是三角形的重要性质。之前学习了角的度量、直观认识了平面图形以及对三角形进行分类,我们可以借鉴运算律的研究思路与方法来研究三角形内角和。三角形内角和的研究会帮助我们感受图形知识内部的联系,为后续探索其他图形的性质积累经验。

2. 本主题的学习将按以下流程进行:基于证据,大胆猜想——动手操作,验证猜想——反思问题,多法验证——运用结论,解决问题——反思总结,方法应用。

3. 本课学习的重点是经历“发现—猜想—验证—结论”的数学研究过程,难点是找到验证三角形内角和的多种方法。你可以通过学习任务三与小组同伴合作来突破本节课的难点。

设计说明:首先介绍了“三角形内角和”与前后知识的联系,便于学生知识的结构化,提供本课的主要研究方法、学习流程、学习重难点与难点的突破方式,发挥了“导学图”的作用。

## 学习过程

### 一、课前准备

准备一副三角板、一个量角器和一把直尺，两张完全一样的钝角三角形纸片和两张完全一样的锐角三角形纸片。用A4纸制作直角三角形、锐角三角形、钝角三角形各2个。

### 二、课中学习

**任务一：观察特征，提出猜想**

下面有3个非常特殊的三角形，一个是等边三角形，另外两个是与一副三角板完全一样的三角形。

1. 它们的内角分别是多少度？请把角度标在图形上，并算出每个三角形三个内角的和。（指向目标1）

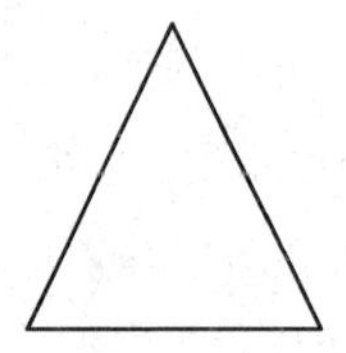 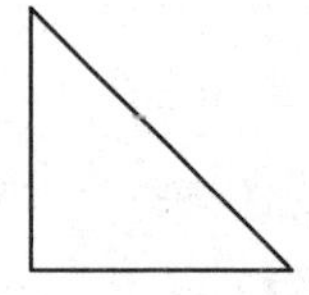 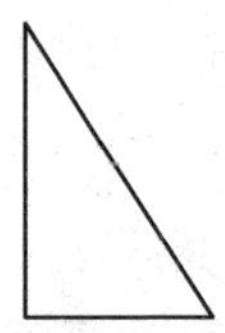

2. 认真观察：这3个三角形的内角和有没有什么共同特征？

3. 根据这3个特殊三角形三个内角和的共同特征，你能猜想出任意三角形的内角和是多少度吗？（指向目标1）

我的猜想是：________________________________________。

4. 如下图所示，用两把完全相同的三角尺分别拼出两个三角形。（检测目标1）

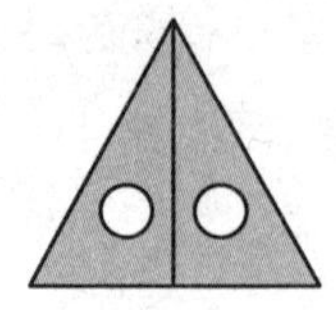 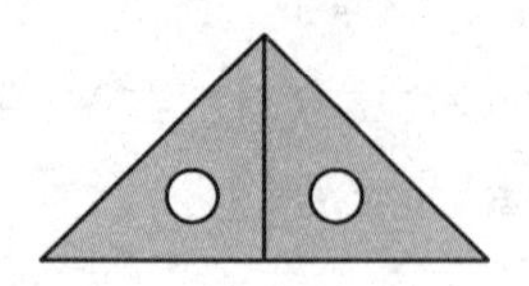

(1) 猜一猜：它们的内角和分别是多少度？与同桌交流你是怎样想的。

(2) 算一算：它们的内角和与你的猜想一样吗？

设计说明：以3个特殊的三角形内角和为研究起点，通过观察发现它们的共同特征，鼓励学生大胆提出猜想，目的是让学生经历从研究特殊情况出发，通过归纳发现特征，再对一般情况提出猜想的过程，逐步养成大胆猜想的意识。

**任务二：动手操作，验证猜想**

1. 用量角、求和的方法验证自己的猜想。（指向目标1）

(1) 独立操作：请任意选择一个你准备的三角形，量出每一个内角的度数并标在图形上，然后求出该三角形的内角和。（特别提醒：测量角的度数时，测量出来是多少就写多少，保留到整数）

(2) 四人小组交流，完成下面的活动记录表。

**小组活动记录表第＿＿＿＿组**

| 小组成员姓名 | 三角形的形状 | 每一个内角的度数 | | | 三个内角的和 |
|---|---|---|---|---|---|
| | | | | | |
| | | | | | |
| | | | | | |
| | | | | | |
| | | | | | |

(3) 全班交流各组的测量与计算结果。

2. 观察测量与计算的结果，是不是所有的三角形三个内角的和都是180°？（指向目标2）

(1) 如果不是，是不是我们的猜测不对呢？

(2) 如果我们的猜测是正确的，那么造成误差的原因是什么呢？有什么办法可以减少这个误差吗？

设计说明：通过独立测量、计算，再小组统计，尽可能多地呈现不同形状三角形内角和来验证猜想，目的是使验证显得更加严谨。“特别提醒”是基于培养学生科学、实事求是的探究精神。但测量的过程会产生误差，讨论“造成误差的原因是什么？有什么办法可以减少误差？”这个问题的目的是激发学生寻找其它方法再次进行验证。

**任务三：直面问题，探索方法**

1. 你能用不同的方法验证三角形的内角和是180°吗？（指向目标2）

（1）小组讨论：还可以用什么方法验证三角形的内角和是180°？设计一个验证猜想的方法，把实验的方案写下来。

（2）小组内分工进行验证，并用画图的方式，把操作、验证过程记录在下面。

（3）全班交流不同的验证方法，把与自己不同的验证方法记录在下面。

通过不同的方法验证，最后得出的结论是：

（4）回顾三角形内角和等于180°的验证方法，这些方法的共同特点是：

(5) 思考：为什么一个三角形的大小、形状无论怎么变化，内角和却总是不变呢？

2. 练一练。(检测目标 2)

(1) 如果在下面左边的三角形中添一条线，将它分成两个小三角形 A、B，则三角形 A 的内角和是________，三角形 B 的内角和是________。

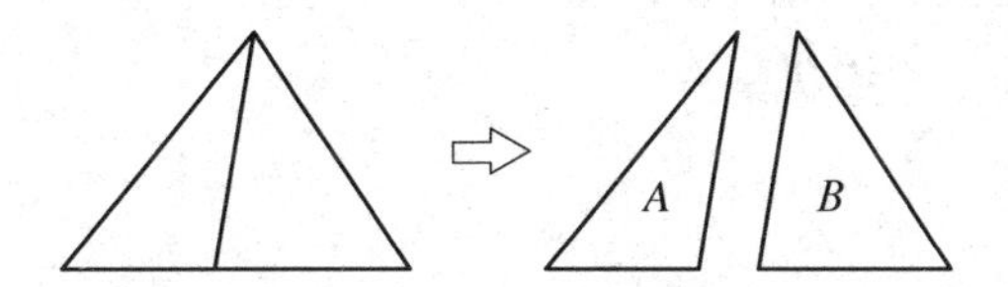


(2) 如下图所示，图中三角形 $A$ 的内角和是________，图中三角形 $B$ 的内角和是________。如果把 $A$、$B$ 这两个小三角形拼成一个大三角形，所得大三角形的内角和是________。

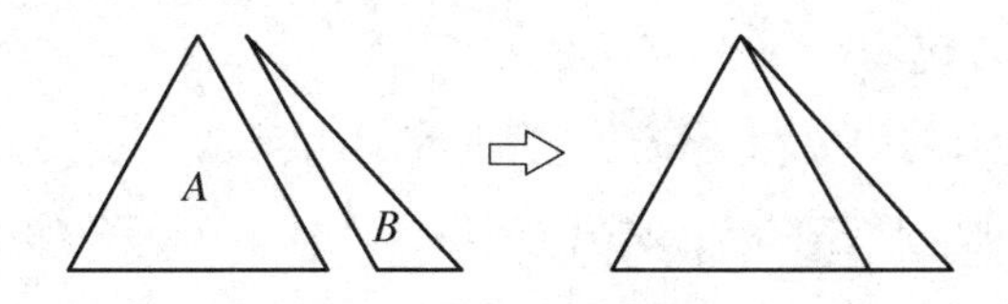


设计说明：设计这一环节是让学生突破思维的限制，探索出不同的验证方法。无论是用量加、撕拼、折叠、画拼等方法验证三角形内角和是 180°，都是通过操作把三个角拼在一起，验证是否是一个平角。撕拼、折叠、画拼等方法是不容易想到的，采用小组讨论的学习方式，既可突破难点，也让学生经历从“特殊到一般”完整的研究过程，提升空间想象能力与数学推理能力。活动 2 的检测设计，抓住了三角形内角和的本质特征，考查了学生是否明确三角形内角和与三角形的形状、大小无关，有效检测了目标 2 的达成。

**任务四：运用结论，解决问题**

1. 计算下面各角的度数。(检测目标 3)

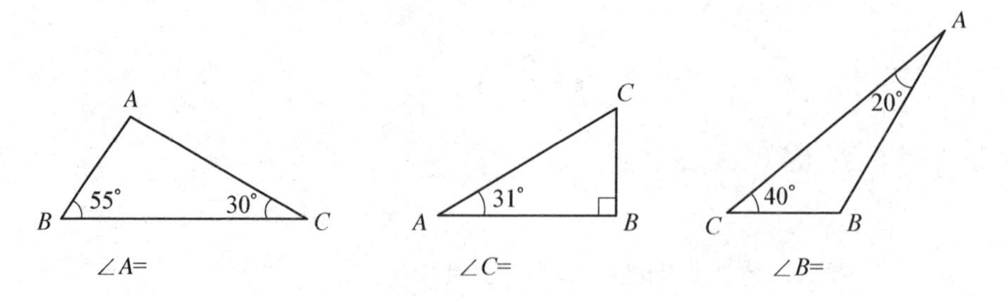


2. 判断下面的三角形可能是什么三角形，并说出你的理由。(检测目标 3)

(1) 三角形的两个内角分别是 30°和 40°。

(2) 三角形的两个内角分别是 60°和 70°。

(3) 三角形的一个内角是 60°。

3. 量一量，猜一猜，可能是什么三角形。(检测目标 3)

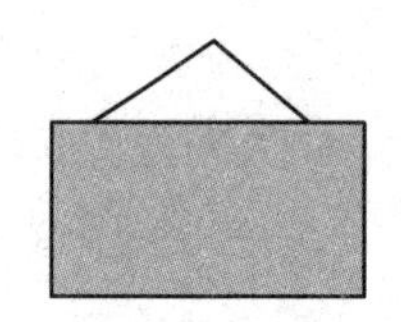

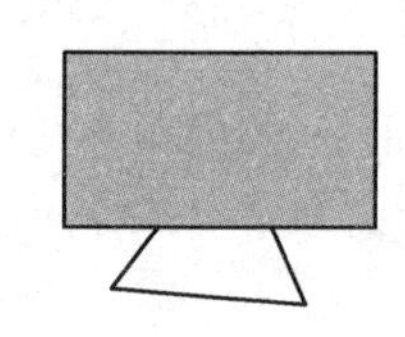

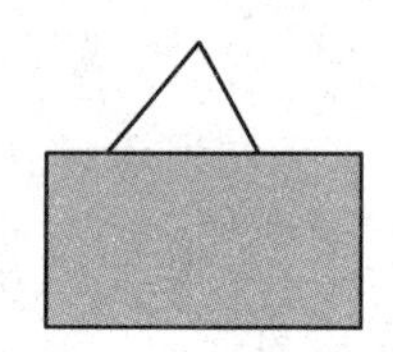

4. 练一练。(检测目标 3)

(1) 判断：(正确的打"√"，错误的打"×")

① 钝角三角形的内角和比锐角三角形的内角和大。(　　)

② 一个三角形，把它平均分成两个小三角形，每个三角形的内角和就变成了 90°。(　　)

(2) 选择：

下面哪三个角可以构成一个三角形？(　　)

A. 70°

B. 50°

C. 50°

D. 80°

(3) 拼三角形：有 4 个三角形被撕成了 12 个角：60°，110°，20°，30°，90°，60°，50°，70°，80°，50°，40°，60°，猜一猜，这 4 个三角形分别是什么三角形，并写出你的求证过程。



设计说明：运用三角形内角和的性质，有梯度的练习设计，让不同层次的学生在解决问题的过程中，体会数学学习的价值，感受数学的思想方法，建立知识之间的联系。

**任务五：回顾过程，内化方法**

1. “三角形的内角和”的研究，我们从特殊的三角形（直角三角形和等边三角形）出发，经历了“发现—猜想—验证—结论”的研究过程。回顾这一研究过程，你觉得哪一个或者两个环节对我们的研究具有特别的价值呢？理由是什么？（指向目标4）

2. 请用今天学到的研究方法，探索四边形内角和的性质。（检测目标4）

设计说明：通过回顾完整的研究过程，感悟从特殊到一般的数学研究方法；把数学思想与方法从课堂学习的暗线变为明线，让学生看得更清晰，并能运用习得的方法解决新的问题。

## 学后反思

1. 今天研究了三角形的内角和的性质，我们的研究方法是：

2. 在以前的学习过程中,我们在哪些地方也用到了这样的研究方法?

3. 用这样的方法,你还想研究什么问题?

设计说明:引导学生从学习经历中反思数学思想与方法,积累问题解决策略,提升运用策略解决问题的能力,逐步将数学能力转变为数学素养。

## 导 读

整数除以小数是在学习了整数除法和小数意义的基础上进行的，它既是小数除法的起始点，又是除数是小数的除法的基础。其重点是掌握小数除法的计算方法，难点是“商的小数点为什么要与被除数的小数点对齐”。基于以上分析，本学历案设计了层次清晰的三个探究活动和问题串，在活动的展开中突出“化归”思想的渗透，在问题的解决过程中，让学生逐步理解“除数是整数的小数除法”的算理和突破“商的小数点为什么要与被除数的小数点对齐”这个难点，探究活动之后嵌入相对应的评价任务，突出了本课时的重点，有梯度的练习设计，实现了学习的进阶，较好体现了“教—学—评”一致的理念。

# 精打细算

陈平

## 主题与课时

北京师范大学出版社版小学数学教材五年级上册(1 课时)。

## 课标要求

能进行简单的小数除法运算。

## 学习目标

1. 借助已有的知识和生活经验，经历探索小数除以整数计算方法的过程，能将小数除法转化为整数除法进行计算，渗透“化归”思想。

2. 结合元、角、分的生活经验，能正确说出竖式计算中每一步表示的意思，能正确进行除数是整数的小数除法的竖式计算。

3. 结合购物的具体情境，能用小数除法独立解决日常生活中的实际问题。

设计说明：根据课标及学生学习实际，将课标要求“能进行简单的小数除法运算”中的“能进行……运算”，用具体的“经历”、“说出”、“解决”等行为动词表达，将“小数除法”这一核心概念加以分解，再赋予生活情景等行为条件，叙写出可测评的三维学习目标。

## 评价任务

1. 完成任务一中的3。(检测目标1)
2. 完成任务二中的3。(检测目标2)
3. 完成任务三中的2。(检测目标3)

## 资源与建议

1. 本课时主要学习“小数除以整数，除到被除数末尾无余数，商不补0”的小数除法的计算方法，我们将运用整数除法的计算方法，借助元、角、分之间的关系，探索整数除以小数的计算方法，为后续学习“小数除以小数”的计算打下基础。

2. 我们将以问题解决为主要学习方式，而问题解决的一个有效策略是：转化。本课将按以下流程进行：阅读情境—寻找信息—提出问题—探索算法—交流算法—归纳方法—运用方法—解决问题。

3. 本课的重点是掌握小数除法的计算方法，你可以通过完成任务一的2、3来达成目标，本节课的难点是理解商的小数点是如何确定的，弄清楚商的小数点为什么要与被除数的小数点对齐，你可以通过完成任务二的1、2来突破这一难点。

设计说明：重点介绍了学习“小数除法”需了解的相关基础知识以及前后知识联系，本课学习的重点和难点内容以及如何学习本节课内容，为学生提供了探究活动中可能涉及的数学思想和方法，也为学生指明学习的途径与方法，让学生明确学什么、如何学、学得如何。

## 学习过程

### 任务一：探究计算方法

1. 仔细观察下图，说说有哪些数学信息。（指向目标 1）

淘气去买牛奶，下图所示是两个商店的牛奶售价。

甲商店

买了5包，一共11.5元。

乙商店

买了6包，一共12.6元。

甲商店牛奶每袋多少元？（指向目标 2）

列式为：________________

2. 怎样计算“$11.5 \div 5$”呢？

（温馨提示：你可以试着把用“元”作单位的数转化为用“角”作单位的数再计算。）

要求：① 独立完成，比比谁的方法多。

② 组内交流，向组员说说你的算法。

法 1：　　　　　　法 2：

3. 买 4 个笔盒共花了 21.6 元，每个笔盒多少元？（检测目标 1）

列式为：________________

想：① 21.6 元是（　　）角，每个笔盒（　　）角，所以 $21.6 \div 4 =$（　　）元；

② 21.6 元 = 20 元 + 1.6 元，

$20 \div 4 =$（　　）元，1.6 元 =（　　）角，

（　　）角 $\div 4 =$（　　）角 =（　　）元，

（　　）元 +（　　）元 =（　　）元。

所以 $21.6 \div 4 =$（　　）元。

设计说明：借助已有的知识经验，借助元、角、分之间的关系，渗透“化归”数学思想，并以此为契机探究除数是整数的小数除法的算理，经历除数是整数的小数除法的计算过程。同时也间接引导出小数除法和整数除法有着重要的联系，为后续的计算做好铺垫。

**任务二：探究竖式计算方法**

1. 用竖式计算，并说一说每一步的意思。（指向目标 2）

元角

$5\overline{)11.5}$

2. 思考下面四个问题，并与小组成员交流自己的想法：（指向目标 2）

(1) 这个竖式计算与整数除法的竖式计算有什么相同与不同之处？

(2) 商的小数点如何确定？

(3) 如果把单位“元”改成单位“米”，这道题目你还会计算吗？

(4) 如果没有情境，就是一个竖式，在没有单位的情况下，你还能说出每一步表示的意义吗？

3. 用竖式计算。（检测目标 2）

12.9 ÷ 3 =　　　　16.9 ÷ 13 =

54.4 ÷ 17 =　　　　8.58 ÷ 6 =

设计说明：本环节是整节课的关键，两个活动让学生经历初步的计算过程；通过说一说每一步的意思，为学习能力较弱的同学指明方向，让他们也能了解计算过程；通过两种方法的比较，明晰各种方法之间的联系，帮助学生理解竖式计算的过程。这样既有助于理解算理，又能帮助学生从具象走向抽象。

## 任务三：解决问题

甲商店

买了5包，一共11.5元。

乙商店

买了6包，一共12.6元。

1. 乙商店牛奶每袋多少元？哪家商店的牛奶便宜？（指向目标 2、3）

独立列式解决：

小结：除数是整数的小数除法，先按照整数除以整数的方法进行计算，最后商的小数点要与________对齐。（指向目标 2）

2. 妈妈买回一箱 12 盒装的牛奶，一共花了 62.4 元，平均每盒牛奶多少元？（检测目标 3）

设计说明：通过归纳、总结小数除以整数的计算方法，为学生以后进一步自主学习小数除法做好了铺垫。

## 检测与练习

1. 下面的计算对吗？如果不对，请改正过来。（检测目标 2）

```
      2 4
  16)38.4
     32
     ----
      6 4
      6 4
     ----
      0      (    )
```

2. 先独立解答下面的问题，再和同桌交流自己的算法。（检测目标 3）

（1）李老师买回 18 个软面包一共花了 64.8 元，平均每个软面包多少元？

（2）爸爸、妈妈带晨晨去公园游玩，买门票一共用去 37.5 元。已知一张成人票与两张儿童票的票价相等，一张儿童票多少元？

3. 拓展练习：（检测目标 3）

一个数的小数点向右移动一位后得到一个新数，新数与原来的数相差 37.8。原来的数是多少？

设计说明：不同层次的评价任务与学习目标及学生认知水平相对应，真正体现目标的可测可评。同时通过多种形式的评价培养学生批判意识，提高思维能力，促使学生主动将学习活动向纵深拓展。

## 学后反思

1. 用竖式计算除数是整除的小数除法，与整数除法的相同点和不同点有哪些？

2. 回顾今天的学习过程：

(1) 我们是借助什么方法来解决一个新问题呢？

(2) 在以前的学习中，我们哪些地方用到过这种解决问题的方法呢？

3. 对除数是整除的小数除法，还有什么疑问？

设计说明：引导学生从知识、能力和数学学习方法三个方面进行反思，让学生在比较、归纳、质疑的过程中学会探究、学会提问，提升数学素养。

## 导　读

学生之前已经直观认识了一些规则的几何体，本课将系统地认识线段、射线、直线的特征及表示方法，后续还会学习平面上两条直线的平行和相交的位置关系、以及认识平行线和垂线，发展抽象能力和空间观念。其重点是认识线段、射线和直线，知道它们之间的区别和联系，并会用字母表示和知道两点之间线段最短，难点是从现实生活中抽象出“直线、射线和线段”的数学模型和从数学的意义上理解它们的含义。基于以上分析，本学历案设计了“三大任务”，有效的实现了“图形与几何”学习从“直观—抽象—直观”的学习过程，通过“看一看、想一想、画一画”的活动发展了学生的抽象能力和空间观念，突破了学习难点，再经历“说一说、量一量、做一做”的学习活动，让学习过程看得见，体现了学历案“教——学——评”的一致性，促进了学习目标有效达成。

# 线的认识

郭柳莉　刘志芳

### 主题与课时

北京师范大学出版社版小学数学教材四年级上册(1课时)。

### 课标要求

1. 结合实例了解线段、射线、直线。
2. 体会两点之间所有连线中线段最短，知道两点之间的距离。

### 学习目标

1. 结合生活实例，初步认识线段、射线和直线，会用字母表示线段、射线和直线，能说出三种线的特征，能正确读出这三种线；



2. 通过观察几何图形，梳理线段、射线、直线的不同点和相同点，能列举出它们之间的联系与区别，进一步认识这三种线，发展抽象能力；

3. 结合具体操作活动，能解释两点间所有的连线中线段最短，能辨认两点间的距离，能用直尺测量两点间的距离，发展空间观念；

4. 经历从生活中抽象出“线”的活动，感知图形与生活紧密相连。

设计说明：把课标要求中的行为动词“了解”和“知道”分解成“经历、认识、会、能”等一系列可观察、可测评的外显行为动词，目标设计特别重视尊重学科特点及学生年龄特征与认知规律，学生通过一系列操作活动感知图形特征，初步发展了学生的抽象能力，实现了目标的三维叙写。

## 评价任务

1. 完成任务一中的2。（检测目标1、2）
2. 完成任务二中的4。（检测目标3）
3. 完成任务三中的2。（检测目标4）

## 资源与建议

1. 我们在前面学习平面图形的初步认识时，结合对图形特征的直观认识接触过线段，但都是直接使用它的名称。通过本次学习，我们能比较系统地认识数学世界里的线段、射线和直线的名称、特征及表示方法。

2. 本课的学习过程由三个活动组成：经历从实物原型中抽象出线段、射线和直线的过程，认识三种线的名称、特征及表示方法——知道两点之间线段最短——在生活中找三种线的原型。这样我们经历了数学从生活中“来”，又回到生活中“去”的过程，体会数学就在我们身边。

3. 本课的重点是认识线段、射线和直线，会用字母表示线段、射线和直线，并知道它们之间的联系和区别，我们可以通过完成任务一来达成目标。本课的难点是知道两点之间线段最短，我们可以通过完成任务二来突破它。

设计说明：“线的认识”帮助学生在回忆旧知的基础上明确本节课将要学习的新知识，让学生对本节课的内容有一个整体的感知，让学生清楚将通过什么样的活动和方法学会什么，以及学习本课的重点是什么，难点是什么。为了让学生清楚自己是否掌握了本节课的内容，最后通过完成检测与练习，让学生知道是否学会。

## 学习过程

**任务一：经历从实物原型中抽象出线段、射线和直线的过程，认识三种线的名称、特征及表示方法**

1. 从第一幅图中桥的斜拉索、第二幅图中的光线、第三幅图中海平面与天的结合处，你分别看到了什么图形？把你看到的图形画在下面。（指向目标1）

我是这样画的：

2. 自学“认一认，说一说”后与同桌讨论，三幅图中的线有什么相同与不同之处，然后完成下面的总结。（指向目标1、2）

总结：（检测目标1、2）

| 名称 | 形状 | 端点 | 延伸情况 | 长度 | 写法 | 读法 | 关系 |
|---|---|---|---|---|---|---|---|
| 线段 | | | | | | | |
| 射线 | | | | | | | |
| 直线 | | | | | | | |

设计说明：通过动手画看到的图形，表现出自己对线段、射线和直线的初步感知。然后在自学活动中认识表示三种线的图形语言和符号语言。最后与同桌讨论后完成总结表的填写，进一步认识三种线的特征、区别与联系，发展抽象能力。

**任务二：知道两点之间线段最短**

1．从老虎山到狐狸洞有几条路线？它们一样长吗？（指向目标 3）

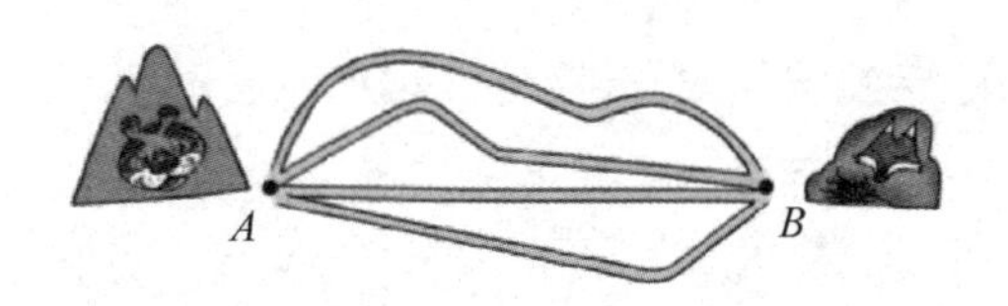


2．我能用这样的方法说明最短。（指向目标 3）

3．总结“两点之间的距离”。（指向目标 3）

两点间的距离就是________。（指向目标 3）

4．画一画、量一量、填一填。（检测目标 3）

（1）蚂蚁到洞口的距离是多少？

距离是：

（2）狐狸从家到小树林的距离是多少？

距离是：

设计说明：在思考和探究活动中，充分开动脑筋想办法说明哪条路最短，在这个过程中发现线段的基本性质：两点之间，线段最短。最后再应用到生活中去解决问题，发展空间观念。

**任务三：找一找身边的线段、射线和直线**

1．在教室里找一找哪些物品可以近似地看成线段、射线、直线，把它画出来并用字母表示。（指向目标 2、4）

观看老师准备的生活中的线段，从中我体会到：（指向目标 4）

2. 完成课本第 17 页第 1 题。（检测目标 4）

设计说明：在从身边环境中寻找大量实物原型抽象出“线”的活动中，感受图形与生活的密切联系。

## 检测与练习

1. 完成课本第 17 页第 2 题。（检测目标 1、2）
2. 完成课本第 17 页第 4 题。（检测目标 3）
3. 观察下面三种线，完成填空。（检测目标 1、2）

(1) A B

名称：______

读作：______

(2) C D

名称：______

读作：______

(3) E F

名称：______

读作：______

4. 完成课本第 17 页第 3 题。（检测目标 4）

设计说明：通过看一看、想一想、说一说、画一画、做一做、量一量等活动，感受数学的趣味性，发展抽象能力和空间观念。

## 学后反思

1. 通过今天的学习，我认识了________、________和________这三种线，还知道它们的特征分别是________、________、________。

2. 回顾今天的学习过程，我印象最深的学习活动是________，通过这个活动，我知道了________。

3. 通过今天的学习，我的疑问是________。

设计说明：引导学生从系列的活动中，归纳所学知识以及反思自己是如何学会的，并养成提出问题的习惯与能力。

## 导 读

Module 8 的主题为 Talking about one's personalites and performance at school，由两个单元组成。第 1 单元“描述他人的性格特点和学习表现”，第 2 单元以“report”为主线，让学生综合运用所学表达他人的性格特征和学习表现。本课是第 2 单元第 3 课时。本学历案精准对应学习目标设计评价任务，灵活运用多种评价方式对学生的学习情况进行评价，尤其是在评价任务的情境创设，表现性评价的量规制作，交流式评价的支架设计等方面进行了积极探索，为教师设计好评价任务提供了可资借鉴的范例。

# She's quite good at English

李琳　李燕

### 主题与课时

外语教学与研究出版社版《英语(新标准)》(一年级起点)三年级下册 Module 8 Unit 2(第 3 课时)。

### 课标要求

1. 能正确朗读所学故事或短文。能借助图片读懂简单的故事或小短文，并养成按意群阅读的习惯。

2. 能就日常生活话题做简短叙述。能在教师的帮助和图片的提示下讲述简单的小故事。

### 学习目标

1. 通过观察，对比几组成绩单理解 report，quite，good at，tries 等词句的差别，会读、会说这几组词句；通过模仿，体验正确朗读短文；通过问答，自读等梳理文本，根据思维图简要讲述 Lingling's report.

2. 通过角色扮演，初步运用 quite，good at，tries 等描述 Sam's report，提升讲述简单小故事的能力。

3. 通过比较和分析两份成绩单，逐步认识自己和他人擅长的学科和弱势科目，根据表示性格和学习能力的词语简短叙述个人情况，发展综合语言运用能力。

设计说明：课标要求“读懂文本”和“简述故事”。具体到本课，就是要在理解 report，quite，good at，tries 等词（词组）、句型的基础上，理解文本内容。并运用这些词（词组）、句型复述文本，进行话题交流。对应课标要求，本课设置了 3 个目标。目标 1 着重文本理解和语言输入，达成正确朗读和精准理解的目的。目标 2 通过角色扮演等方式巩固所学内容，达成初步“讲述简单小故事”的目标。目标 3 着重语言输出，运用本课所学词（词组）、句型讲述自己和他人擅长和不擅长的方面，形成语言能力。

## 评价任务

1. 完成 Task 1 中的 3、4。（检测目标 1）
2. 完成 Task 2 中的 2。（检测目标 2）
3. 完成 Task 3 中的 2。（检测目标 3）

## 资源与建议

Module 8 的话题是“Talking about one's performance at school”。我们即将进入本模块第二单元学习，在第一单元我们已经学习了“描述朋友的性格特点”。在这个单元，我们将通过三个“report”了解到更多同学的学习表现。

首先，我们会通过观察图片、回答问题、听音、朗读等活动学习描述 Lingling 的学习成绩，学习“be good at，try hard at，work hard at”等常见表达。接着，将通过角色扮演法尝试运用学过的语言表达 Sam's report。最后，通过“我说你猜”来描述组内一个伙伴的成绩。在描述他人时，要注意 be 动词的恰当使用和第三人称单数动词 try — tries，run — runs 等的变化。

设计说明：首先告知学生，本课所学内容从属于“Talking about one's personalites and performance at school”这一个大的话题，及已学内容与将学内容。其次，告知本课将使用的一些学习方法及注意事项。

## 学习过程

### Warm up and get ready

1. Guess：What subjects does Tim like?

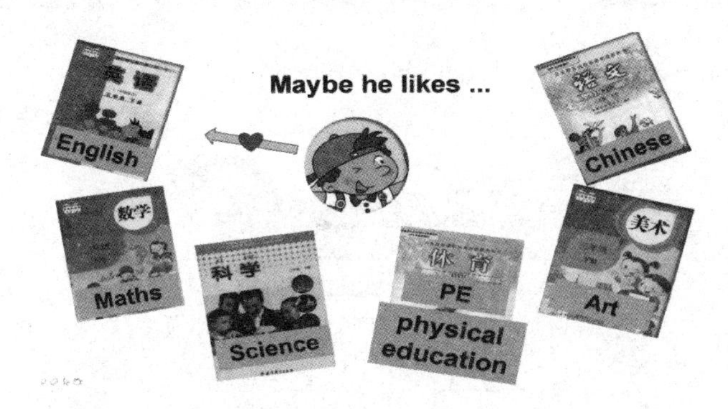


2. Let's listen to the chant.

I like English. I like Maths.

I like PE and Chinese.

I like Science. I like Art.

I will work really hard.

I will work really hard.

3. Let's chant and say：He likes ...

设计说明：Warm-up 让学生轻松愉悦地进入学习状态，复习并检测学科词汇的掌握情况，为接下来学习描述学业报告做好铺垫。

**Task 1　Lingling's report**

1. Look and guess.（指向目标 1）

Who are they?

What are they talking about?

2. Listen and say Lingling's report.（指向目标 1）

(1) Listen and answer: What about Lingling's English?

She is ____________ at English.

(2) Try to say:

Tim is ____________ good at English.

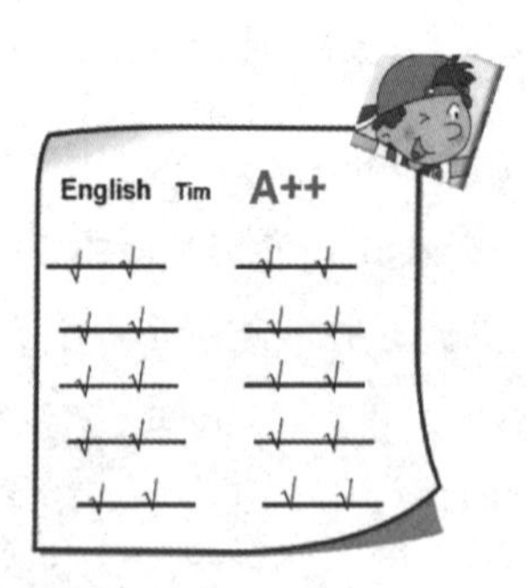


(3) Watch and answer: How about Lingling's Science?

She ____________ at science.

(4) Look at two pictures and try to say:

3. Read, match and say.（指向目标 1，检测目标 1）

| | | |
|---|---|---|
| Lingling | quite good | Maths |
| | very good | English |
| | doesn't work hard | Science |
| | tries hard | PE |
| | very good | Art |
| | runs fast | Chinese |

4. Read aloud.（指向目标 1，检测目标 1）

(1) Follow the video and read together.

(2) Read alone.

(3) Read in pairs(One is dad, the other is mom).

（评一评：□语音准确☆　□语言流利☆　□角色体现明确☆）

设计说明：Task 1 中设计了活动 3、4 两个评价任务，检测"理解"和"朗读"目标达成情况：Read, match and say 检测学生是否正确理解了本课关键词（词组）、句型和文本内容。Read aloud 设计 3 种形式的朗读活动，检测学生语言掌握的准确与流利程度。

**Task 2　Sam's report**

1. Look and say Sam's report.（指向目标 2）

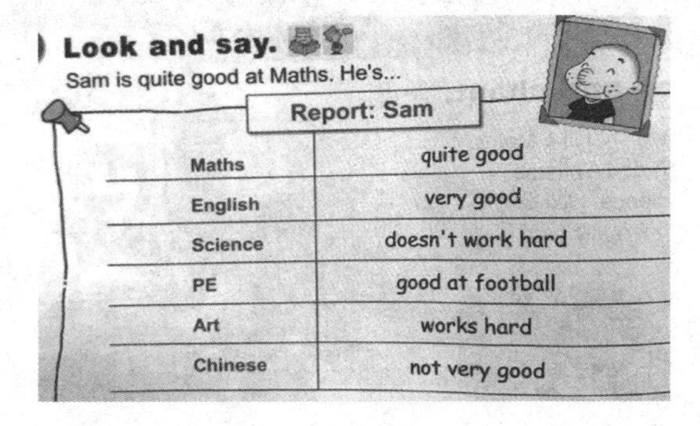

Look and say.

Sam is quite good at Maths. He's...

Report: Sam

| | |
|---|---|
| Maths | quite good |
| English | very good |
| Science | doesn't work hard |
| PE | good at football |
| Art | works hard |
| Chinese | not very good |

2. Role play.（检测目标 2）

| 请按以下标准互相评价： |
| --- |
| □发音清晰，互有回应☆ |
| □准确交流各科成绩☆ |

Sam's mom wants to know Sam's report. She is calling his teacher.

根据标准互相评一评：

Hello, This is Sam's mom. Can you tell me about Sam's report?

Hello. Sam is quite good at ... He's ...

设计活动：Task 2 通过 Role play 检测学生能否初步运用 quite，good at，tries 等描述 Sam's report。本活动是表现性评价，任务情境是妈妈打电话询问 Sam 的学习成绩，老师描述其学习表现。评价量规引导学生表达完整和准确。

**Task 3　Someone's report**

1. Compare and say.（指向目标 3）

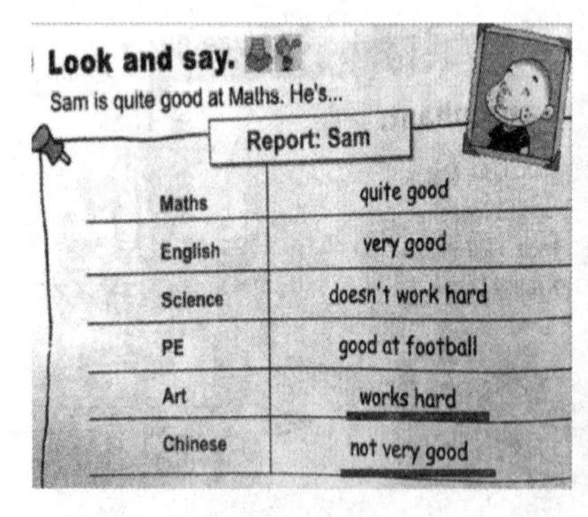

Look and say.

Sam is quite good at Maths. He's...

Report: Sam

| Maths | quite good |
| --- | --- |
| English | very good |
| Science | doesn't work hard |
| PE | good at football |
| Art | works hard |
| Chinese | not very good |

Report: Lingling

| Maths | very good |
| --- | --- |
| English | quite good |
| Science | tries hard |
| PE | runs fast |
| Art | doesn't work hard |
| Chinese | very good |

Sam is ____________ Chinese.　____________ can help him.

Lingling ____________ Art.　____________ can help her.

2. Work in groups.（检测目标 3）

Rules：

（1）组内选一神秘人。

（2）每人一句描述他/她。

（3）大家一起猜是谁。

Step 1. 四人一组，在 Word Blackboard 的帮助下，描述组内一位成员的性格特征和学习表现。例：

| | | |
|---|---|---|
| nice | very good at | English |
| clever | quite good at | Chinese |
| helpful | good at football in | Maths |
| quiet | not good at | Science |
| naughty | tries hard at | PE |
| lazy | works hard at | Art |
| funny | runs fast in | Music |
| shy | doesn't work hard at | Dance |
| … | … | … |

S1：It is a <u>girl/boy</u>.

S2：She is ________.

S3：She's very good at ________.

S4：But she's not good at ________.

S1234：Who is she?

Step 2. One group say，the others guess.

设计说明：Task 3 通过"我说你猜"游戏检测学生能否在 Word Blackboard 的帮助下，结合实际使用本课所学词（词组）、句型进行交流。既有趣味性又有挑战性。该评价任务是交流式评价，教师提供了交流支架，体现了逐步放手，学生独立建构语言的目的。

## 检测与作业（选择一个完成即可）（检测目标 3）

1. 用所学语言描述下面这张成绩报告单。

学业成绩通告

| 学 科 | 等 级 | 学 科 | 等 级 |
|---|---|---|---|
| 道德与法治 | A | 综合实践 | A- |
| 语 文 | A+ | 信息技术 | A |
| 数 学 | A+ | 体育与健康 | A |
| 英 语 | A++ | 美 术 | A++ |
| 科 学 | A | 音 乐 | A- |

2. 用所学语言描述自己各科的学习成绩。

设计说明：设计两种检测形式供学生选择，一是描述一张常见的学业报告单，二是描述自己的学业成绩，考察学生是否真实掌握并灵活运用本课所学表达。

## 学后反思

1. 本课主要学习了如何用英语报告自己的成绩，学习优秀可以说________；学习努力可以说________；学习不用功可以说________。

2. 在听、说、读、写等学习方法中，本课你重点运用了哪些方法？是否有效帮助了你的学习？

3. 你认为本课所学词（词组）、句型，有何用处。

设计说明：反思的第1条指导语，引导学生对本课目标语言、关键表达进行反思。第2条指导语，引导学生体会语言学习的方法及其效果。第3条指导语，指向本课所学内容的价值和意义。

## 导 读

本单元主题为 My House,共 6 课时。本设计最大特点是从整个单元的视野和角度出发,有效挖掘并处理单元内 6 个课时之间的关系,以绘制绘本为教学任务,紧扣单元话题“房间和日常活动”开展教学:第 1 课时通过故事Ⅰ学习“房间”,教师布置绘制房间的任务;第 2 课时通过故事Ⅱ学习“日常活动”,教师布置绘制家人活动的任务;第 3、4 课时在活动中分别介绍自己绘制的房间及家人的活动;第 5 课时通过模仿例句尝试关联“家人、活动、房间”描述图片。本课是第 6 课时,以绘本为主线设计了 3 个逐层递进的学习活动,引导学生给绘本配上英语表达并装订、命名、朗读分享,在真实的交流活动中运用语言,达成学习目标,逐渐形成综合语言运用能力。

# My House

陈岚 刘波

### 主题与课时

北京师范大学出版社版《小学英语》(三年级起点)四年级上册 Unit4(第 6 课时)。

### 课标要求

1. 能模仿范例书写词句,正确使用大小写字母和常用标点。

2. 能在具体语境中理解现在进行时的意义和用法,在实际运用中体会其表意功能。

3. 在小组活动中能与其他同学积极配合和合作。

## 学习目标

1. 通过模仿绘本范例，正确使用大小写字母和常用标点写出规范的语句，完善自制绘本。

2. 通过观看视频，在真实语境中正确关联人物、活动和地点，模仿运用“I'm ... in the ... My mother/father is ... in the ...”巩固现在进行时的表意功能。

3. 通过在小组中互读、互评自制绘本，在真实的交流与分享中熟练运用“某人在某处做某事”这一表达，提升合作意识和语言表达能力。

设计说明：目标1在前几课时的基础上，确立“规范书写”的目标。目标2是对课标“在具体的语境中理解，在实际运用中体会现在进行时的意义与用法”要求的具体化。目标3在目标2的基础上，通过互读、互评绘本，开展语言交流活动，提升合作意识，形成语言素养。

## 评价任务

1. 完成 Task 1 中的2。(检测目标1)
2. 完成 Task 2 中的2、3。(检测目标2)
3. 完成 Task 3 中的3、4。(检测目标1、3)

## 资源与建议

来到本单元最后1个课时。前面已经学习了房间和房间中的活动。生活中我们的家人常常在不同房间同时进行着不同的活动，怎样将这些信息(家人、活动、房间)关联起来，进行更加完整的表达呢？本课时我们就来学习。

我们将以绘本学习为主线，通过模仿老师，将前几课时已画好的房间、家人及活动配上文字(英语)“家人正在某处做某事”，然后装订成册，相互分享、共同评价。

本课时重难点是综合运用本单元前几课时所学，完整而准确地进行表达。

设计说明：从三个方面指导学生学习。首先，让学生明白本课时在本单元学习中主要起复习、巩固、形成语言能力的作用。然后，告知学生学习本课时的学习方法。最后，点明本课时学习的重难点。



## 学习过程

### Warm up and get ready

1. Let's sing and talk.（指向目标 1）

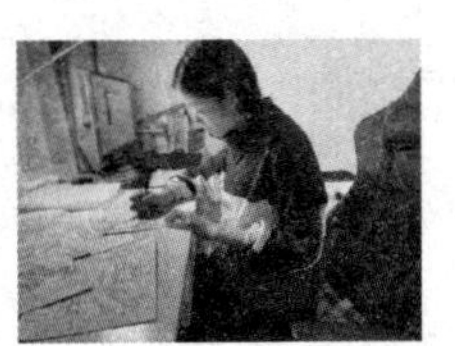

In Bobby's house, they are cooking in the ________.

They are eating in the ________.

They are washing in the ________.

Bobby's sister is sleeping in the ________.

Teacher is drawing rooms in the ________.

设计说明：通过演唱歌曲，谈论、猜测房间，营造学习氛围，激发学习兴趣，做好学习铺垫，引入后续活动。

**Task 1: Guess and Write(猜房间，写句子)**

1. About teacher's rooms.（指向目标 1）

A. Think and complete.

① _ _ d _ _ _ _ 　　② _ _ _ d _

B. Read and guess.

③ There is a big TV and sofa there. It's the ________.

④ We can cook dinner there. It's the ________.

⑤ My mom always washes clothes there. It's the ________.

C. Look and introduce: This is teacher's ________.

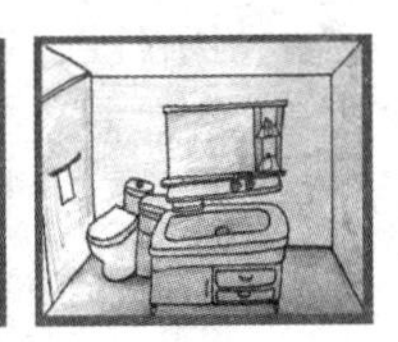

2. About my rooms.（检测目标 1）

A. Introduce my picture book to partner：This is the ________.

B. Write about my rooms：This is the ________.

C. Check and share.

评价标准：□大小写正确。☆ □单词拼写正确。☆

设计说明：Task 1：Guess and Write 通过游戏回顾表示房间的单词、介绍老师画的房间、介绍自己画的房间，最后规范书写语句并描述房间。逐层递进、难度递增，体现学习的进阶。

**Task 2：Watch and Match(看视频，连信息)**

1. Look and guess.（指向目标 2）

T：What room am I in?

S：Are you in the ________?

T：What am I doing?

S：Are you ________?

T：I'm ________ in the ________.

2. Talk about myself. 看画，轮流说一说自己。（检测目标 2）

A：I'm ________ in the________. What about you?

B：I'm ________ in the ________. What about you?

C：I'm ________ in the ________. What about you?

D：I'm ________ in the ________.

3. Watch the video and match.（检测目标 2）

| | | |
|---|---|---|
| Grandfather | washing | bathroom |
| Grandmother | cooking | kitchen |
| Father | eating | living room |
| Brother | playing | study |
| Ella | studying | |

Check and say：________ is ________ in the________.

设计说明：Task 2 复习“家人正在某处在做某事”这一表达，巩固现在进行时的表意功能。共设计了 3 个层次的学习活动：活动 1 猜测老师正在哪个房间做某事，是对“I'm ... in the ...”的示范；活动 2 对照绘本接龙，是对“I'm ... in the ...”的练习；活动 3 观看视频，完成连线并描述“... is ... in the ...”是对“家人在某处正在做某事”的运用，涉及主语和 be 动词变化，难度有所增加，体现活动的层次性。

**Task 3: Read and Share(读绘本，互分享)**

1. Bind the picture book and write a title. 装订绘本，写上标题。（指向目标 3）

2. Let's listen to Ella. 听 Ella 的录音。（指向目标 3）

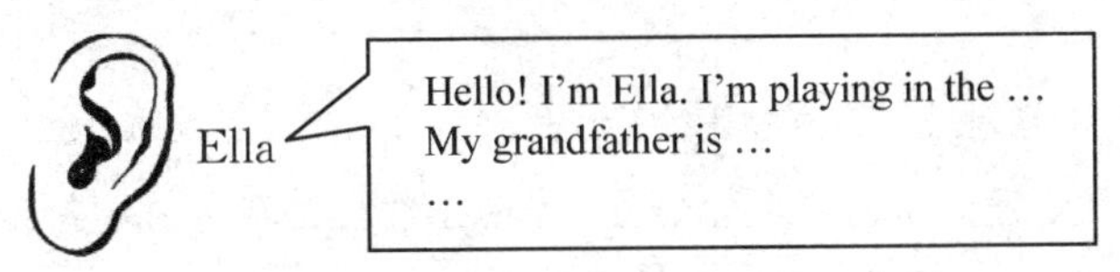


3. Talk about my family. 拿出自己的绘本，模仿说一说。（检测目标 3）

Hello! I'm ______. I'm ______ in the ______.
My _______ is _______ in the ______.
....

4. Write and share. （检测目标 1、3）

A. Write about my family. 给绘本配文。

B. Share in groups. 组内分享。

C. Share in class. 小组推选，全班分享。

评价标准：

☐ 语言正确，内容与图片相符。☆

☐ 书写规范，正确使用大小写和标点。☆

☐ 声音洪亮，发音标准，语言流畅。☆

设计说明：Task 3 是运用关键句型进行语篇训练，旨在形成学生的语言能力。本任务结合学生生活实际，以“做绘本、读绘本、分享绘本”为任务驱动，集趣味性、情境性于一体。其中，在小组内分享绘本是评价任务，同伴之间可根据老师提供的评价标准进行评价。最后选出典范作品，在全班分享，既树立榜样，也让其他小组根据评价标准明确改进方向，凸显评价的诊断和指导作用。

## 检测与作业

回家拍视频，记录家人（和自己）在房间中正在从事的活动，边拍边用英语进行介绍“My ... is ... in the .../I'm ... in the ...”，将视频上传至班级 QQ 群分享。（检测目标 3）

设计说明：设计让学生回家拍视频并运用 My ... is ... in the .../I'm ... in the ... 句型进行介绍的情境化作业，旨在让学生在真实情境中运用、巩固所学，促进知识技能的迁移和应用，形成和提升学生的语言能力。

## 学后反思

1. 我学会了介绍“某人在某处做某事”，如：________________

2. 在绘制、配文、分享绘本的过程中，我的感想、不足或收获是：________

3. 本课时我获得了________颗☆，本单元我获得了________颗☆。接下来我还会在这些方面努力：

☐ Listening ☐ Speaking ☐ Reading ☐ Writing

设计说明：围绕“某人在某处做某事”写出语句，反思知识与技能；回忆不足或收获，促进学生反思过程与方法；回味绘本，感悟成就，反思情感与态度。

## 导 读

Get It Right 包含语音教学版块，主要学习26个字母及字母组合在单词中的基本发音。三年级下主要学习清辅音、浊辅音，并让学生在单词中进行区别。本课是在学生已学习了 p-b, d-t, s-z 三组发音后，学习 h-r 的发音。本学历案的最大特点，是充分运用最近发展区理论，立足于学生现有水平，巧妙设计学习过程，一步步为学生学习搭建支架，促进学习进阶，水到渠成，达成目标。同时，设计的学生活动生动有趣，体现了小学三年级学生的学习特点。

# Letter "H" and "R"

胡亚玲　廖巧玉

### 主题与课时

北京师范大学出版社版《小学英语》三年级下册 Unit 11　I can（第56页）（第4课时）。

### 课标要求

1. 知道要根据单词的音、义、形来学习词汇。
2. 能根据拼读的规律，读出简单的单词。

### 学习目标

1. 通过观看视频、情境体验，感知本课目标单词的音、形、义，掌握字母 h/r 的不同发音。

2. 通过在多样活动中练习，初步运用手指拼读法，体验拼读乐趣，发展辨音和简单拼读能力。

3. 通过阅读故事绘本，拓展以 h/r 为首字母的词汇，进一步提升听音、辨音和读音的综合能力，提高阅读兴趣。

设计说明："目标 1"通过创设情景，引出目标语音词汇，对应课标"能认读所学词汇"。"目标 2"归纳、总结字母在单词中的发音规律，培养语音意识和拼读意识，对应课标"能根据拼读的规律，读出简单的单词"。"目标 3"着重语言输出，根据所掌握的字母发音规律阅读绘本，提升学生语音能力。

## 评价任务

1. 完成 Task 1：3；Task 2：Activity 2 中的 2。（检测目标 1）
2. 完成 Task 2：Activity 1 中的 3 和 Activity 3 中的 2、3。（检测目标 2）
3. 完成 Task 3：Activity 4 中的 2、3。（检测目标 3）

## 资源建议

1. 本课时的学习内容为辅音字母 h、r 在单词中的发音。之前我们学习了 b-p、t-d、s-z 三组辅音，同桌交流：它们每组发音有什么不同？

2. 本课时的学习通过以下流程完成：Let's Learn——学习语音词汇、Let's Listen——辨别目标字母在单词中的发音、Let's Sound——归纳、总结目标字母在单词中的发音规律、Let's Read——绘本延读。

3. 本课时的重点是听懂、指认目标词汇；辨别字母 h、r 在单词中的发音；难点是归纳、总结 h、r 发音规律，并自己拼读单词，阅读绘本。我们可以通过自己听音、看视频，跟老师用手指拼读，在小组中互相学习等方法来学习本课。

设计说明：首先提出让学生复习旧知，回顾字母操和三拼法，为本课学习做好学法指导。指出本课学习内容为 h、r 发音，主要方法是用手指拼读法，让学生心中有数，为接下来的学习指明方向。

## 学习过程

### Get ready

1. Let's sing and do.（师生齐唱字母语音歌并跟做字母操，见图 1）

图 1

2. Let's look and say.(复习五个元音字母的发音)

设计说明：通过跟唱歌曲 Alphabet Aa-Zz 和复习 5 个元音字母，既热身激趣，又复习字母发音，为本课拼读做准备。

**Task 1：Learn the story**

1. Look and say.(指向目标 1)(见图 2，3)

Q1：Who is he? What's in his hand? What color is the hat?

Q2：What animal is this? Can it swim?

Q3：Who can help Ken? Where are they going?

图 2

图 3

2. Let's retell the story. 根据老师的提示复述故事。(指向目标 1)

3. Let's group the words. 观察板书单词，把它们分成两类。(检测目标 1)

设计说明：Task 1 中的活动 1，通过老师讲述和 ppt 呈现创设语境。伴随故事情节发展，老师用课件逐个呈现目标单词，并范读、教读、引读，教学过程生动有趣，让学生在情景中初步感知单词音、形、义。活动 2 和 3，让学生根据故事线索，复述故事，检测学生是否会认读目标单词。活动 3 引导学生注意观察单词首字母，引出本节课教学内容：即字母 H、h 和 R、r 在单词中的发音。

**Task 2: Let's have a challenge. (见图 4)**

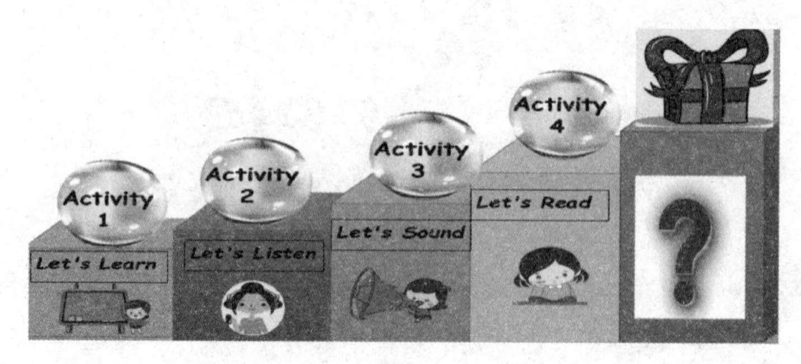


图 4

**Activity 1: Let's learn. (见图 5)**

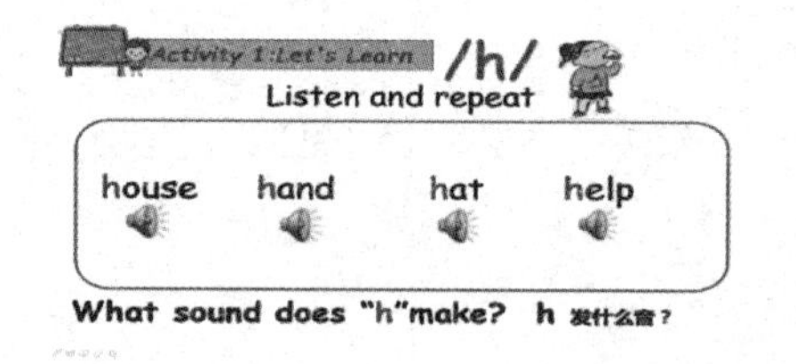


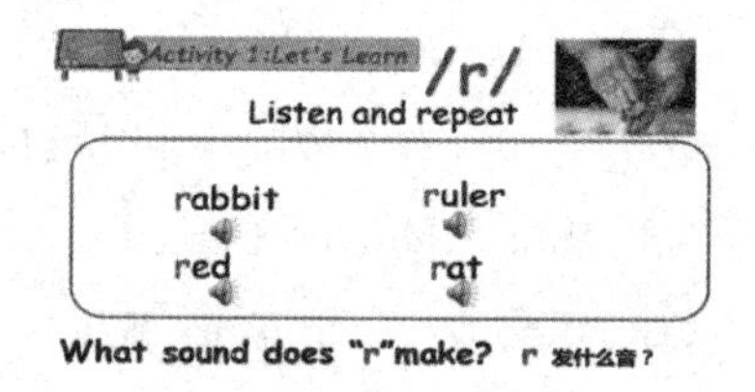


图 5

1. Listen and say the words. (指向目标 1)

2. Watch and learn the sound h/r. 看视频,模仿发音。(指向目标 1)

3. Learn to spell the words. (检测目标 2)(见图 6)

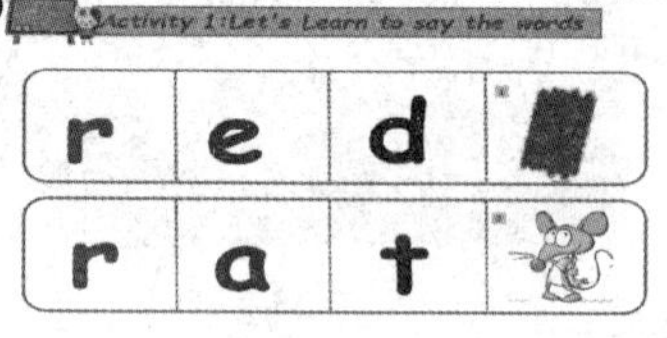


图 6

设计说明:Task 2 中的活动 1,设计听音、模仿、尝试三步曲,明确 h/r 在单词开头的发音,拼读 8 个核心语音单词。初步运用手指拼读法,发展音素意识。其中,第 3 步 Learn to spell the words. 是镶嵌在学习活动中的评价任务,通过学生的拼读表现,判断学生是否掌握了拼读法。

**Activity 2: Let's Listen.**

1. Let's listen and circle the words. (指向目标 1)(见图 7)

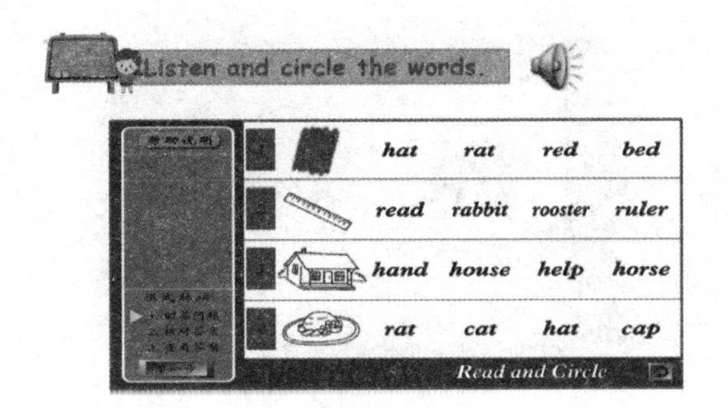


图 7

2. Listen, show and say. 听老师念单词,举起对应首字母卡片。(检测目标 1)

设计说明:设计听音并圈出所听到的单词,辨别 h/r 开头的单词。Listen, show and say. 是镶嵌在学习活动中的评价任务,通过学生听音并举起 h/r 卡片,检测学生能否区分 h/r 在单词中的发音。

**Activity 3: Let's sound. (见图 8)**

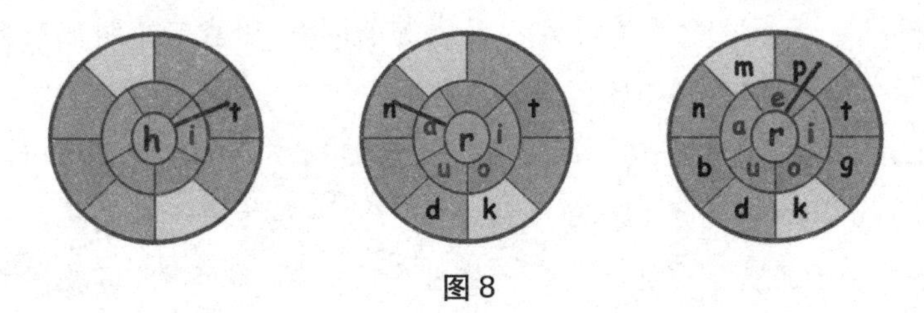


图 8

1. Play a game. 根据转盘拼读单词。(指向目标 2)
2. Work in pairs. 两人一组,合作拼读。(检测目标 2)

评价标准:大声、准确朗读★;运用手指拼读法★;与同桌友好合作★

3. Whack-a-mole. 打地鼠,快速拼读。(检测目标 2)

设计说明:通过转盘,运用三拼法,练习拼读更多语音词汇,强化 h/r 在单词中的发音。两人一组互相学习、帮助。Whack-a-mole. 打地鼠游戏,是镶嵌在学习活动中的评价任务,通过观察学生能否见词能读,判断学生是否真正掌握 h/r 在单词中的发音。同时,游戏化设计,实现小学英语"玩中学,学中玩"的趣味化教学。

**Activity 4: Let's read. (见图 9)**

1. Look and say. (指向目标 3)

图 9

Q1：What can you see in the picture?

Q2：How does he feel?

Q3：What does he want to eat?

2. Look and find out，circle the words start with “h” or “r”. 找一找，圈出以 h 和 r 开头的单词。（检测目标 3）

3. Read the story in groups.（Read together or one by one）（检测目标 3）

评价标准：会认读绘本中以 h，r 开头的单词★；乐意与小组成员分工合作展示★；能声音洪亮，有感情朗读★

设计说明：整合《攀登英语阅读系列·有趣的字母》中的“Hungry Hat”和“Rabbits Run，Run，Run”两个绘本故事，通过“观察封面—自读圈单词一听录音跟读—小组齐读或分角色读故事—小组展示故事”等步骤，拓展拼读更多词汇，巩固并检验学生听音、辨音、读音能力。Task 2 中的 4 个活动，由易到难为学生学习搭建支架，一步步引导学习进阶，达成目标。

## 作业与检测

1. Read and match. 读并连线。（检测目标 1）

house　　rabbit　　hat　　red　　hand　　ruler　　help　　rat

2. Spell the words with fingers：用手指操拼读单词(检测目标 2)

rude ride had head rat horse

3. Share the story with parents. 把今天的故事分享给父母听。(检测目标 3)

设计说明：作业 1 检测学生是否掌握本课核心词汇音形义;作业 2 检测学生是否掌握简单三拼法;作业 3 是对课堂学习的综合运用,通过学生分享语音绘本故事,形成学生的语言能力。

## 学后反思

1. 我知道 H 和 R 发音的最大区别：________________________。

2. 本节课我最喜欢的活动有：____________________________。

A. 唱字母歌　　B. 用手指拼读单词

C. 听音辨字母　　D. 玩转盘游戏

E. 读绘本故事

3. 在小组合作中,我喜欢________。

A. 自己听别人说　　B. 积极参与讨论　　C. 负责主持与分工

设计说明：第 1 条指导语,引导学生反思课堂学习的结果。第 2 条指导语,引导学生反思学习的过程。第 3 条指导语是个小调查,老师可根据搜集到的信息,调整教学方法。

## 导 读

"吃"是人生的大事,"吃的学问"则是一门科学。本单元以"吃"为话题,落实"人类需要哪些营养及其来源,懂得营养全面搭配的重要性"这一课标要求。"我们吃什么"是本单元的第1课,在于解决"营养物质有哪些及其来源"的问题,为"懂得营养全面搭配"奠定基础,促进学生"科学健康饮食观念"的形成。本学历案力图体现三个设计理念:一、基于课标准确分解行为动词和科学概念,使"学什么?怎么学?怎么判断学会?"在课堂教学中清晰可见;二、基于学科特点设计学习任务,把"问题、证据、解释、交流"四要素融合到课前、课中的不同任务中,让学生在科学探究任务中学习科学;三、围绕学科核心素养设计学习方式,通过选择典型的材料并采用"论、辨、说、写"的方式组织学习,助推学生推理、质疑思维的发展。

# 我们吃什么

彭伟　程光

### 主题与课时

江苏教育出版社版小学科学教材四年级上册第四单元(1课时)。

### 课标要求

了解人类需要哪些营养及其来源。

### 学习目标

1. 通过讨论,判断其他同学对食物分类的方法是否合理,说出自己判断的依据,初步意识到对食物进行科学分类的必要性(发展质疑思维);

2. 通过阅读“坏血病”资料，判断出水果、蔬菜与面包、肉中的营养物质可能不同，初步意识到不同的食物含有不同的营养物质（发展科学推理思维）；

3. 通过观察生活中常见食物包装袋上的营养成分表，举例说出食品含有的能量、营养成分及其含量，准确归纳出营养成分的名称；

4. 通过阅读教材第40—41页，整理并写出各种营养成分的名称、作用及来源等知识，能按营养作用对指定的食物进行正确分类。

设计说明：围绕课标中的行为动词“了解”和核心概念“营养及其来源”，首先，将“了解”分解为“判断”、“说出”、“归纳”、“写出”等可观察可评价的行为动词。其次，将“营养及其来源”细化为“给食物分类”、“不同食物含有不同的营养成分”、“不同营养成分对人体有不同作用”、“不同营养成分有不同的来源”等问题，择其重点形成以上4条具体而清晰的目标。

## 评价任务

1. 完成任务一中的活动3。（检测目标1）
2. 完成任务二中的活动5。（检测目标2）
3. 完成任务三中的活动4。（检测目标3）
4. 完成任务四中的活动3、活动4。（检测目标4）

## 资源与建议

1. “吃什么”是事关人体生长和健康的大事，明白食物靠什么对人体健康、生长起作用，不同的食物含有的主要营养成分，才能进一步学习下一课“怎样搭配食物”。课前需准备一个食品包装袋（注意：要有营养成分表）。

2. 学习过程：首先，体会科学分类的重要性；其次，感知食物的不同之处；再次，认识食物的营养成分；最后，了解各种营养成分的作用及来源。

3. 本课重点是认识食物中的主要营养成分；难点是根据营养成分对食物进行分类。通过完成任务三和任务四，并分析、梳理各种食物的主要“营养成分”来突破难点。

设计说明：第1条帮助学生认识到食物对人体健康的意义，并帮助学生了解本课学什么以及与后续学习内容的关联，明确课前准备任务；第2条帮助学生了解本课有四个学习任务或环节；第 3 条明确学习的重点和难点在哪里，并明确突破难点的途径。

## 学习过程

### 课前学习

1. 在下列食物中，选择爱吃的食物打上“√”。（指向目标 1）

| 食物 | | | | | | | | | | |
|---|---|---|---|---|---|---|---|---|---|---|
| 食物名称 | 鸡蛋 | 奶油 | 面包 | 白菜 | 米饭 | 苹果 | 黄油 | 鱼 | 萝卜 | 牛肉 |
| 我爱吃的食物 | | | | | | | | | | |

2. 将下列食物进行分类。（指向目标 1）

鸡蛋　奶油　面包　白菜　米饭　苹果　黄油　鱼　萝卜　牛肉

设计说明：此活动旨在调查了解学生对食物分类知识的前概念水平，为学生能初步意识到“科学分类的必要性”埋下伏笔。

**任务一：体会科学分类的重要性**

1. 小组交流：写下某个组员的分类方法（根据课前学习 2）：＿＿＿＿＿＿＿＿＿＿＿＿＿＿＿＿＿＿。（指向目标 1）

2. 思考：他的分类方法合理吗？为什么？（指向目标 1）

3. 汇报：他的分类方法是什么？合理吗？为什么？（检测目标 1）

要求：(1)声音洪亮；(2)清晰、准确复述他人的分类结果；(3)对他人的分类依据做出是否合理的判断；(4)分析有理有据，阐述清晰。

设计说明：任务一中的活动1和活动2，通过学生交流、思考，了解学生是怎么对食物进行分类的。充分暴露学生对食物分类的不一致(相异构想)，造成认知冲突。学生的疑问愈多，探究欲望愈强。活动3，是镶嵌在学习过程中的评价任务，旨在检测学生是否初步意识到了科学分类的必要性。

**任务二：感知食物的不同之处**

1. 阅读：(指向目标2)

**坏血病的故事**

美洲新大陆的发现者哥伦布，率领船员在大海中航行了几个月，好多水手都生了病，牙齿流血不止，有的甚至因此而丧命。人们称这种病为坏血病，但怎么治疗却束手无策。另一个伟大的航海家麦哲伦率领船队环绕地球航行。他们的遭遇更悲惨，三分之二的船员因坏血病而死亡。

直到十八世纪，事情才有了转机。英国人横渡重洋，到世界各地经商。一名叫林特的年轻医生，发现坏血病都发生在一般船员身上，而船上的官员却没有人得坏血病。为什么官员不得坏血病呢？一天，他到一般船员的餐厅用餐，有了新的发现。

原来一般船员的伙食，只有面包与腌肉，而官员却有马铃薯、高丽菜芽。林特医师认为，新鲜蔬菜、水果或许可以治疗坏血病。后来，他们遇上满载柳橙与柠檬的荷兰货船，林特医师就买来治疗坏血病人，效果非常好。

2. 思考：林特医生治疗坏血病的办法是什么？(指向目标2)

3. 分析：同样是食物，柳橙、柠檬能治疗坏血病，面包、腌肉却不能，可能是什么原因？(指向目标2)

4. 小组讨论、汇报：对于人体健康而言，分类食物的标准可能是什么？(指向目标2)

5. 坏血病其实是人体内缺乏维生素C导致的一种疾病，治疗坏血病的方法就是补充维生素C这种物质，很多食物中都含有维生素C。那么，下面食物中，能防治坏血病的可能有(　　)。(检测目标2)

A. 牛肉　　　　B. 芹菜

C. 西红柿　　　D. 馒头

设计说明：阅读《坏血病的故事》并思考、分析、讨论3个难度递增的问题，旨在让学生意识到：不同食物含有的主要营养不同，功用不同。活动5是镶嵌在学习过程中的评价任务，旨在检测学习目标2。

**任务三：认识食物的营养成分**

1. 观察：观察食品包装袋上的“营养成分表”，选择 NRV%最高的 4—5 项填写在下面的记录表中。(指向目标 3)

**食品名称(　　)**

| 项目 | 能量 | | | | | |
|---|---|---|---|---|---|---|
| 每 100 g(100 mL)含量 | | | | | | |

2. 小组活动：找出它们的相同之处。(指向目标 3)

要求：

(1) 小组成员依次介绍自己所带食物的营养成分表。例如：我带的食物是××(食物名称)，每 100 克(或 100 mL)中含有××(某一种营养成分)××克(或者毫克)。

(2) 记录：分析多张营养成分表，找相同之处。

| 食物名称 | 含有的营养成分(打勾) | 其他营养成分(填写) |
|---|---|---|
| 1. ______ | 碳水化合物(　　)　脂肪(　　)　蛋白质(　　)　钠(　　) | |
| 2. ______ | 碳水化合物(　　)　脂肪(　　)　蛋白质(　　)　钠(　　) | |
| 3. ______ | 碳水化合物(　　)　脂肪(　　)　蛋白质(　　)　钠(　　) | |
| 4. ______ | 碳水化合物(　　)　脂肪(　　)　蛋白质(　　)　钠(　　) | |
| 5. ______ | 碳水化合物(　　)　脂肪(　　)　蛋白质(　　)　钠(　　) | |
| 6. ______ | 碳水化合物(　　)　脂肪(　　)　蛋白质(　　)　钠(　　) | |

结论：我们小组所带食物含有的相同营养成分有：__________________。

3. 思考：NRV%是什么意思？对认识食物有什么作用？(指向目标 3)

4. 写一写：食物中一般含有哪些营养成分？（检测目标 3）

设计说明：通过认读和说出食物包装袋上的营养成分，让学生了解常见的营养成分名称，使学习与生活实际发生链接。让学生记录和讨论 NRV%（国标每日摄入营养素平均参考值）进一步揭示不同食物含有的主要营养成分不同，功用不同。活动 4“写一写”，是镶嵌在学习过程中的评价任务，通过写一写检验学生是否清楚知道了食品包装袋上常见的三种营养物质的名称。

**任务四：了解各种营养成分的作用及来源**

1. 思考：食物中还包含哪些营养物质？我们是如何根据营养物质来给食物分类的呢？（指向目标 4）

2. 阅读：根据活动 1 中的问题，独立阅读教材中的两段资料。（时间 4 分钟）（指向目标 4）

要求：(1)默读；(2)用笔划出关于营养的科学知识；(3)在“主要食物营养成分表”中，选择 3 种食物进行分析，判断它们含有的主要营养物质是什么，在“□”中打上勾。

| 食物 1：(　　) | 食物 2：(　　) | 食物 3：(　　) |
|---|---|---|
| 蛋白质□　脂肪□<br>碳水化合物□　维生素□ | 蛋白质□　脂肪□<br>碳水化合物□　维生素□ | 蛋白质□　脂肪□<br>碳水化合物□　维生素□ |

3. 填图：请将下图补充完整。（检测目标 4）

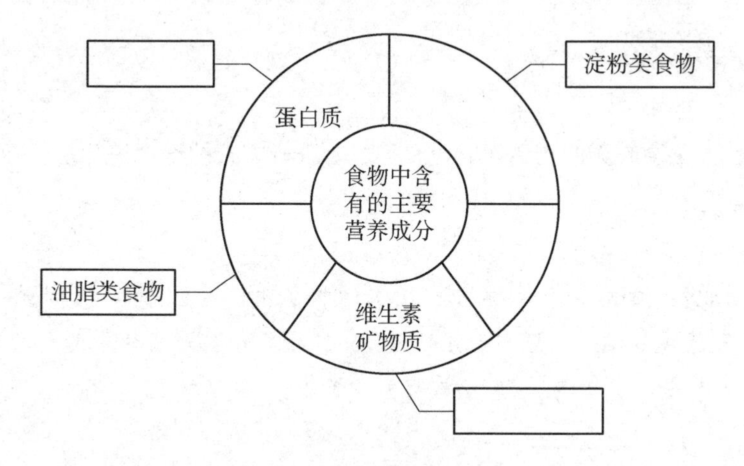

4. 连一连：用线将下面的食物和它含有的主要营养成分连接起来。（检测目标 4）

鸡蛋　奶油　面包　白菜　米饭　苹果　黄油　鱼　萝卜　牛肉

蛋白质　　矿物质、维生素　　碳水化合物　　脂肪

设计说明：阅读教材资料，旨在让学生通过阅读了解各种营养物质的作用和来源，理解对食物分类的营养学依据。活动 3“填图”，主要检测学生能否准确将食物类型与营养物质建立联系，即根据食物突出的营养成分给食物分类。活动 4“连一连”，主要检测学生根据营养成分对食物进行分类的准确程度。

## 检测与练习

1. 用线把下面的食物和它含有的主要营养成分连接起来。（检测目标 4）

芹菜　　鱼　　苹果　　面条　　豆浆　　玉米　　花生油　　饼干

蛋白质　　维生素、矿物质　　碳水化合物　　脂肪

2. 今日午餐：米饭、回锅肉、炒土豆丝。如果再加上下面的哪种食物就更好了？（检测目标 3、4）

A. 面条　　　B. 西红柿　　　C. 鸡腿

设计说明：以上 2 道题目，旨在巩固本课所学内容，促进知识的迁移应用。此外，练习 2 还为学习下一个主题“合理搭配营养成分”做铺垫。

## 学后反思

回忆并记录昨天的食谱，结合所学知识，分析昨天的饮食搭配是否合理。

设计说明：回顾一日食谱并应用本课所学知识进行分析，是为了学以致用，解决生活中的实际问题，让“死知识”变成“活知识”，形成学生的科学精神和素养。同时，为下一学习主题“合理搭配营养成分”做铺垫。

## 导 读

“声音”是人类生活中一种重要的科学现象，本单元围绕“声音的产生和传播”组织内容，本课重在落实“知道声音是由物体的振动产生的”这一课标要求。本学历案力图体现三个设计理念：一、基于课标要求将行为动词“知道”分解成三个层次递进的学习行为，让学习路径清晰可见；二、将“发声游戏”、“探究发声”、“解释发声”结合，引导学生有兴趣、有深度的学习，用科学的方法学科学；三、围绕学科核心素养设计学习方式，以不同的发声物体为学习组织者，让学生进行“观察、描述、分析、推理、解释”等科学活动，发展学生探究能力、科学思维。

# 声音的产生

敖培刚　刘晓敏　刘永璇

### 主题与课时

江苏教育出版社版小学科学教材四年级上册第三单元(1课时)。

### 课标要求

知道声音是由物体的振动产生的。

### 学习目标

1. 通过让保鲜袋发出声音的活动，说出制造声音的方式，提出声音产生的假设，初步体验声音是如何产生的；

2. 通过实验探究，观察、描述直尺、鼓面、橡皮筋、音叉等发声时的状态，归纳出声音产生的原因，提升科学探究能力；

3. 通过观察生活中常见的声现象，准确判断发声的物体，进一步分析出发声的部位，对这些事例中物体的发声方式形成解释，发展科学分析与推理思维。

设计说明：本课课标要求的行为动词是“知道”，核心概念是“声音是由物体的振动产生的”。结合本课内容和学情，将“知道”具体化为“体验、归纳、解释”三个步骤，帮助学生经历从提出猜想到归纳结论，再到运用所学解释生活中常见的声现象的过程，发展学生科学探究能力和科学分析与推理的思维。

## 评价任务

1. 完成任务一中的活动 3。（检测目标 1）
2. 完成任务二中的活动 4。（检测目标 2）
3. 完成任务三中的活动 4。（检测目标 3）

## 资源与建议

1. “如何发出声音”、“物体发声的原因”是学习声音的起点，当我们明白了生活中的物品到底为什么能发声，才可能明白“声音的传播”需要什么条件以及世界上为什么有那么多“不同的声音”。课前需准备一个塑料保鲜袋。

2. 学习过程：首先，猜想声音产生的原因；接着，探究声音产生的原因；最后，解释物体的发声机理。

3. 本课学习的重点是“探究声音产生的原因”；难点是“解释物体的发声方式”。通过完成任务三，并充分与小组成员讨论“小鼓究竟是怎样发声的”，将有助于突破难点。

设计说明：第 1 条帮助学生认识学习本课的价值，介绍本课学什么及与后续学习内容的关联，明确课前准备任务；第 2 条帮助学生了解本课有三个学习任务或环节；第 3 条明确学习的重点和难点在哪里，并明确突破难点的途径。

## 学习过程

### 任务一：猜想声音产生的原因

1. 用不同的方法让保鲜袋发出声音。（指向目标 1）

2. 交流：用的是什么办法让保鲜袋发声的？（指向目标1）

3. 小组讨论后在全班交流：为什么用不同的方法都能让保鲜袋发出声音？物体发声时是什么状态？（检测目标1）

要求：(1)每个小组都要推选代表在全班交流；(2)发言时声音洪亮；(3)清晰地说出本组的观点；(4)阐述时有理有据。

设计说明：任务一中的活动1，是让学生进行实验操作，即让学生用保鲜袋发出声音。活动2，是让学生根据现象做出猜测。由于学生很难观察发声时保鲜袋的状态，因此学生的猜测可能不一致。正因为有了认知冲突，学生的探究欲就更强。活动3，是镶嵌在学习过程中的评价任务，目的在于检测学生能否有理有据地提出对声音产生原因的猜想、假设。

任务二：探究声音产生的原因

1. 小组内合作完成以下实验活动，记录观察到的现象。（指向目标2）

要求：(1)每人都要做，轮流做；(2)仔细观察，详细记录；(3)推荐代表说说小组成员的发现和推测。

| 实验活动 | 观察到的现象 | 实验中的新发现 |
| --- | --- | --- |
| 一手紧压直尺，另一手弹拨。 | ① 听到声音时，我看到直尺的一端在________。 | 当声音产生时，发出声音的物体在________。 |
| 鼓面上放些豆子，敲击鼓面。 | ② 听到声音时，我看到豆子在________。 | |
| 敲击音叉。 | ③ 听到声音时，我看到音叉在________。 | |
| 推测 | 声音的产生是因为发声的物体在________。 | |

2. 完成下面的实验活动，记录观察到的现象。(指向目标 2)

要求：(1)每人都要做，轮流做；(2)仔细观察和记录。

| 实验活动 | 实验操作 | 观察到的现象 |
| --- | --- | --- |
|  | ① 张开手指套好橡皮筋，拨动橡皮筋，使橡皮筋发出声音。 | 发出声音时，橡皮筋在________。 |
|  | ② 按住正在发声的橡皮筋。 | 橡皮筋________，声音就消失了。 |
|  | ③ 用手摸喉咙，发出"啊——"的声音。 | 发出声音时，我感受声带在________。 |
|  | ④ 用手摸喉咙，停止发声。 | 停止发声时，声带________。 |

3. 通过以上实验，我们发现：(指向目标 2)

(1) 当物体发出声音时，发声的物体在________；

(2) 当物体停止________时，物体就不再发出声音了。

4. 归纳：声音是因为物体________产生的。(检测目标 2)

设计说明：活动 1 通过让学生观察 3 个易于观察的不同发声体发声时的状态，在表格的指导和帮助下做出推测；活动 2 是假设检验，让学生验证自己做出的推测。增加让发声体停止振动的体验活动，观察是否有声音，进而在物体振动与声音产生之间建立联系。活动 3 让学生总结活动 1 和 2，得出研究结论。活动 4 是镶嵌在学习过程中的评价任务，检测学生是否正确归纳出符合事实的结论。

**任务三：解释物体的发声方式**

1. 观察：(1)听吹小试管时的声音；(2)听撕纸时的声音。(指向目标 3)

2. 分析：吹小试管时，什么物体在发声？撕纸时，又是什么物体在发声？(指向目标 3)

3. 推理：吹小试管时，发声体在做什么运动？撕纸时，发声体在做什么运动？(指向目标 3)

4. 解释：(检测目标 3)

(1) 观看视频：高速摄影机下的鼓面。

(2) 小组合作：解释敲鼓时，鼓是怎么发出声音的？

要求：(1)组内讨论形成共识；(2)每组推选代表发言；(3)声音洪亮；(4)对过程的分析具体，符合事实。

设计说明：任务三中的活动 1、2、3，通过让学生观察两个特殊的发声现象，引发学生深入思考“谁在发声？怎么发出的声音？”，指导学生运用所学知识，分析具体问题，提升学生分析、推理的能力。活动 4 是镶嵌在学习过程中的评价任务，检验学生是否能正确解释发声现象。

## 检测与练习

1. 选择题(检测目标 2)

乐团使用的乐器中有一类叫做打击乐器，击打它们就能发出声音，钹就是其中的一种。

① 为了让铜钹的声音小一点，可以怎么做？(　　)

A. 轻轻敲击　　B. 用手按住铜钹的铜片

C. A、B 都可以

② 为了让铜钹的声音立刻停止，可以怎么做？(　　)

A. 轻轻敲击　　B. 用手按住铜钹的铜片

C. A、B 都可以

2. 填空题(检测目标 3)

说一说下面的乐器发声时是靠哪个部分振动产生的。

① 人说话的声音(　　)

② 小提琴演奏时的声音(　　)

③ 电视机播放节目时的声音(　　)

④ 小号吹奏时的声音(　　)

3. 思考题(检测目标3)

海浪的声音是因为什么物体振动产生的?

设计说明:设计以上3个检测与练习题目,旨在巩固本课所学内容,促进知识的迁移应用,对不同物体发出的声音进行分析,加强对声音产生原因的认识。

## 学后反思

1. 通过这一课的学习,我获得的知识有:

2. 关于声音我还想知道:

设计说明:反思1旨在让学生强化本课所学知识,形成关于声音产生知识的逻辑结构。反思2旨在激发学生探究欲望,提出自己感兴趣的研究问题,进一步发展他们的科学能力和科学素养。

## 导 读

了解文件管理环境、掌握基本的文件操作、初步形成文件管理意识是信息技术学科重要的基础知识。本学历案力图从三个方面来扎实基础，形成意识。一是构建文件分类管理的现实情境，通过观察、对比、总结，让学生了解文件管理的基本知识及初步形成管理意识；二是根据学习目标，设计从“感观认识到逻辑关系梳理，再到实践应用”层次递进的学习活动，充分体现学习的进阶；三是依据学习目标，设计重在体验的评价任务，及时评价，逐步达成目标。

# 给文件安个家

谢云霞　杨晓霞

## 主题与课时

四川教育出版社版小学信息技术教材四年级上册第2课(1课时)。

## 中小学信息技术课程指导纲要（试行）

1. 了解信息技术的应用环境。
2. 了解和掌握信息技术基本知识和技能。
3. 养成良好的计算机使用习惯。

## 学习目标

1. 根据教材图片，观察文件夹和文件的图标特征，正确写出并分享磁盘里指定位置的文件及文件夹名称。

2. 通过对指定窗口图标的对比，结合教材，小组讨论总结出磁盘、文件和文件夹的关系，结合实际生活进行类比并分享说明。

3. 结合教材，通过“寻找家园”任务，为文件准确寻找到各自家园，观察、发现并写出文件的“家”的特点及作用。

4. 通过自主学习教材及完成“构建家园”相关任务，正确建立文件夹及修改文件夹的名称，并按正确的分类将文件安放到恰当的位置，初步形成信息的存储、整理及分类的意识。

设计说明：根据指导纲要、教材和学情制定本目标，将此阶段的“了解”分解成“正确写出”、“总结出”、“举实例说明”、“观察发现并指出”，将“了解和掌握基本知识和技能”分解成“正确建立文件夹及修改文件夹名称，并按正确的分类将文件安放在恰当位置”，将“养成良好的计算机使用习惯”分解成“初步形成信息的存储、整理及分类的意识”。同时，三条目标体现逻辑性，其中，观察、讨论、对比、总结、类比、分享等词反映出了能力的形成，素养的提升。

## 评价任务

1. 完成任务一 2。(检测目标 1)
2. 完成任务二 2、3。(检测目标 2)
3. 完成任务三 1、2。(检测目标 3)
4. 完成任务四 2、3。(检测目标 4)

## 资源与建议

1. 前面已初步学习了利用工具栏的方式新建文件夹、文件路径的选择及文件夹操作的环境——“我的电脑”。而对信息进行有效的存储、整理及分类管理，在“我的电脑”环境下进行本课的学习是必不可少的。

2. 本课主要是对基础知识与基本技能的学习，所以结合真实的情境，通过具体的任务进行学习。具体如下：阅读教材—观察图标—总结结果—举例类比—寻找家园—构建家园—分享交流等方式。

3. 文件夹的建立与文件夹名称的修改及磁盘、文件夹与文件间的关系是本课的重点，但文件夹与文件间的关系比较抽象，它也是本课的难点。因此，通过对比与观察、类比举例，可以进行突破。

设计说明：第一条是让学生知道目前已经学过哪些相关内容，到什么程度，将要学些什么，以及学这些内容的意义；第二条是知道用什么方法去学；第三条是哪些重点学，以及遇到困难时怎么学。

## 学习过程

**任务一：火眼金睛**

1. 认真观察教材第8页图2-2，找出文件夹和文件图标的区别。（指向目标1）

2. 打开D盘，再依次打开“生活”、“综合”、“学习”窗口，将三个窗口里的文件夹和文件的名称分别填写在下面横线上。（检测目标1）

文件夹：________________________________

文　件：________________________________

3. 全班交流分享。（指向目标1）

**任务二：探索揭秘**

1. 打开“生活”、“综合”、“学习”窗口，对比里面的图标，小组内说一说三个窗口里面的图标有什么区别。（指向目标2）

2. 结合教材第7页里的图2-1及第8页里的文字内容，小组讨论并总结出磁盘、文件和文件夹的关系。（检测目标2）

关　系：________________________________

3. 模仿“文件柜”的例子，举一个生活中类似的例子，印证硬盘、文件夹及文件三者间关系。（可以用文字阐述，也可以用图示呈现）（检测目标2）

类比举例：

评价标准：1. 磁盘是最大的文件夹；

2. 文件及文件夹均存放在磁盘里；

3. 文件夹里可以存放文件夹和文件。

4. 全班交流分享。（指向目标2）

**任务三：寻找家园**

1. 打开“计算机”，打开D盘，仔细观察与探究，通过连线匹配好各自的家园。（检测目标3）

| | |
|---|---|
| “生活”的家 | |
| “海南之行”的家 | 生活 |
| “证件照”的家 | 学习 |
| “我的照片”的家 | 综合 |
| “虫儿飞.mp3”的家 | 磁盘D |
| “木偶奇遇记.pdf”的家 | 我的照片 |

2. 结合教材第8页和电脑窗口图标，仔细观察上面结果，发现文件的“家”都是________，它可以存放__________________。（A. 文件　B. 文件夹）（检测目标3）

3. 全班交流分享。（指向目标3）

**任务四：构建家园**

1. 自学教材第10页小窍门。（指向目标4）

2. 在“生活”文件夹里，新建一个名为“音乐”的文件夹；在“学习”文件夹里，新建一个名为“电子书”的文件夹；并将“综合”文件夹里的文件分别归类到对应的“家”里。（检测目标4）

3. 将“音乐”和“电子书”文件夹，分别更改为名为“我的音乐”和“我的电子书”文件夹。（检测目标4）

4. 交流分享。（指向目标4）

设计说明：任务一、二，主要通过观察图标、对比窗口，发现不同并得出结论，从而引导学生在学习过程中要善于观察与思考；而举例类比，其一是检验学生是否达标，其二主要是引导学生联系实际生活的观察与思考。而任务三则是通过为文件寻找家园的活动，形象地引出文件的“家”的概念及作用，同时，也是引导学生对结果进行观察，发现文件的“家”的共同点——都是文件夹。初步感受到文件最大的“家”是硬盘，文件夹既是文件夹的“家”，也是文件的“家”的关系。任务四则是从实际生活的角度，引导学生为日常杂乱的文件资料进行分类管理，去学习其中的操作知识，也是对学生的管理习惯进行有意识的引导与培养。

## 拓展练习

1. 打开D盘，地址栏中显示的是________________；打开“生活”文件夹，地址栏显示的是________________；打开“我的照片”文件夹，地址栏又显示的是________________；这个地址栏中的变化是什么意思？________________________________________。

## 学后反思

1. 我们都有自己的家，且会让它保持整洁干净，文件也有自己的“家”。结合本课学习，你将如何让你电脑里的这个大“家”保持井然有序的状态？请简要描述你的处理方式。

## 导 读

本单元是《Scratch创意编程》提高篇，共6学时。第1、2学时重点学习询问和链表，第3、4学时重点学习编程的循环结构及判断与侦测，第5、6学时重点学习广播和随机数，本设计为第4课时。本学历案试图体现三个亮点：一是学习目标源于课标分解，充分指向学科素养“计算思维和数字化学习与创新”的形成；二是学习过程设计，围绕“计算思维和数字化学习与创新”素养，以任务为驱动，以评价为量标，精准指向学习目标，实时检测目标达成。三是充分体现学习进阶，从知识的学习、运用，由浅到深，由易到难，过渡到机理的理解和领悟。

# 神射手

黄敬东　王莉

### 主题与课时

科学出版社版《Scratch创意编程》六年级“深入学习Scratch编程”单元(第4课时)。

### 课标要求

1. 针对给定的简单任务，能够识别主要特征，并用流程图画出完成任务的关键过程。

2. 能利用简单的数字化工具，完成作品的设计与创作。

### 学习目标

1. 通过补充完成思维导图靶子部分，进一步完善神射手程序的规划。

2. 通过看书或观看微课,将思维导图中靶子的设想尝试用脚本体现,通过同桌讨论和分析,完善脚本并说出各自脚本的意义。

3. 通过两种脚本的对比及两个题目的分析,分别说出两种脚本的运行机理及优势,根据需求选择最优方案。

4. 通过合作探究,实现靶子消失 0.5 秒后在随机位置出现,提升迁移运用能力。

设计说明:本学习目标是结合教材内容,参照高中新课标核心素养“计算思维”、“数字化学习与创新”预备级水平中各一点,并进行了具体分解而得。将“用流程图画出”分解成“补充完成”和“完善”;将“关键过程”分解成“程序的规划”;将“识别主要特征”分解成“说出脚本意义”“说出……运行机理及优势”;将“作品的设计”分解成“用脚本体现”和“实现……位置出现”。

## 评价任务

1. 完成头脑风暴 1。(检测目标 1)
2. 完成尝试体验 1 和自评一。(检测目标 2)
3. 完成对比提炼 1、2(1)(2)、3 和自评二。(检测目标 3)
4. 完成实践提升互评三。(检测目标 4)

## 资源与建议

1. 通过本课的学习,完成神射手脚本基本部分的设计,自主学习并掌握本课的知识点,才能在下节课更好地进行程序创新设计。

2. “如果……那么……”、“在……之前一直等待”语句及侦测、随机数四个知识点,是本节课的重点内容。在学习的过程中应充分应用思维导图,做好程序的设计和规划。在学习的过程中,还应注重将抽象的知识具象化,如随机数和程序的运行机理都可用 Scratch 中的“说”将抽象的东西显示出来,并用于程序的调试。

3. 本课需要学具:脚本设计的命令图板(可拼接);所需评价平台:班级优化大师。

设计说明:力图揭开学习的“黑箱”,为学生的学习“导航”:第 1 条告诉学生本节内容的地位和作用,激发学生强烈的学习动机。第2条告诉学生本节学习的重点和学习的方法,为学生的学习指明方向和路径。第3条告诉学生需要提前做哪些准备。

## 学习过程

### 一、回顾旧知

各小组推荐代表,以思维导图的形式回顾上节课所学内容。

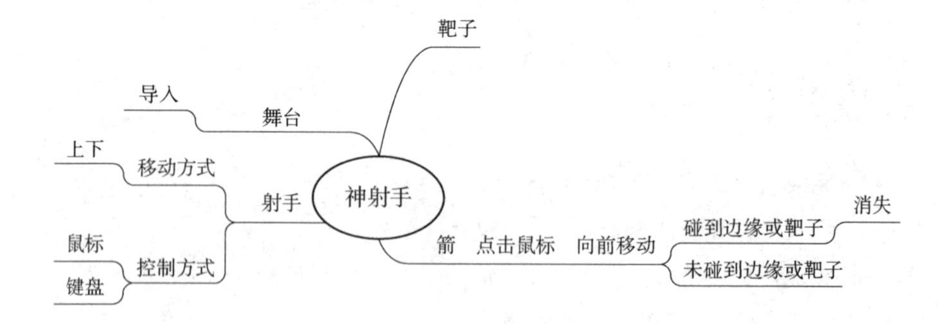


### 二、头脑风暴

1. 发挥你的想象,继续补充完成思维导图靶子的部分。(检测目标1)

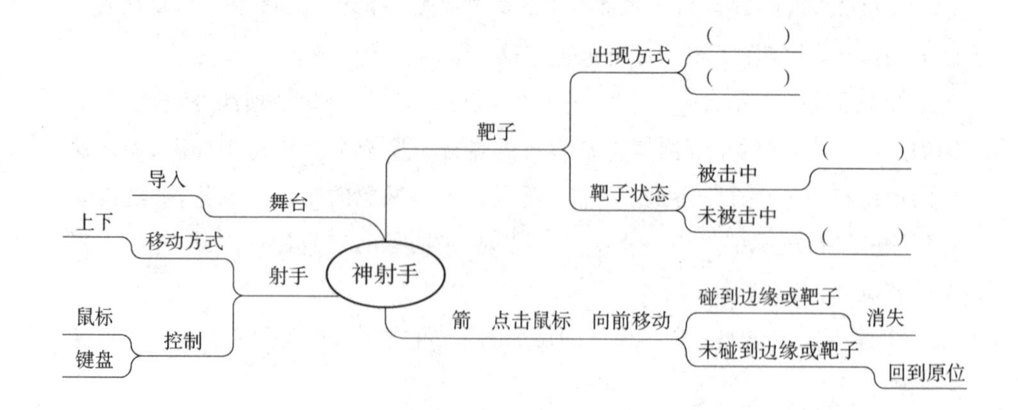

2. 独立完成后，小组间交流，派学生代表上台通过实物展台交流分享。（指向目标 1）



## 三、尝试体验

1. 根据思维导图的设想尝试完成靶子的脚本，如有困难可看教材或电脑桌面上的小助手（微课）。（检测目标 2）

你可以选用________或________来设计脚本。

2. 完成的同学与同桌交流所编程序，帮助未完成的同学。（指向目标 2）

**自评一：**完成上面任务后，请自己进行如下评价。（检测目标 2）

(1) 靶子能在被击中后切换造型。（　　）【完成加一颗“☆”】

(2) 靶子能在被击中后 0.5 秒消失。（　　）【完成加一颗“☆”】

## 四、对比提炼

1. 交流分享自己设计的脚本，对比分析两种方式设计的脚本，完善靶子被击中前，一直显示，被击中后 0.5 秒消失的功能。（检测目标 3）

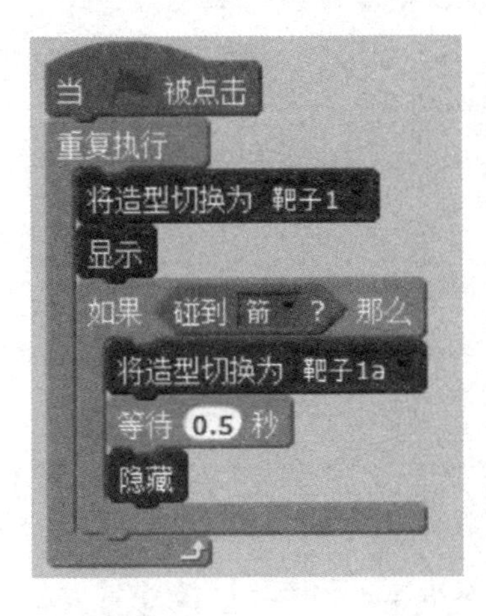


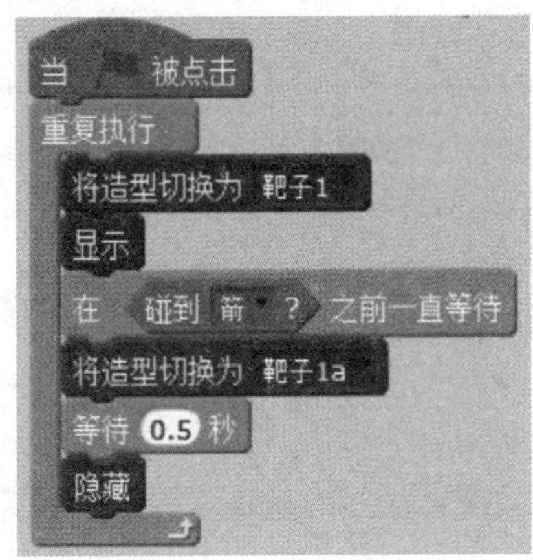

2. 以学习小组为单位，在组内讨论、交流：

(1) 说一说用什么样的脚本来实现设计功能，实现功能的程序是唯一的吗？(检测目标 3)

(2) 完成下面两道检测题，谈谈两个程序是怎样运行的？哪个程序更优？为什么？(检测目标 3)

(3) 你认为学好编程有哪些好的方法，好的办法？(指向目标 3)

3. 每组派两位学生代表上台，分别就其中一个程序，边贴边讲程序。(检测目标 3)

**自评二：** 完成上面任务后，请你自己评价。(检测目标 3)

(1) 靶子被击中前，一直显示，被击中后 0.5 秒消失。(　　)【完成加二颗“☆”】

(2) 能将自己设计的脚本讲给同桌听。(　　)【完成加三颗“☆”】

(3) 检测题完成情况。(　　)【对一题加一颗“☆”】

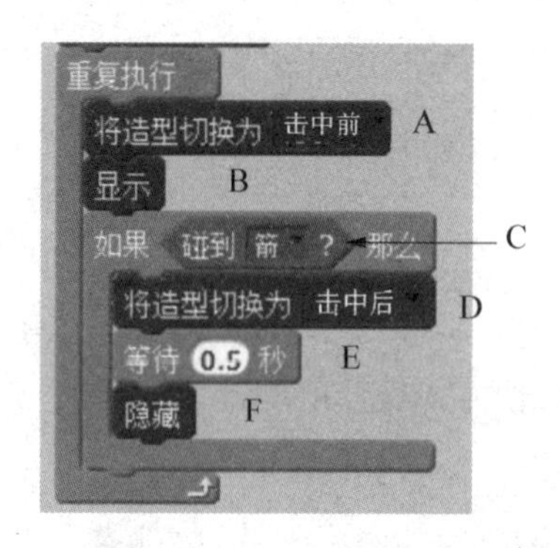


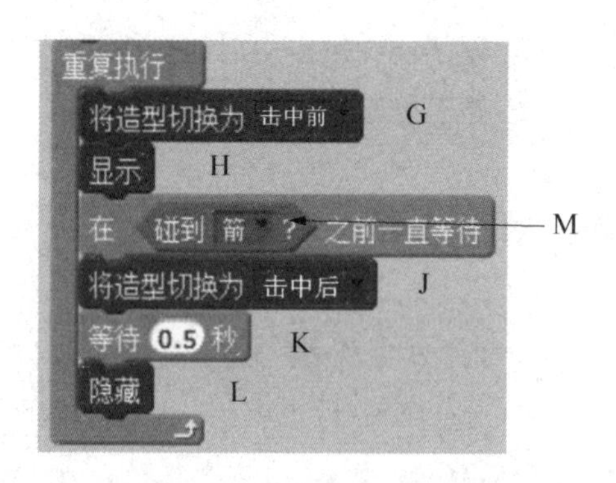


如上图所示，如果条件 C 不满足则(　　)，如条件 C 满足，运行完 F 后，运行(　　)。

(1) 程序停在 B 等待

(2) 程序在 A, B 间重复执行

(3) 程序在 A, B 重复执行，在 C 重复检测

(4) 再次回到 D 向下运行

(5) 再次回到 A 向下运行

如上图所示，如果条件 M 不满足则(　　)，如条件 M 满足则程序运行(　　)。

(1) 程序停在 H 等待

(2) 程序在 G, H 间重复执行

(3) 程序停在 H 等待，在 M 重复检测

(4) 运行 J

(5) 依次运行 J, K, L，运行 G

## 五、实践提升

1. 小组讨论：如何让靶子消失0.5秒后再次随机出现。（指向目标4）

**互评三：**完成上面任务后，请同桌互评。（检测目标4）

（1）靶子消失0.5秒后再次出现。（　　）【完成加一颗“☆”】

（2）靶子消失后能随机出现。（　　）【完成加一颗“☆”】

设计说明：本课正式进入提高篇的学习，难度加大，指向对所学知识的综合实践与应用，能正确理解程序的运行机理。程序流程图对小学生而言不太容易理解，相比而言思维导图是一种很不错的选择。学生通过观察分析，制作或补充所创作的动画和游戏的思维导图，找到实现个性化创意的各功能的方法、途径，并完成规划设计，进而找到解决问题的办法和手段。

## 学后反思

1. 结合学习过程，说一说怎样用脚本来实现设计功能。实现功能的程序是唯一的吗？

2. 结合两道检测题，谈谈两个程序是怎样运行的。哪个程序更优？为什么？

3. 你认为学好编程有哪些好的方法，好的办法？

## 导读

本单元通过学习戏歌、现代京剧、器乐曲三类与京剧有关的音乐作品，共同达成“感受京剧的唱腔及风格特点，了解京剧相关知识，提升京剧鉴赏力”的学习目标。本设计为第1课，通过了解“四大行当”及其特点，富有韵味地演唱歌曲“龙里格龙”，帮助学生建立对京剧音乐的初步感知。本学历案设计以兴趣为先导，凸显对两方面的关注：一是关注学习目标基于课标要求。将“能用自然的声音、准确的节奏和音调，有表情地参与齐唱、合唱”的课标要求，具体到“模仿、体验、聆听、律动、表现”等行为的落实上，转化为可观察、可评价的学习目标，并将表现性评价镶嵌在学习活动中检测目标达成。二是关注学习过程的进阶。学习过程设计遵循学的逻辑，学科的逻辑，结合“听、唱、演、奏”四类音乐学习方式，设计出“识京韵、品京韵、显京韵、增京韵”递进式任务链，将学生引向感受与体验京腔京韵的深度学习，增进对中国京剧文化的理解和认知。

# 龙里格龙

马玥

## 主题与课时

人民音乐出版社版音乐教材四年级上册(2016年版)第八单元(1课时)。

## 课标要求

1. 了解以京剧为代表的中国戏曲及曲艺音乐，体验其不同的风格。
2. 能够听辨旋律的强弱，并能够运用体态或线条做出相应的反应。
3. 能用自然的声音、准确的节奏和音调，有表情地参与齐唱、合唱。
4. 能够用打击乐器为歌曲伴奏。

## 学习目标

1. 通过观看“四大行当”图片及视频，知道“四大行当”及其代表人物的性格特点，并能模仿、体验各行当角色典型动作及表情，增进对中国京剧文化的理解和认同。

2. 通过听唱及身体律动的方式，感受并说出歌曲力度的变化，能用和谐、活泼和富有力度变化的声音演唱二声部歌曲，体会戏歌的音乐风格，提升对京剧音乐的感受力。

3. 通过小组合作，为旋律匹配行当并进行表演唱，寻找身边物品模拟戏曲打击乐音色为歌曲伴奏，表现歌曲独特的京剧韵味，增进对音乐中戏曲风格和情感的理解，提升音乐表现能力。

设计意图：结合学生所处学段，从课标中提取出与本节课学习内容相关的要求，并进行分解和细化，采用三维叙写的方式制定出学习目标，运用感知、体验、演唱、演奏等音乐特有的学习方式感受戏曲韵味。以“四大行当”为切入点，初识京剧行当及特点，以体态律动方式感知、表现音的强弱，解决“富有力度变化演唱歌曲”这一学习重点，以角色表演及打击乐伴奏的方式呈现学习效果。体现出学习目标设计的层层递进，符合学的逻辑，既有知识技能的获取又有学科核心素养的提升。

## 评价任务

1. 完成学习过程中任务一(一)2、(二)2、(三)2。(检测目标 1、2)
2. 完成学习过程中任务二(二)4、(三)3。(检测目标 2)
3. 完成学习过程中任务三(二)2。(检测目标 3)
4. 完成学习过程中任务四(二)2。(检测目标 3)

## 资源与建议

1. 在本册教材第二单元我们已经欣赏过歌曲《故乡是北京》，本节课我们继续体会这类歌曲的音乐风格和韵味。学习本课不仅巩固二声部合唱的学习，也为进一步学习戏歌、京剧奠定基础。本课将通过“对比聆听→角色体验→歌曲演唱→角色表演”的路径了解、体验具有京腔京韵音乐的风格特点。

2. “富有力度变化地演唱歌曲”是本课的学习重点，可以通过聆听感知、身体律动、角色扮演来解决。学习难点是“准确拍出或唱出二声部的弱起节奏 0 0 5 3 6”，可通过拍准节奏、慢速拍唱的方式进行突破。

设计说明：该部分设计主要是帮助学生建构起本课学习的知识地图，知道学习内容的地位和作用，了解学习路径。始终以提升学生演唱能力这条暗线贯穿始终，并为学生通过自学、合学方式突破重难点提供方法和策略上的指引。

## 学习过程

### 学习任务一：听歌曲，识京韵

**(一) 观看京剧“四大行当”的图片及视频**

1. 小组讨论四大行当的性别及性格特点，填写任务单。(指向目标 1)

| 行当 | 生 | 旦 | 净 | 丑 |
| --- | --- | --- | --- | --- |
| 性别 | | | | |
| 性格特点 | | | | |

2. 组间相互交流填写情况。(检测目标 1)

**(二) 小组共筹智慧，创编典型动作**

1. 各组随机抽选一个行当，结合行当性别及性格特点创编一个典型动作。(指向目标 1)

2. 分组交流展示。(检测目标 1)

**(三) 聆听歌曲，体会风格**

1. 聆听歌曲范唱，同伴间交流这首歌曲与教材中的其他歌曲有何不同？(指向目标 2)

2. 推荐代表交流发言。(检测目标 2)

设计说明：“了解以京剧为代表的中国戏曲”是课标要求，在本课借“戏歌”传递京剧元素，故本课不应止于会唱歌曲本身，还应挖掘其背后的音乐文化内涵，拓展学科视野。故在正式学习歌曲之前，先了解四大行当，在增加学习趣味的同时，也为后面四大行当与歌曲演唱有机结合埋下伏笔。

学习任务二：唱歌曲，品京韵

**（一）看谱聆听歌曲，设计身体动作**

1. 聆听两遍歌曲用笔圈出歌谱中的音乐力度记号，同伴间相互交流圈选情况。（指向目标 2）

2. 小组成员分别选择一个力度记号，设计一个身体动作表现，并在组内交流展示。（指向目标 2）

**（二）看谱学唱歌曲第一声部**

1. 跟随歌曲范唱，看谱哼唱第一声部。（指向目标 2）

2. 组内交流在哼唱中遇到的困难，组长记录并反馈。

3. 交流并解决难点，全班完整演唱歌曲。（指向目标 2）

4. 同伴间用设计出的表现音乐力度变化的身体动作相互指挥，唱出歌曲中力度的变化。（检测目标 2）

**（三）拍击节奏，学唱第二声部**

1. 拍击第二声部节奏。一组唱第一声部，另一组用手拍击第二声部节奏，完成后两组交换进行。（指向目标 2）

2. 学唱第二声部。一组用手拍击第一声部节奏，另一组唱第二声部，完成后两组交换进行。（指向目标 2）

（评价标准：本组唱或拍自己声部时音调、节奏准确，不要被另一组带偏，尤其是第二声部弱起处要能准确进入。）

3. 终极挑战：全班分两个声部，分声部演唱。（检测目标 2）

（注意：音准、节奏及力度变化。）

设计说明："感受与表现力度变化"是本课学习的重点。用身体动作直观、形象感受力度变化，去概念理解的抽象性，并将评价镶嵌于活动中，不仅要自己设计身体动作，更要以此指挥同伴，通过同伴的呈现检验其指挥的效果。"能准确拍出或唱出二声部的弱起节奏"是学习的难点，本环节采用的策略是从拍击节奏入手，降低学习难度，同时引导学生在拍击和演唱时学会倾听另一声部，关注学生聆听专注度和合唱素养的培养。

学习任务三：演行当，显京韵

**（一）为旋律配行当**

1. 各组随机抽选一条旋律，了解力度并哼唱。（指向目标 3）

2. 为所选旋律选配恰当行当，完成任务单。（指向目标 3）

（选配建议：结合旋律的力度，考虑行当的性别、性格特点，确定出行当。）

| 旋律 | 所选行当 | 我们的理由 |
|---|---|---|
| 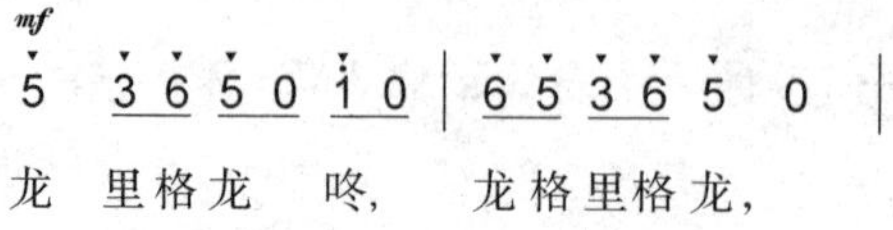 *mf*<br>5 36 50 1̇0 \| 65 36 5 0 \|<br>龙 里格龙 咚， 龙格里格龙， | | |
| 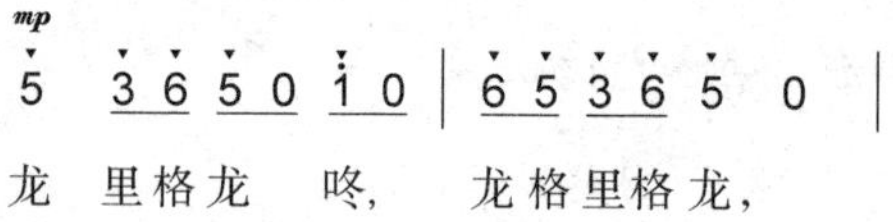 *mp*<br>5 36 50 1̇0 \| 65 36 5 0 \|<br>龙 里格龙 咚， 龙格里格龙， | | |
| 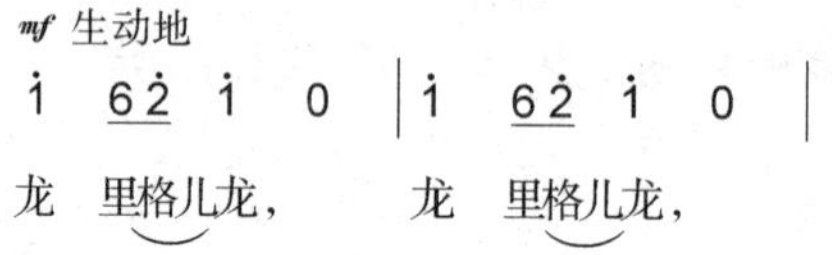 *mf* 生动地<br>1̇ 62̇ 1̇ 0 \| 1̇ 62̇ 1̇ 0 \|<br>龙 里格儿龙， 龙 里格儿龙， | | |
| 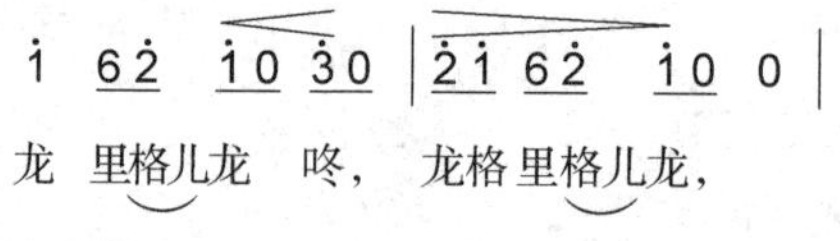 1̇ 62̇ 1̇0 3̇0 \| 2̇1̇ 62̇ 1̇0 0 \|<br>龙 里格儿龙 咚， 龙格里格儿龙， | | |

**（二）创编动作，表演展示**

1. 小组创编，设计出符合所选行当特点的音色、动作和表情，边唱边演。（指向目标 3）

2. 各组整合，完整演绎整首歌曲。（检测目标 3）

（评价标准：既要有表现力，还要有力度变化地演唱二声部歌曲。）

设计说明：这首歌曲的特点是力度变化丰富，同时“能够富有力度变化地演唱歌曲”也是学习的重点。加入行当角色的搭配，一方面是将已学的京剧知识与歌曲演唱融汇贯通，知识与技能学习相关联；另一方面是让歌曲力度变化直观化、具体化，增强歌曲的表现力。

**学习任务四：奏乐器，增京韵**

**（一）探索音色，模拟演奏**

1. 聆听大锣、小锣、钹、梆子四种打击乐器的音色特点，全班共同填写下列任务单。（指向目标 3）

| 打击乐器 | 大锣 | 小锣 | 钹 | 梆子 |
| --- | --- | --- | --- | --- |
| 音色特点 | | | | |

2. 各组随机抽选一种乐器，用身边的物体或身体打击乐器模拟打击乐器的音色，尝试奏出对应节奏。（指向目标 3）

**（二）唱奏结合，表现歌曲**

1. 各类打击乐器节奏组合，进行节奏敲击练习。（指向目标 3）

2. 跟随范唱，各组节奏加入，为歌曲伴奏。（检测目标 3）

（评价标准：拍击的各音色要有所不同；节拍稳定、节奏准确。）

设计说明："体会浓郁京剧韵味"是本课的学习目标之一，行当角色体验、有力度变化地唱是体会韵味的两个方面，京剧中的打击乐器也是体现京腔京韵不可或缺的要素。为了让京韵持久深入人心，故加入了打击乐器伴奏这一活动，在巩固节奏的同时，了解几件典型乐器的音色特点，为歌曲的表演唱增色。

## 学后反思

1. 通过今天的学习，我知道了表现音乐力度变化的方式有________。

2. 在曾经学过的歌曲中哪些可以运用这些方式来表现力度？自选一首歌曲来试一试。

设计说明：主要就难点"力度变化"在课堂中的学习掌握情况，引导学生提炼总结音乐力度变化的呈现方式，同时也鼓励学生学以致用，能用本课学到的方式方法去表现更多的音乐作品，感受音乐的美。

## 导 读

本单元以“月下踏歌”为主题，围绕“主题旋律、节奏、速度、力度、音色”等音乐要素，开展聆听和演唱活动。本设计为此单元第一首欣赏曲，学习重点为结合音乐要素分析乐曲，听辨音乐主题出现次数及主奏乐器，与另一首欣赏曲《火把节》“听出乐曲片段中演奏乐器音色”，共同达成“提高对音乐要素听辨能力”的单元学习目标。本学历案设计严格遵循学的逻辑，通过设计“交流感受—模仿舞蹈动作—听辨主题次数—模拟演奏乐器—创设表现情境”等系列学习活动，引导学生自主建构起对彝族音乐的整体认知，试图体现学历案学习过程设计“把知识的建构过程还给学生”的理念。

# 阿细跳月

张盈盈　寇红梅　彭诗云

## 主题与课时

人民音乐出版社版音乐教材六年级下册(2016 年版)第二单元(1 课时)。

## 课标要求

1. 聆听中国民族民间音乐，了解有代表性的地区和民族的民歌、民间歌舞、民间器乐曲，体验其不同的风格。

2. 聆听不同体裁和类别的小型器乐曲，能够随着乐声哼唱短小的音乐主题或主题片段。

3. 能够认识常见的中国民族乐器，并能听辨其音色。

## 学习目标

1. 通过聆听乐曲与观看视频相结合的方式，感受乐曲热烈欢快的情绪，知道彝族的相关音乐文化和风俗人情，体会用音乐展示民族文化的表现形式，增进对民族文化、习俗的理解和认同。

2. 通过节奏声势律动、旋律模唱、视唱等方式，能够哼唱音乐主题旋律，说出其出现次数及主奏乐器，培养音乐聆听的专注度。

3. 通过聆听乐器音色及观看演奏视频，知道民族乐器"拉弦乐器组"和"弹拨乐器组"的分类，并能随乐曲速度、力度的变化模拟演奏乐器，提升对音乐的感受和理解能力。

设计说明：将课标要求"能够随着乐声哼唱音乐主题"分解为：运用多种学习方式学会哼唱音乐主题、说出主题旋律出现次数以及主题重复的次数的具体目标；将课标要求"认识常见的中国民族乐器，并能听辨其音色"分解为"分别聆听吹管乐中的竹笛以及弹拨乐中的琵琶、扬琴"、"听辨乐曲中不同主题的演奏乐器"的目标，落实了基于课标要求设计学习目标的理念。

## 评价任务

1. 完成学习任务一(一)3、(二)3。(检测目标 1)
2. 完成学习任务二(一)3、(二)5。(检测目标 2)
3. 完成学习任务三(一)2、(二)3。(检测目标 3)

## 资源与建议

1. 本课是一首非常经典的民乐合奏曲，我们以前也接触过类似的民族音乐作品，比如《北京喜讯到边寨》。通过本节课的学习为后面内容做铺垫，增进我们对中国民族民间音乐文化的了解。

2. 我们将会采用"聆听乐曲—了解风俗—动作表现—模拟演奏"的学习路径。学习的重难点为"听辨音乐主题出现次数及主奏乐器"，将通过反复聆听、熟悉主题、认识主奏乐器的外形、熟悉其音色等方式解决。

设计说明：本课注重引导学生“聆听”，组织学生进行一系列的音乐实践活动，如通过聆听音乐、观看视频感受彝族阿细人“跳月节”的喜庆和热闹；通过哼唱旋律来记忆主题音乐，解决听辨主题音乐出现的次数问题；通过乐器认识和音色的聆听来辨别每个音乐主题的主奏乐器。

## 学习过程

**学习任务一：了解风俗，学跳舞步**

**(一) 观赏彝族民俗风情图片，交流感受**

1. 聆听乐曲，观赏彝族人文景观图片。（指向目标 1）
2. 听“阿细跳月”的传说以及阿细人“跳月”的风俗。（指向目标 1）
3. 同伴交流观后、听后感受。（检测目标 1）

**(二) 观看视频，模仿跳月舞蹈基本动作**

1. 观看“阿细跳月”舞蹈视频，组内交流舞蹈动作要领。（指向目标 1）
2. 小组推荐代表交流讨论结果。
3. 跟随韵律，学跳舞步。（检测目标 1）

**学习任务二：熟悉主题，分辨乐器**

**(一) 哼唱音乐主题，听辨主题出现次数**

1. 聆听乐曲，与老师进行节奏互动：$\frac{5}{4}$(师)×××(生)××|。（指向目标 2）

2. 聆听全曲，听辨主题旋律，并用喜欢的方式记录主题旋律出现的次数。（指向目标 2）

| 我们的记录方式 | 主题旋律出现的次数 |
| --- | --- |
|  |  |

3. 看谱视唱音乐主题旋律，自主思考并回答：主题旋律由几个乐句组成？（检测目标 2）

**(二) 看听结合，分辨乐器**

1. 观看几组乐器图片或实物，聆听其音色特点。（指向目标 2）
2. 同伴交流：判断几组乐器的演奏方式。（指向目标 3）

3. 聆听乐曲中的音乐片段，小组讨论主奏乐器。（指向目标 2）

（讨论建议：通过音色判断乐器。）

4. 组间进行交流反馈。

5. 聆听全曲，以小组为单位记录每次主题出现时不同的主奏乐器。（检测目标 2）

| 主题 | | | | | | | | | | | | | | | |
|---|---|---|---|---|---|---|---|---|---|---|---|---|---|---|---|
| 主奏乐器 | | | | | | | | | | | | | | | |

（要求：(1)填上主题出现的顺序号；(2)根据音色特点判断主奏乐器并写上名称。）

**学习任务三：乐器分类，模拟演奏**

**（一）小组探讨乐器分类**

1. 小组讨论主奏乐器的演奏形式，并进行分类。（指向目标 3）

2. 小组推荐代表在全班交流，大家共同探讨乐器分类。（检测目标 3）

**（二）创设情境，模拟演奏**

1. 观看乐曲演奏视频，结合每次主题音乐出现时不同的主奏乐器，进行模拟演奏。（指向目标 3）

2. 以小组为单位，随机抽选乐曲中的一个音乐主题，创编表演情境并模拟主奏乐器演奏。（指向目标 3）

（创编建议：结合音乐主题力度、速度及其变化进行情境联想和创设。）

3. 跟随音乐，小组接龙展示。（检测目标 3）

（评价标准：1.能够跟随音乐节拍，模仿主奏乐器弹奏动作；2.弹奏动作的幅度随速度、节奏的变化而变化。）

设计说明：为了能更好地感受彝族音乐的特点，在三个任务中，首先设计了节奏声势互动，在声势的设计上运用了四五拍的强弱规律，为后面的聆听主题旋律作铺垫，让学生快速记忆音乐主题，并通过表格记录、模仿弹奏动作等手段了解对主题音乐的熟悉情况。通过听、想、看、说等多种形式帮助学生认识民族乐器，加强对乐器音色类别的听辨。根据音乐学习的特点，采用模拟乐器演奏、创编表现情境等方式，增强对音乐聆听的专注度，提升音乐表现能力。

## 学后反思

1. 我记录主题音乐出现次数的方法是____________________。

2. 我通过哪些步骤听出了主题音乐及出现次数?(提示:可结合学习过程的各个环节思考。)

设计说明:第一点是对学习方法的反思,有利于教师收集信息;第二点是对学习过程的反思,引导学生梳理音乐学习步骤,形成自己独有的学习方式。

## 导 读

山羊分腿腾越是支撑跳跃的典型动作和重点内容，对于小学生来说技术要求较高，难度较大，学生跳过虽然不难，但跳好很不易，练习中学生普遍存在着畏惧心理。为解决这些问题，本设计以“跳背游戏”入手，从徒手练习到有器械的练习，从短距离助跑到较长距离的助跑，从统一标准的学习到分层学习，在循序渐进的教学过程中，让学生掌握运动技能。本学历案设计力图体现三大亮点：一是学习目标源自对课标要求的分解，并充分体现体育学科运动技能的层次性要求；二是学习活动设计精准指向学习目标并严格遵循运动技能形成的规律；三是对运动技能的达成设计了较为规范的表现性评价，便于师生准确掌握学习目标达成情况。

# 山羊——分腿腾越

陈培林

### 主题与课时

人民教育出版社体育与健康教材5—6年级全一册“体操——支撑跳跃”单元(第2课时)。

### 课标要求

1. 基本掌握一些体操类运动项目的简单技术动作组合——山羊的简单技术动作组合。

2. 在比较困难的体育活动中表现出自信和克服困难的勇气。

## 学习目标

1. 通过“跳背”游戏，巩固上节课学习的助跑几步双脚踏跳的技术动作，能在游戏活动中越过一定高度的障碍，克服恐惧心理。

2. 通过观看挂图、教师示范，初步建立山羊分腿腾越的完整动作概念，能在他人帮助与保护下完成山羊分腿腾越动作，逐步树立自信心。

3. 通过自主学习、纠错练习，初步掌握山羊分腿腾越的完整技术动作并能独立完成，发展上肢、肩带和弹跳力，增强勇敢果断、战胜自我的心理品质。

4. 通过“障碍接力”游戏，提高柔韧性、灵敏度和协调能力，逐步养成涵养、遵守规则、团结协作等体育品德。

设计说明：本课时目标的确定，着力体现基于课标要求设计学习目标的理念。将“掌握一些体操类运动项目的简单技术动作组合”的课标要求分解为：“建立概念—在他人帮助与保护下完成动作—独立完成动作”等 3 个具有层次性课时目标。将“表现出自信和克服困难的勇气”的课标要求，分解为克服恐惧心理、逐步树立信心、增强勇敢果断、战胜自我等具体目标，并与相应的技能目标融合。

## 评价任务

1. 完成任务二（活动三）。（检测目标 1）

2. 完成任务三（活动三）。（检测目标 2）

3. 完成任务四（活动一）。（检测目标 3）

设计说明：活动二中“跳背”游戏完成质量对后续学习有着紧密的联系，设计评价任务 1 目的在于检验学生在游戏和比赛的情景中克服心理障碍的情况。评价任务 2 引导并促进学生在教师的帮助与保护下能否完成动作，收集前期分解动作练习完成情况信息，作为下一步教学推进的依据，既是检验前期分解动作练习的情况，更是决定教学能否继续深入推进的一个重要手段。评价任务 3 着重检验学习成效，是判断本课学习目标达成情况的重要依据。

## 资源与建议

1. 前面我们学习了“跳上成蹲撑，起立，挺身跳下”，学会了助跑及单脚起跳双脚踏跳的动作技术，这节课将在此基础上，学习助跑单脚起跳到踏板上用双脚踏跳并进行分腿腾越，这个动作组合更多，难度更大，是我们以后学习跳箱分腿腾越动作的一个非常重要的过渡动作。

2. 本课将按以下流程学习：“跳背”游戏—分解动作练习—个人展示(在老师帮助与保护下)—器械练习(在同学帮助与保护下)—能力大比拼(分层练习及比赛)—障碍接力游戏。

3. 本课学习的重点是：提臀、分腿、顶肩。本课学习的难点是：助跑踏跳连贯、迅速有力，推手及时。通过“跳背”活动，在游戏中为学习双脚踏跳作好铺垫，通过分解动作练习和分类纠错练习，突出“提臀、分腿、顶肩”这个重点，练习中通过老师或同学的提示语来突破“推手及时”这个难点。

设计说明：介绍了本节课所学知识与前后内容的关联性，为学生支撑跳跃的整体知识建构打下基础；介绍了学习流程，学生明确课堂学习路径；介绍了学习的重难点及突破重难点的方法，让学生明白如何去学会。

## 学习过程

### 任务一：明确目标，活动身心

\- - - - - - - - - - - - -

\- - - - - - - - - - - - -

\- - - - - - - - - - - - -

\- - - - - - - - - - - - -

☆（教师）

**(图示一)**

一、四列横队整队集合。(图示一)

二、明确本堂课的学习目标及注意事项。

三、在老师的带领下做热身活动及专项热身运动：原地挺身跳、分腿跳、分腿立俯撑—展体挺身跳—并腿落地。

任务二：尝试体验，感悟动作

一、观察、聆听老师讲解，协助老师完成“跳背”的游戏。

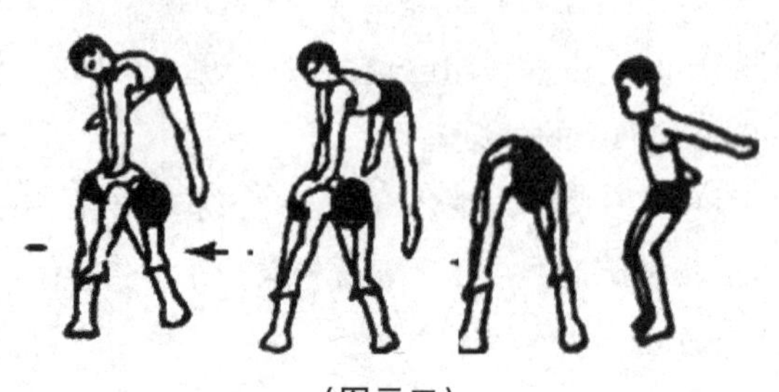

（图示二）

注意事项：做“背”的同学双手紧握踝关节或膝关节，双腿用力撑住；练习者的双手，放手要轻，要柔和，不得推、拍，落地要柔和。动作口诀：双踏向上分腿越，双手支撑推离背。（图示二）

二、“跳背”游戏练习：

1. 两人一组做助跑几步的“跳背”游戏，2—3 次后互换进行。（指向目标 1）

2. 分成四个小组，成圆形站立，在小组长带领下做“跳背接力”的游戏活动。（指向目标 1）（图示三）

要求：游戏中遵守规则，注意安全。

三、小组展评。小组轮流上场展示，其他组从以下三个方面进行评价，根据评价结果，体会并改进自己动作。（检测目标 1）

（图示三）

评分规则：

| 优秀（100—90 分） | 良好（89—75 分） | 合格（74—60 分） | 继续努力（59 分及以下） |
| --- | --- | --- | --- |
| 助跑与踏跳结合紧密连贯，双脚踏跳，双手撑背，推背及时，动作轻松、协调。 | 助跑与踏跳结合紧密，双脚踏跳，双手撑背，推背有力。动作完整，较协调。 | 双脚踏跳，双手撑背，推背有力。动作过程基本完整。 | 没有踏跳，不能顺利过“背”或不能完成动作。 |

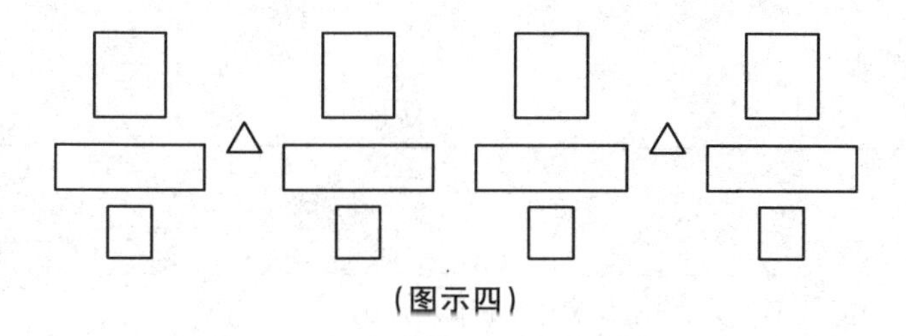

（图示四）

一、助跑、踏跳练习（复习）。（图示四）

1. 分成四个小组，助跑 3—5 步，无踏板的单脚起跳双脚踏跳练习，每人 3—5 次。

2. 分成四个小组，助跑 3—5 步，有踏板的单脚起跳双脚踏跳练习，每人 5 次。

二、学习观摩：

1. 观看挂图，观察老师示范山羊分腿腾越的技术动作。（图示五）

动作方法：助跑，双脚踏跳，双手支撑器械，提臀，两腿伸直向侧分开，迅速推离器械，使身体向前上方腾越过器械，两腿向前制动挺身，两臂斜上举；接着并腿用前脚掌落地，屈膝成半蹲。

| | | | | |

★（教师）

| | | | | |

（图示五）

2. 学习帮助与保护的方法：保护者站在山羊斜前方，面向练习者，两脚前后站立，当练习者撑器械后，双手握其上臂，顺势向上提起拉过器械并顺势后撤一步至落地，换至一手扶腰背，另一手扶其胸腹。

3. 学习自我保护方法：当落地不稳、身体过于前倾失去平衡时，应迅速低头团身前滚翻。切勿用手撑地，防止戳伤、骨折。

4. 有器械的分解练习。（指向目标 2）

（1）分成四个小组，在乒乓台的周围做助跑几步提臀分腿回落的练习，每人 5 次。

（2）分成四个小组，利用山羊轮流做助跑几步的提臀分腿回落练习，每人 5 次。

（3）在骨干同学帮助与保护下尝试进行完整动作练习，每人 5—6 次。

三、个人展示。在老师帮助与保护下进行完整的山羊分腿腾越动作练习，每人1—2次。(检测目标2)

评分规则：

| 优秀(100—90分) | 良好(89—75分) | 合格(74—60分) | 继续努力<br>(59分及以下) |
|---|---|---|---|
| 助跑有节奏，双脚踏跳有力，结合紧密连贯，双手撑器械，推手及时，分腿直、落地稳，动作轻松、协调。能不在老师帮助下完成。 | 助跑有节奏，双脚踏跳有力，结合紧密，双手撑器械，推手有力，分腿较直、落地较稳，动作完整，较协调。能不在老师帮助下完成。 | 助跑节奏不好，双脚踏跳，双手撑器械，落地较平稳，在老师帮助下动作基本完整，较协调。 | 助跑节奏不好，没有踏跳，不能顺利过器械，不能完成动作。 |

四、有器械的完整动作练习。(指向目标3)

1. 分成四个小组，在同学帮助保护下进行完整动作练习，每人10—15次，每轮完后轮流去当帮助与保护的同学。(图示六)

(图示六)

2. 根据易范错误的情况进行分类纠正练习。

易范错误与纠正方法：

| 易范错误 | 纠正方法 |
|---|---|
| 单脚踏跳 | 先进行上一步踏跳，再做3—5步踏跳练习。 |
| 分腿开度不符或提臀高度不够 | 1. 手撑台阶，做提臀分腿练习；2. 在山羊两侧拉一条与山羊同高度或稍高的橡皮筋，做支撑提臀分腿，脚超过橡皮筋高度的练习。 |
| 推手动作慢 | 1. 对墙推手，击掌练习；2. 手撑器械瞬间用信号(口令等)提醒。 |

3. 分层练习：按A、B、C、D分成四个小组，根据各自的能力水平选择其中一个组进行练习，每人5—10次。练习中根据学习情况力争向高一级水平挑战。(A、B、C、D分别代表优、良、合格、不合格四个水平)。

**任务四：检测与拓展**

一、能力大比拼。根据自己的能力水平选择一个组进行展示，每人5次。

（检测目标 3）



评分规则：

| 优秀（100—90 分） | 良好（89—75 分） | 合格（74—60 分） | 继续努力（59 分及以下） |
|---|---|---|---|
| 助跑有节奏，双脚踏跳有力，结合紧密连贯，双手撑器械，推手及时，分腿直、落地稳，动作轻松、协调。能不在他人帮助下完成。完成 4 次及以上。 | 助跑有节奏，双脚踏跳有力，结合紧密，双手撑器械，推手有力，分腿较直、落地较稳，动作完整，较协调。能不在他人帮助下完成。完成 3 次及以上。 | 助跑节奏不好，双脚踏跳，双手撑器械，落地较平稳，在他人帮助下动作基本完整，较协调。完成 2 次及以上。 | 助跑节奏不好，没有踏跳，不能顺利过器械，不能完成动作。完成 1 次及以下。 |

二、障碍接力游戏：

1. 听老师讲解示范游戏方法、规则。（指向目标 4）

方法：四个小组，成纵队站立，在跑动中跨过踏板，遇垫子匍匐前进，钻过山羊后快速跑回与下一位同学击掌，下一个同学迅速跑出。以遵守规则最先完成组为胜。

2. 分组进行比赛，在比赛中遵守游戏规则，注意安全。

3. 聆听老师的小结，学会在游戏中遵守规则，正确面对输赢，养成良好的体育品德。

**任务五：恢复身心，小结反思**

1. 随音乐节奏在老师带领下做放松活动。

2. 在老师提示下进行学后反思。

3. 收拾器材，下课。

设计说明：跳“背”游戏与今天所学的内容有很多相似的地方，这在一定程度上对学生助跑、双脚踏跳、越过一定高度的障碍有很好的帮助，为后面新内容的学习打下较好的心理和身体基础。学生个体不同，练习中出现的错误也不尽相同，根据出现的错误进行分类纠正练习，具有较强的针对性。分层练习部分根据学生能力差异，让学生选择适合自己的高度进行学习，充分尊重学生个性特点，同时鼓励学生超越自己，力争向高一级水平挑战，关注了个体差异，体现了因材施教的教学原则。

## 学后反思

1. 这节课,我主要是通过什么路径学会山羊分腿腾越的？目前达到什么水平？有什么经验可以分享？

2. 通过本节课的学习,对我形成超越自己、勇敢果断的意志品质有什么样的帮助？

设计说明：不只引导学生对学会了什么、怎么学会的进行反思,更引导学生对指向体育品德等意志品质进行反思,积淀学科核心素养。

## 导 读

本单元以“蹲踞式跳远”为主题，了解并分步骤学习助跑、起跳、腾空和落地四个环节。该单元共五课时，前两次课重点学习了助跑和起跳动作技术，本课是本单元中的第三次课，重点学习腾空收腹和落地缓冲，后两课则重点进行蹲踞式跳远完整技术动作练习，该五课时共同达成“掌握蹲踞式跳远技术动作，发展下肢力量和弹跳力”的单元学习目标。本学历案试图体现以下特点：一是把学历案“教—学—评一致”的思想和体育学科“学—练—赛—评”一体化的理念进行了有机融合；二是借助相应的辅助器械，把动作进行合理分解，体现了学习活动设计的进阶；三是列举了易犯错误、纠正方法和表现性评价任务，让学生从不同角度知道自己是否学会。

# 蹲踞式跳远

黄诚磊 许宗玉

## 主题与课时

人民教育出版社版小学体育与健康教材 3—4 年级全一册(第 3 课时)。

## 课标要求

1. 提高基本身体活动和完成体育游戏的能力——单脚起跳向远跳跃。
2. 坚持完成有一定困难的体育活动，并能主动与同伴进行合作与交流。

## 学习目标

1. 通过复习巩固，能熟练做出助跑起跳动作，为继续学习蹲踞式跳远完整技术中的腾空和落地技术打下良好的基础。

2. 通过借助跳箱，从高处往下跳，能初步做到起跳后向前上方跃起、两腿屈膝上提，在空中成“蹲踞式”动作，逐步克服恐惧心理。

3. 通过借助踏板，越过栏架及头顶气球的练习，能初步做出起跳腿迅速蹬地上摆与摆动腿在空中成蹲踞式，落地后能屈膝缓冲，发展跳跃能力，养成不怕困难，乐于合作交流的好习惯。

设计说明：本课时目标的确立，体现了单元整体设计的思想。本单元共计五课时，本课是第三课时，前二次课达成了单元的助跑与起跳学习目标，本次课着力解决腾空与落地的问题，为后面完整练习蹲踞式跳远打下基础，体现了课时目标围绕单元总目标开展教学的意识。目标设计上遵循了运动技能形成的规律，借助跳箱和助跳板等辅助工具让学生逐步达成该课时目标。

## 评价任务

1. 完成任务二 2。（检测目标 1）
2. 完成任务三 5。（检测目标 2）
3. 完成任务三 7。（检测目标 3）

## 资源与建议

1. 本课内容是蹲踞式跳远单元的重要内容之一，前二次课学生学习了本单元中的助跑与起跳动作，本课时的内容是前二次课的动作延伸，是为后面二次课完整学习蹲踞式跳远打下基础。

2. 本主题按以下流程进行：复习巩固助跑和起跳动作—尝试体验腾空与落地动作—学习提高腾空后的蹲踞式动作—拓展延伸蹲踞式跳远的完整动作。

3. 本课学习重点：腾空收腹和落地缓冲；难点：空中两腿屈膝上举成“蹲踞式”。通过借助跳箱，从高处往下跳，体会腾空；头顶气球，提高腾空高度和单脚起跳、越过小栏架，双脚落地来突破其重难点。

设计说明：介绍了本节课所学知识与前后内容的关联性，让学生有一个整体的知识建构；介绍了学习流程，学生明确课堂学习路径；介绍了学习的重难点及突破重难点的方法，让学生明白如何去学会。

## 学习过程

**任务一：明确目标，活动身心**

1. 成六行横队集合。了解本课学习目标，根据教师提出的问题进行思考、回答。

2. 在教师带领下，绕自然地形跑。

3. 随着动感的音乐，跟着教师的语言提示，做热身活动：

(1) 热身操。

(2) 专项准备活动：上一步，单脚起跳，双脚落地；起跳退踏跳，摆动腿屈膝上提等。

**任务二：复习巩固，自主体验**

1. 小组长带领组员复习上节课学习内容：助跑和起跳，借助(荷叶垫)踏板起跳，落入垫子。

练习3—5次，并听教师总结。(指向目标1)

2. 分组利用荷叶垫起跳，自然连贯地完成助跑与起跳动作。(检测目标1)

评价标准：(1)助跑自然；(2)踏跳时踏跳腿积极下压；(3)全脚掌快速有力地踏荷叶蹬伸起跳。

3. 分组观看有关蹲踞式跳远的教学挂图，了解蹲踞式跳远中腾空与落地的动作要领。

蹲踞式跳远

口诀：跨步飞跃体正直，后腿前摆并前腿。两腿上举靠近胸，落地挥臂伸小腿。

4. 根据提问，结合挂图内容，借助踏跳板，在小组长的带领下自主体验助跑和起跳后的腾空与落地技术动作，并展示。

**任务三：学习提高，合作探究**

1. 听讲解，看教师示范腾空与落地技术动作。

方法：起跳后完成腾空，落地前起跳腿上举与摆动腿靠拢，双腿落地后屈膝缓冲。

2. 分6个小组，学习腾空与落地技术动作，相互观察，共同提高。

3. 个别同学展示，聆听老师的总结、点评及纠错。

### 易犯错误与纠正方法

| 易犯错误 | 纠正方法 |
| --- | --- |
| 踏跳腿没蹬直、起跳腿不充分，无腾空高度 | 尝试跑几步一脚踏跳，用头处悬挂物体，起跳腿充分蹬直 |
| 落地后倒，坐地前冲，在空中未成蹲踞式 | 起跳后摆动腿屈膝上提；落地时，上提稍前压，落地时小腿前伸 |

4. 分组，在小组长带领下，借助跳箱，完成从高处往下跳的练习。（指向目标2）

5. 小组展示，其他组共同评价。（检测目标2）

评价标准：(1)身体充分蹬伸；(2)落地后身体前倾屈膝缓冲；(3)落地时身体保持平衡。

6. 分组合作学习，完成从踏跳板起跳，越过小栏架，用头顶气球的练习。（指向目标3）

7. 小组展评。小组轮流上场展示，教师点评。（检测目标3）

评价标准：(1)在空中成蹲踞式；(2)落地后小腿前伸；(3)摆动腿屈膝上提。

**任务四：拓展延伸，实战演练**

1. 听教师讲解示范跳跃不同障碍物的游戏方法及要求。

方法与要求：(1)全班分6个组进行，由小组长发令，并评判出本组同学中有几个能完整地做出蹲踞式跳远的技术动作。(2)要求每个同学做到助跑，踏板后起跳，越过栏架，腾空，并做到双腿屈膝缓冲落地。最后绕过障碍物从其右侧折回，排在队伍末端为其他同学加油助威。

2. 根据游戏规则方法，分 6 个小组进行比赛。

3. 听教师宣布比赛结果和对比赛情况的小结。

**任务五：恢复身心，小结反思**

1. 集合、散点散开。听音乐，在教师带领下进行形体放松。

2. 自评、互评。对本课学习情况进行反思。

3. 整理、归还体育器材。

设计说明：通过观看挂图建立蹲踞式跳远动作中腾空与落地技术动作的初步概念。并通过借助头顶气球，越过栏架的辅助练习进一步学习正确的腾空与落地技术动作，掌握解决重难点的方法，提高跳跃能力，为下一步学习完整的蹲踞式跳远打下良好基础，通过游戏，巩固蹲踞式跳远腾空与落地技术，体会团结协作的重要性，遇到不同障碍时能克服困难，体验成功的乐趣。

## 学后反思

1. 通过借助踏板，头顶气球的练习，能否有效促进蹲踞式跳远技术中的腾空与落地动作的掌握，有无更好的建议？

2. 通过腾空与落地技术动作的学习，对自己拥有敢于挑战困难，超越自己，勇敢果断的意志品质的培养有什么帮助？

设计说明：不只引导学生回顾动作技术的学习，更引导学生对指向体育品德等意志品质进行反思，积淀学科核心素养。

## 导读

本单元以学习原地双手胸前投篮为主要内容，共计4课时。第1课时重点学习投篮准备姿势、徒手动作和持球的初步尝试；第2课时学习、巩固完整投篮技术；第3课时进一步强化投篮技术，进行完整练习与游戏，第4课时利用前面学习的技术进行单项比赛。本设计为第1课时，是以任务为驱动，将所学技术转化为解决问题与完成任务的能力。本学历案设计凸显了以下三大亮点：一是创设了"投篮大比武"的真实任务情景，引导学生在完成任务中习得相应技能，践行学历案基于"大情境、大任务"设计学习过程的理念；二是在学习目标的制定上，将课标要求中的行为动词分解成可观察、可测评的外显行为动作，体现学历案关于目标设计的相关规范要求；三是学习活动设计严格指向学习目标，活动设计层次分明，符合学历案"教学评一致"的规范要求。

# 小篮球——原地双手胸前投篮

刘桃　魏燕

### 主题与课时

人民教育出版社版体育与健康教材3—4年级全一册(第1课时)。

### 课标要求

1. 初步掌握几项球类活动的基本方法——小篮球。
2. 在体育活动中乐于交流与合作。

## 学习目标

1. 通过看挂图、听讲解，说出并做出持球手型和站立姿势的动作方法，形成正确的投篮准备姿势。

2. 通过徒手动作练习，做出蹬地、伸臂、翻腕、拨指的动作，做到动作舒展。

3. 通过合作练习，完成投、接球练习，减少失误次数，提高在活动中乐于交流和团队合作意识。

4. 通过尝试不同高度的投篮练习，做出完整双手胸前投篮动作，提高投篮命中率。

设计说明：将课标中“初步掌握篮球活动的基本方法”的行为动词“掌握”分解为“说出、做出”等外显行为动词，将课标中的“基本方法”分解为“蹬地、伸臂、翻腕、拨指”等具体动作要领。将“乐于交流与合作”体现在小组合作练习过程中，通过相互配合减少失误次数，体会合作的重要性。落实了学习目标基于课标要求的设计理念。

## 评价任务

1. 完成任务一 5。（检测目标 1）
2. 完成任务二 4。（检测目标 2）
3. 完成任务三 3。（检测目标 3）
4. 完成任务四 2。（检测目标 4）

## 资源与建议

1. 原地双手胸前投篮是篮球基本技术之一，是前面学习双手胸前传球的升华，又是以后学习单手肩上投篮的基础，它在整个学习投篮过程中起着承上启下的关键作用。

2. 本课采用的学习流程是：持球动作及站立姿势—投篮徒手动作练习—两人投接球练习—完整动作投篮尝试。

3. 本课学习重点是蹬地、伸臂、翻腕、拨指的动作方法。难点是全身由下至上依次协调发力。通过徒手练习、徒手触碰障碍物练习，巩固双手胸前投篮动作方法。通过一人持球两人一组投接球练习、完整动作投篮尝试体会整个身体发力过程。

设计说明：通过介绍原地双手胸前投篮在整个投球技术中的重要作用，引起学生对该技术学习的重视，通过徒手练习、蹬伸触碰障碍物练习来巩固蹬地、伸臂、翻腕、拨指动作方法，掌握技术重点。通过两人投接球及完整动作尝试来体会如何协调发力，解决技术难点，练习具有很强的针对性。

## 学习过程

### 任务一：学习持球动作及站立姿势

1. 集合整队，听课堂要求和任务。

2. 慢跑过程中完成徒手操，练习滑步、交叉步、并步等基本步伐。

3. 球性练习：多种形式的球性练习。

4. 看挂图、听正确持球动作及站立姿势的讲解并自主练习，相互纠错。（指向目标 1）

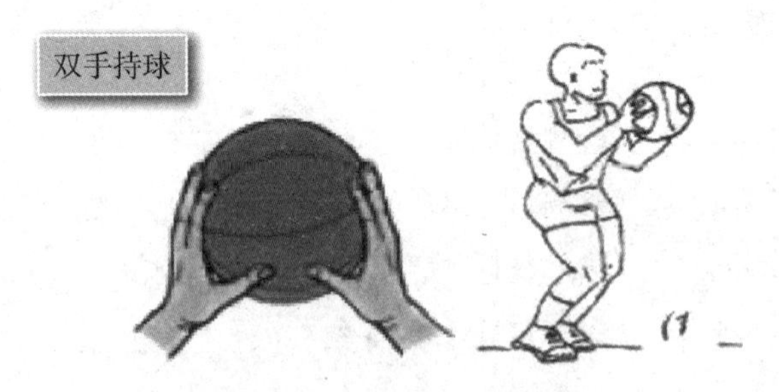


持球方法：双手五指自然张开，两拇指相对成"八"字形，用指根以上部位握住球的后侧部，掌心空出。手臂自然屈肘，双肘自然下垂，持球于体前。

站立姿势：持球站立时，两脚自然开立，脚跟稍虚，屈膝降低重心，上体稍前倾，持球于胸前。

5. 随机抽 2—4 人说出持球动作及站立姿势的关键词，两人一组，相互检查持球动作及持球站立姿势。（检测目标 1）

评分规则：

(1) 语言表述正确，能说出"八字形"、"掌心空出"、"双脚开立"、"屈膝降重心”等关键词。



(2) 做出正确的动作方法,同伴之间相互纠错。

**任务二: 练习投篮技术要领**

1. 蹬地、伸臂、翻腕、拨指动作的徒手练习。

蹬地、伸臂、翻腕、拨指的方法: 两脚蹬地,腰腹伸展,两臂上伸,手腕后仰,拇指向前压送,两手腕同时外翻,指端触碰障碍物。

2. 徒手练习 3 组,每组每人练习 4 次。(指向目标 2)

3. 2—3 人进行展示,其余小组观察、评价。

4. 5 人一组互换完成投篮徒手练习。(检测目标 2)

评分规则: 伸膝展髋,蹬地伸臂,最高点触碰障碍物。

**任务三: 掌握技术方法**

1. 认真听原地双手胸前投篮的动作方法和易犯错误的讲解。

原地双手胸前投篮动作方法: 双手持球于胸前,肘关节自然下垂(不要外展),上体稍前倾,两膝微屈,身体重心放在两脚之间,目视投篮目标。投篮时,两脚蹬地,腰腹伸展,两臂上伸,手腕后仰,拇指向前压送,两手腕同时外翻,指端拨球,用拇指、食指、中指投出,腿、腰、臂然伸直。

2. 两人一组对投练习5分钟。(指向目标3)

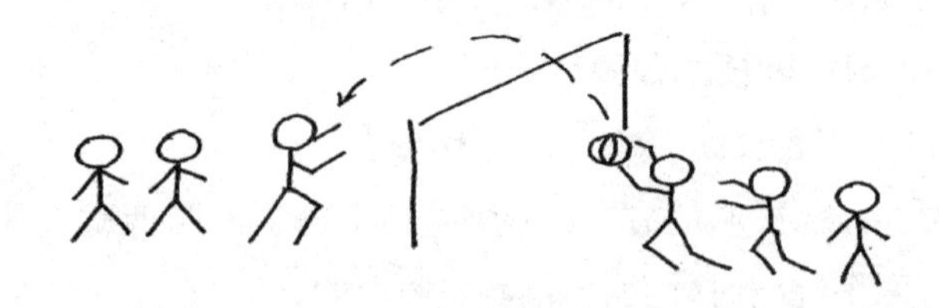

3. 两人一组,进行10次投、接球练习,记录失误次数。(检测目标3)

评分规则:

(1) 身体协调发力,在规定区域投接球。

(2) 记录掉球次数:掉5次及以上及格,掉3—4次良好,掉2次及以内优秀。

**任务四:实战投篮练习**

1. 自主选择适合自己的篮筐高度,分小组初步尝试完整投篮8分钟。(指向目标4)

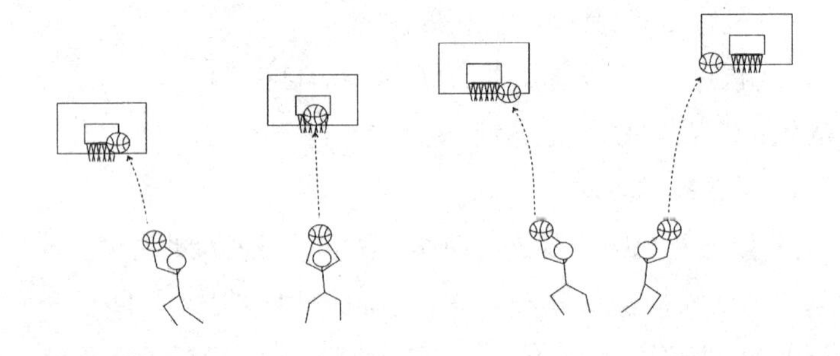

2. 两组测试,每组依次进行投篮,每人投5次,记录进球总个数。(检测目标4)

评分规则:命中4球及以上为优秀,命中2—3球为良好,命中1球为及格。

设计说明:该学习过程的设计完全基于学习目标,通过说出关键词、做出相关动作来检测持球方法和站立姿势是否正确,通过触碰最高点的障碍物检测身体充分伸展情况,通过记录失误次数检测投接球时合作练习的效果,通过记录投篮命中率来巩固完整技术动作的初步尝试,从徒手练习到持球对投练习,再到初步尝试完整技术动作,完全体现学习过程设计的进阶思想。整个学习过程中最具特色的活动设计为:设置不同高度的篮筐,照顾投篮第一课时出现的不同层次学生的实际，投篮命中后的喜悦感，更能激发他们对篮球运动的兴趣，培养学生们逐步形成终身体育锻炼的意识。

**任务五：调整与放松**

1. 在音乐伴奏下跟随老师进行放松活动。
2. 回顾本节课学习内容。
3. 收拾器材、下课。

## 学后反思

1. 在与同伴合作练习时有什么样的感受和体会？

2. 在完整试投过程中投进个数是否令自己满意？

设计说明：学后反思是引导学生完善自我建构、积淀学科素养的重要途径。第一问基于篮球是集体项目的特点，引导学生在合作意识，团队意识等体育品德素养的积淀。第二问则是引导学生养成积极锻炼，持续锻炼的体育意识，指向体育终身锻炼的核心素养。

## 导 读

本课是以一位画家为专题的美术"欣赏·评述"课，在人美版小学美术教材中是第一次出现，前几册教材中没这种形式，本课是从美术作品的欣赏变化到以画家为专题的欣赏。学习从多角度欣赏、认识美术作品，提高学生欣赏评述能力，为今后专题性欣赏奠定基础。本学历案设计力图体现三大亮点：一是学习目标设计运用学历案课标分解和目标叙写技术，将课标要求中的欣赏描述作品，分解转化为从内容、色彩、笔触等角度感受、观察、描述作品，将概括笼统的课标要求，转化成了可观察、可测评的课堂学习目标；二是根据课堂学习目标，设计了对应的学习活动及评价任务，践行了"学教评"一致的学历案设计理念；三是通过反思引导语的设计，引导学生将所学知识技能，积淀为学科素养，为美术学科"欣赏·评述"领域的有效教学，做了努力与探索。

# 画家凡·高

冯龙俊　刘群琳

### 主题与课时

人民美术出版社版美术教材四年级下册第 17 课(1 课时)。

### 课标要求

欣赏符合学生认知水平的中外美术作品，用语言或文字等多种形式描述作品，表达感受与认识。

## 学习目标

1. 通过阅读教材中的文字简介，观看相关视频，自主学习，了解凡·高的生平。

2. 通过感受、观察、分析凡·高的几幅作品，了解其绘画特点，并能从内容、色彩、笔触等角度描述作品，说出或写出自己的感受或认识，发展欣赏评述能力。

3. 通过讨论、交流，体会凡·高对艺术的热情和执着、创新的精神。

设计说明：根据课标要求及教材设计了本课学习目标，并将课标要求中的行为动词“欣赏”分解成了“观察、分析、描述、说出”等可观察、可测评的外显行为动词，学习目标中设计了“从内容、色彩、笔触等角度描述，说出自己的感受或认识”的目标，并指向发展“审美能力”的学科素养，力求体现目标的三维叙写。

## 评价任务

1. 完成任务一 3。(检测目标 1)

2. 完成任务二 3。(检测目标 2)

3. 完成任务三 3。(检测目标 2)

## 资源与建议

1. 在本课学习之前，同学们欣赏过数位艺术家作品，为开展“画家凡·高”专题欣赏活动作了铺垫，本课的学习也为今后开展专题性学习奠定基础。

2. 本课时按以下程序学习：自主学习了解画家生平→小组合学认识其绘画风格→群学交流体会画家精神→学后反思总结升华。

3. 本课的学习重、难点是从作品内容、色彩、笔触等方面说出你对作品的感受和认识，同学们可以通过阅读凡·高简介，仔细观察分析作品的表现方法，观看电影《凡·高传》片段和《流动的星月夜》视频片段等方式完成学习任务。

设计说明：介绍了本课学习和之前的画家作品欣赏与今后专题学习的关系，便于学生建立知识的整体联系。同时介绍了本课时的学习流程、重难点及突破方式，让学生对全课学习做到心里有数。

## 学习过程

**任务一：了解凡·高生平**

1. 观看与凡·高有关的“快闪”视频，找出关键词。（指向目标1）

2. 自主阅读教材第40页中关于凡·高的文字简介，然后观看相关视频介绍。（指向目标1）

3. 抢答游戏。（检测目标1）

抢答，根据书上的简介将下面内容补充完整。

①1853年，出生于______南部一个牧师家庭。

②______岁，开始作画。

③______年去世，享年37岁。

④凡·高是一位____________主义绘画大师。

设计说明：通过观看与凡·高有关的“快闪”视频，激发学生兴趣，调动学生主动参与积极性。通过阅读教材中的文字简介、观看相关视频，引导学生自主学习，知晓凡·高的生平，为欣赏凡·高作品提供背景知识。

**任务二：探究色彩特点，感受创新精神**

1. 观看凡·高早期绘画视频并欣赏他的早期作品，找出其色彩特点。（指向目标2）

2. 对比欣赏凡·高的几幅作品，感受凡·高画风的转变，了解他后期作品的色彩特点。（指向目标2）

3. 小组讨论完成下面的“选一选”01、02。（检测目标2）

01 选一选，认真观察画面，将以下正确答案的序号填在括号里。

①这些作品中大量运用了（　　）两类颜色。

A. 紫色和红色　　B. 绿色和黄色
C. 黄色和蓝色　　D. 红色和蓝色

②这两类颜色给你（　　）感觉。

A. 对比强烈，充满激情　　B. 颜色暗淡，沉闷压抑
C. 色彩浑浊，情绪低落　　D. 以上都有

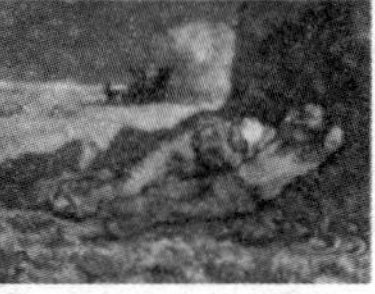

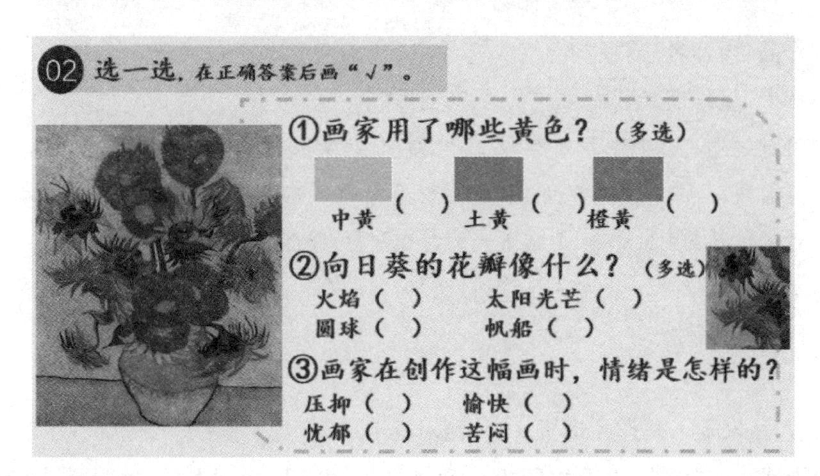


设计说明：先后设计了观察分析画面活动和两次“选一选”活动，通过学生主动参与学习，发现凡·高的绘画风格并感受其不同时期作品的色彩特点，并从中体会到画家的创新精神。

**任务三：探究笔触特征，体会情感冲击**

1. 自主观看《流动的星月夜》视频，感受凡·高作品中强烈的情感。（指向目标 2）

2. 小组讨论完成下面的“选一选”03。（检测目标 2）

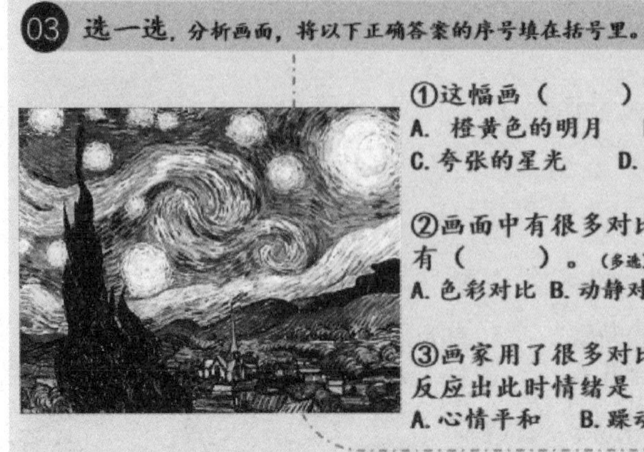


3．对比分析凡・高早期和后期画作，发现其笔触特征。完成连一连。（检测目标 2）

作品《播种者》笔触　　　　　　粗犷

作品《星月夜》笔触　　　　　　细腻

设计说明：三个学习活动，从感性到理性，突破探究凡・高作品笔触特征的难点。前两个活动，利用视频、音效、画面及教师语言创设情景，利用艺术作品的感染力对学生形成情感冲击，为接下来的对比分析，理性探究笔触特征打下基础。

## 作业与检测

1．画家凡・高作品赏析。（检测目标 2、3）

要求：选择教材上给你印象最深的凡・高作品进行赏析，填写下表，准备在全班交流。

<table>
<tr><td colspan="3">我选择介绍凡・高作品：《　　　　　》，该作品创作完成于________年。</td></tr>
<tr><td colspan="3">对作品的第一印象是：</td></tr>
<tr><td colspan="3">作品表现的内容是：</td></tr>
<tr><td colspan="3">在以下表格中所选项上画“√”，可多选。</td></tr>
<tr><td>画中主要以</td><td>红□　黄□　蓝□　橙□　绿□　紫□</td><td>等色彩为主。</td></tr>
<tr><td>画中色彩</td><td colspan="2">明快□　灰暗□　鲜艳□　浓重□　偏暖□　偏冷□</td></tr>
</table>

续 表

| 画中笔触 | 粗犷□　奔放□　细腻□　扭曲□　清晰□<br>模糊□　有序□　凌乱□　怪异□ |
| --- | --- |
| 感受到的情绪 | 愉快□　平静□　舒心□　激动□　压抑□　害怕□ |
| 作品特点体现在 | 色彩□　笔触□　情绪□ |
| 通过对凡·高生平的了解和作品的赏析，感悟到他的什么精神？ | |

2. 在几位画家的作品中，找出凡·高的作品，并说出理由。（检测目标 2）

设计说明：学生自主选择凡·高绘画作品欣赏，并利用搭建学生学习的梯子——“学习表”让学生填写，引导学生从内容、色彩、笔触等方面描述绘画作品。找出凡·高的作品，并说出理由，力求引导学生用个性化的语言表达对作品的独特认识和感受，达成学习目标。

## 学后反思

1. 通过本课学习知道如何对画家凡·高作品进行欣赏了吗？

2. 从凡·高的人生经历及其作品中，有哪些感悟和体会？

## 导 读

本单元以“中国画”为主题，分花鸟、山水、人物三大题材进行中国画学习，本课是花鸟题材，学习重点为“破墨法的学习与运用”，与后面山水和人物的学习联系密切。在中国画学习中笔墨的运用和对不同题材的内容进行表现为本单元的学习重点。本学历案设计力图体现三大亮点：一是作为“造型・表现”领域的一个内容，关注学生国画知识技能的习得和落实；二是设计对比欣赏、练笔、临创渐进性学习过程；三是保证学生绘画实践的时间与空间，提供自主探索、个性表现的机会，达到真学习、深度学习。

# 花鸟画(二) 猫头鹰

张鑫

### 主题与课时

人民美术出版社版美术教材五年级下册第14课(1课时)。

### 课标要求

运用线条、形状、色彩、肌理、空间等造型元素，以描绘的方法，选择合适的工具、媒体，记录与表现所见所闻、所感所想，发展美术构思与创作能力，表达思想与情感。

### 学习目标

1. 通过观看视频，说出猫头鹰的外形特征，树立“鸟不离卵”的画法意识。

2. 通过摄影作品和绘画作品的对比，探究中国画的墨破色、浓破淡的方法，通过自主练习和示范初步掌握墨法中的墨破色、浓破淡的运用。

3. 运用中国画的不同笔法和不同浓淡、干湿的墨色，创作一幅猫头鹰小品，从中感悟中国画的艺术魅力，并借助笔墨表达自己的情感。

设计说明：将课标中“探索不同的创作方法、发展个性的表现能力”要求，落实为看视频、作品对比、临创小品等可操作、可观察、可评价的行为。

## 评价任务

1. 完成任务一 3。（检测目标 1）
2. 完成任务二 3。（检测目标 2）

## 资源与建议

1. 本课是在“花鸟画（一）”——“花”的画法学习基础上继续深入学习花鸟画中“鸟”的表现的中国画课程，本课的学习也为下节课学习“山水画”作铺垫。通过“花鸟画（二）”的学习，使学生进一步了解了中国画的绘画技法，能加深对中国传统艺术中国画的了解。

2. 通过观察分析了解猫头鹰外形、探究学习技法要领、观看示范强化认识、创作实践的路径开展学习活动。

3. 本课的重点是掌握墨破色、浓破淡的中国画技法，可以通过看视频、对比作品、猫头鹰临创等方式来掌握基本技法要领。

设计说明：介绍了本课内容与中国画的关系，以及其在中国画中的地位，帮助学生建立知识体系。通过学习重点、难点及突破方式的介绍，让学生对这节课学什么、怎么学、学到什么程度做到心里有数。

## 学习过程

课前准备：

软卡宣纸 2 张、毛笔、中国画颜料、小水桶、餐巾纸。

**任务一： 整体认知，了解猫头鹰外形**

1. 看视频，说一说猫头鹰有哪些生活习性？

2. 阅读教材第 32 页内容，观察下图，说一说猫头鹰的外形。（指向目标 1）

3. 用简练的线条画出猫头鹰外形。(检测目标 1)

设计说明：无论是观看视频，还是观察图片，都是为了引导学生了解猫头鹰的外形特征。用简练的线条画出外形也是为后面的作品创作奠定基础。

**任务二：探究练习，学习技法要领**

1. 观察上图，在小组内说一说画家在表现猫头鹰时用笔、用墨有哪些变化。(指向目标 2)

小组内说一说用笔的变化。

小组内说一说破墨法的表现。

2. 尝试用中侧锋用笔和枯笔的表现方法在宣纸上进行练习。(指向目标 3)

3. 用浓破淡、墨破色的方法在宣纸上进行练习。(检测目标 2)

4. 小组内展示自己的练习，并说说用笔方法。(指向目标 3)

设计说明：破墨法的使用是本节课的重点内容，是中国画的重要表现技法之一，为了发挥学生的主体性，让学生从大师作品中找用笔用墨的方法，并给学生尝试练习的时间与空间，让学生去自主探索，领悟用墨用笔的方法。

**任务三：观看示范，强化认识**

1. 看老师示范画猫头鹰。（指向目标2、3）
2. 与同桌同学说一说画猫头鹰的步骤。（指向目标2、3）

## 作业与检测

艺术实践，创作表现：

运用基本的用笔、用墨、用色方法，在宣纸上创作一幅猫头鹰小品。（检测目标3）

完成后在小组内展示。

全班展评优秀作业。

## 学后反思

1. 通过本节课的学习，自己能够运用哪些中国画用笔、用墨方法来表现猫头鹰？

2. 自己是通过什么方式学会中国画技法中的墨破色、浓破淡技法的？

## 导 读

“垃圾分类好处多”是针对四年级学生开发的综合实践活动课程。本开题课学历案的设计力图实现四大功能：一、用调查表、计划表作为学习任务，将《指导纲要》中的“主题说明”转化为核心活动，引导并维持学生研究“垃圾分类”的兴趣；二、将“分享交流”“提出问题”“筛选界定”等活动组织串联，助力学生研究主题的转化；三、依据问题、兴趣的同一性，指导学生参建小组、分工协作并制定活动实施计划，使得学生能充分体验合作的价值；四、适时运用“评价标准”，使活动内容始终与学习目标保持一致，从而关注和促进学生综合素质的形成。

# 垃圾分类好处多

熊书廷

## 主题与课时

四年级综合实践活动课程开题课(1课时)。

## 中小学综合实践活动课程指导纲要要求

1. 责任担当：围绕日常生活开展服务活动，能处理生活中的基本事务，初步养成自理能力、自立精神、热爱生活的态度，具有积极参与学校和社区生活的意愿。

2. 问题解决：能在教师的引导下，结合学校和家庭生活中的现象，发现并提出自己感兴趣的问题。能将问题转化为研究小课题，体验课题研究的过程与方法，提出自己的想法，形成对问题的初步解释。

## 活动目标

1. 在老师的指导下，通过调查和分享身边“垃圾分类”正反案例，从中提出自己感兴趣的问题，训练调查、访问、查阅资料、敢于表现的能力，提升积极参与学校和社区生活的意愿，为成长为合格小公民做好准备。

2. 在老师的协助下，将感兴趣的问题转化为研究的小主题，体验小主题形成的过程和方法，并能对自己的主题做初步解释分享。

3. 选择自己感兴趣的小主题，相同主题的同学成立活动小组，通过小组合作完成活动计划，能勇于承担小组分配给自己的活动任务。

设计说明：本课三个学习目标，旨在引导学生对“垃圾分类”问题的关注，注意从身边的事情和现象中收集资料、发现问题，进而生成小组活动小主题，初步完成活动方案。三个目标是对《指导纲要》中责任担当和问题解决目标的具体化，采用学生能理解的语言表述，让学生明确自己的活动任务。

## 评价任务

1. 完成课前活动 5。（检测目标 1）
2. 完成任务一 2。（检测目标 2）
3. 完成任务二 3。（检测目标 3）

## 资源与建议

1. 本次活动是“垃圾分类好处多”的开题活动，把开题活动做好了，能帮助学生更好地开展后面的实践研究活动。这次活动要用到三年级开展综合实践活动的观察、访问等方法。

2. 这次活动可以按照“实地考察收集资料—汇总资料寻找问题—选择问题确定主题—制定计划准备行动”的顺序开展探究。

3. 这次活动的重点是确定自己的研究小主题，可以认真分析自己收集的资料，发现问题，将自己感兴趣的问题转化为研究小主题，再完成活动计划的制定。如何将感兴趣的问题转化为研究小主题是研究活动的难点，突破的关键在于：将过难和过易的问题筛选去掉，界定问题的价值，选择有价值的问题开展研究。

4. 本次活动能在老师和同学的帮助下确定自己的研究小主题，制定活动计划就达成了目标；能自己确定有价值的研究小主题，制定活动计划就是优秀。

设计说明：综合实践活动的开展必须充分体现自主性、实践性和开放性，“资源与建议”的设计为学生简单介绍了活动内容、作用以及要用到的方法，明确活动开展的顺序，对于活动的重点和难点，给学生提供突破的方法，并对如何开展活动，尤其是如何生成小组活动小主题提出了学习建议，有利于学生做好学习准备。同时，为学生提出了评价建议，供学生来判断自己的学习情况。

## 活动过程

**课前活动：开展社会调查实践**

1. 小组内讨论：如何有效地开展“垃圾分类好处多”调查活动？（指向目标 1）

2. 制定调查计划，以小组为单位开展调查活动。（指向目标 1）

走出教室，到校园、到社区、到街道等地方开展调查活动，通过观察、询问、访谈等，了解垃圾分类的情况，每人收集 2—3 个垃圾分类的事例。

3. 填写完成“垃圾分类”调查表。（指向目标 1）

**“垃圾分类”调查表**

小组评价

<table>
<tr><th colspan="2">调查的案例简介</th><th colspan="2">我的感想和问题</th></tr>
<tr><td colspan="2"></td><td colspan="2"></td></tr>
<tr><td colspan="2"></td><td colspan="2"></td></tr>
<tr><td colspan="2"></td><td colspan="2"></td></tr>
<tr><td>调查方式</td><td></td><td>调查人</td><td></td></tr>
<tr><td>填表说明</td><td colspan="3">1. 我们能用调查、访问、查阅资料等方法调查了解有关“垃圾分类”正反案例；<br>2. 完成调查表我们可以个人和同学合作完成；<br>3. 这是老师设计的调查表，也可以修改调整成自己喜欢的样式哦！</td></tr>
<tr><td>评价标准<br>（满分 5 分）</td><td colspan="3">1. 案例调查必须亲身经历（2 分）；<br>2. 记录简洁明了（1 分）；<br>3. 提出自己感兴趣的问题（2 分）。</td></tr>
</table>

4. 小组内相互交流调查情况。(指向目标 1)

在小组长的带领下,每位同学交流自己的《“垃圾分类”调查表》,其他同学认真听同学的发言,准备按评价标准的提示做评价发言。

5. 依据评价标准,完成小组评价。(检测目标 1)

设计说明:学生的调查活动最需要的是方法的指导。课前活动的设计引导学生在调查前先思考怎样开展调查更有效,拟定调查计划;提供调查表,提示调查方法,让学生明白按怎样的顺序进行调查,明白要做什么和怎么做。这样的调查活动才会是有效的。学生独立完成调查表,开展互动交流和小组评价,分层递进达成活动目标。

**任务一: 确定研究小主题**

1. 分享调查活动成果。(指向目标 2)

(1) 自己回顾课前调查活动成果,并提出两个自己感兴趣的问题,准备在小组内交流解释自己的问题。

(2) 小组内,同学之间交流解释自己的问题。

2. 将自己的问题转化为研究小主题。(检测目标 2)

(1) 想一想,按“过难和过易的筛选、有无价值的界定”对自己提出的问题进行筛选。

(2) 想一想,将自己的问题改写成研究的小主题。

3. 小组按“评价标准”开展评价活动。(指向目标 2)

评价标准(满分 5 分):

(1) 能主动地按标准筛选问题;(3 分)

(2) 会按课题格式撰写研究小主题。(2 分)

设计说明:活动引导学生回顾调查成果,以小组为单位分享、交流、解释自己提出的问题,通过筛选生成小组活动研究主题,学生在活动过程中,明白要做什么和怎么做,有助于提升学生的综合能力;通过评价有利于学生提出有价值的小组活动小主题的意识的形成,能逐步提升学生的问题意识。

**任务二: 制定主题研究活动计划**

1. 按自己的兴趣,主动参与到一个研究小组中。(指向目标 3)

2. 商讨分工负责。(指向目标 3)

(1) 小组研究商量选出组长,在组长带领下,根据小组成员自己的长处,做出恰当的分工。

(2) 在小组长的组织带领下,制定好活动步骤。

3. 根据大家的建议,填写完成我们小组的活动计划表。(检测目标 3)

**小组“垃圾分类好处多”综合实践活动计划表**

<table>
<tr><td>小组名称</td><td></td><td>小组活动课题</td><td></td></tr>
<tr><td>活动形式</td><td colspan="3"></td></tr>
<tr><td>成员</td><td>姓名</td><td colspan="2">分工(任务)</td></tr>
<tr><td>组长</td><td></td><td colspan="2"></td></tr>
<tr><td rowspan="4">组员</td><td></td><td colspan="2"></td></tr>
<tr><td></td><td colspan="2"></td></tr>
<tr><td></td><td colspan="2"></td></tr>
<tr><td></td><td colspan="2"></td></tr>
<tr><td>活动步骤</td><td>活动时间</td><td colspan="2">主要任务</td></tr>
<tr><td></td><td></td><td colspan="2"></td></tr>
<tr><td></td><td></td><td colspan="2"></td></tr>
<tr><td></td><td></td><td colspan="2"></td></tr>
</table>

4. 按“评价标准”开展小组评价活动。(指向目标 3)

评价标准(满分 5 分):

(1) 能够按同学的兴趣或长处进行分工;(2 分)

(2) 能够制定出活动的步骤。(3 分)

设计说明:制定主题活动计划是小组活动前必须的准备工作,通过小组合作,大家设计完成小组活动计划,其中分组、分工培养学生的责任意识,设计完成要做什么和怎么做的计划能提升学生的综合能力;通过评价小组合作情况,能有利于学生完善小组活动计划,抓住计划的重点,在活动中培养学生的合作意识和合作能力。

## 学后反思

1. 在这次活动中,用到的收集资料的方法有________,其中效果最好的方法是________。

2. 我筛选出的活动主题是"________",我筛选主题的过程是:

→ → →

3. 我这次在小组活动中的分工任务是"________",完成这项任务我打算这样做:

设计说明:本课学后反思的重点是,关注学生在实践活动中调查方法的使用和优化,关注学生活动的过程,关注实践活动的自我规划,旨在让学生在潜移默化中掌握开展综合实践活动的方法,学会发现问题、分析问题、将问题转化为研究小课题,体验课题研究的过程、方法,从而培养学生的综合素养。

## 导 读

本课题是综合实践活动实施阶段的中间环节，旨在让学生通过交流解决在资料收集过程中遇到的问题与困难。本学历案设计将《指导纲要》要求细化为“提出困难、语言交流、提出想法、完善方案、制定措施”等阶段，以“垃圾不分类的危害”为话题，以小组合作学习、交流群学的形式，让学生在发现问题、求解问题、制定措施的具体行动中，发展社会责任、实践能力等综合素质。

# 资料收集

曾晓伟

### 主题与课时

四年级综合实践活动课程中期交流(1课时)。

### 中小学综合实践活动课程指导纲要要求

1. 通过亲历、参与活动，理解并遵守公共空间的基本行为规范，初步形成集体思想、组织观念。

2. 能在教师的引导下，体验课题研究的过程与方法，提出自己的想法。

3. 运用常见、简单的信息技术解决实际问题，服务于学习和生活。

### 活动目标

1. 通过小组成员对前期资料收集活动情况的交流，学会对前阶段活动情况的梳理，能提出自己在活动中遇到的困难，并用规范的语言进行交流，提升语言表达能力，初步发展集体主义思想和组织观念。

2. 通过展示小组最需要解决的困难，在全班交流中得到启发，获得解决困难的方法，能利用已有的知识经验和活动经验，提出自己的想法，解决其他小组遇到的困难，发展分析问题与解决问题的能力。

3. 通过对众多解决困难的方法的整理，能结合本小组的实际情况，不断完善小组活动方案，制定出本小组解决困难的措施，在后阶段的活动中加以实施，感受到集体智慧的力量，发展互助学习的意识。

设计说明：三个学习目标，以学生能提出在开展综合实践活动的资料收集过程中自己遇到的困难为起点，由易到难，层层递进，旨在通过交流、分享、碰撞、合作获得解决资料收集中的困难和问题的方法，学习目标可观测，可评价。

## 评价任务

1. 完成任务一。（检测目标 1）
2. 完成任务二 2。（检测目标 2）
3. 完成任务三 3。（检测目标 3）

## 资源与建议

1. 本次“资料收集”中期交流活动是综合实践活动实施阶段中的内容，通过前期的小组分工、活动方式的确定，我们开始了考察探究，但在考察探究的过程中，遇到了许多困难，通过这次课的学习交流，能帮助我们找到解决问题和克服困难的方法，保证后期实践活动的顺利进行。

2. 这次学习活动的重点是探究用恰当的方法，解决活动中遇到的困难，将主要通过讨论交流的活动形式，先在小组内交流讨论，提出自己遇到困难，尝试在小组内解决，如果不能解决，再在全班进行交流讨论，广泛听取老师和同学们的建议，制定出解决困难的措施。

设计说明：为学生介绍了这次活动在综合实践主题活动中所处的地位和作用，明确学习的重点及学习的过程和方法，让学生明确自己的学习任务，并知道达成了学习目标的状态是怎样的。

## 学习过程

**学习准备**：前阶段活动的小组课题，资料收集及小组实践活动情况交流记录单(一)、(二)。

**任务一：梳理实践活动中遇到的困难（指向目标 1/检测目标 1）**

1. 读下面的事例，先想一想自己的活动过程，再填空。

**实践活动事例**：为了研究“垃圾不分类的危害”，陶淘和同伴去书店查阅资料，走进书店看到琳琅满目的图书，却不知道应该到哪个区域寻找相关的书籍，结果忙碌了一下午，却一无所获。

我的活动任务________，活动地点________，活动结果是________；陶淘在资料查阅收集活动中遇到了困难，我在资料收集活动中遇到的困难是________，最后通过________方法克服了(或没有克服)困难。

2. 把自己的资料收集活动情况与同组的小伙伴说一说，小组记录员做好记录，认真填写“小组资料收集实践活动情况交流记录单(一)”。

**小组资料收集实践活动情况交流记录单(一)**

小组名称：________

| 小组课题 | | | |
|---|---|---|---|
| 小组成员 | 活动任务 | 活动地点 | 遇到的困难 |
| | | | |
| | | | |
| | | | |
| | | | |
| | | | |
| | | | |

3. 小组讨论，选出最需要解决的困难(1—2 个)，并用水彩笔写在卡纸上。

| 小组名称： |
| --- |
| 小组课题： |
| 我们需要解决的困难： |
| 1. |
| 2. |

设计说明：通过事例的阅读，让学生回想自己资料收集的过程，能找出资料收集活动中遇到的困难，并通过小组交流的形式，确定资料收集中最需要解决的困难，让每个学生都能参与讨论交流，有助于提高思维能力、分析能力、语言表达能力，进而达到梳理并提出问题的学习目标。

**任务二：探究解决困难的方法**

1. 再次阅读事例，大家一起帮陶淘想办法。先自己写一写，再同桌交流。(指向目标2)

研究“垃圾不分类的危害”，陶淘遇到的困难是“不知道从哪些书籍中去查阅资料”。有什么方法可以帮助他呢？

2. 各小组把困难卡纸展示到黑板上，大家看一看、想一想，对哪一个困难，自己有解决方法，并用下面的“交流语言建议”说一说自己的方法：(检测目标2)

交流语言建议：针对困难，我觉得可以______________________________。

设计说明：通过展示自己小组资料收集过程中遇到的困难，看其他小组遇到的困难，根据自己已有的经验，在交流中提出自己解决此困难的方法，进一步提高学生联系实践活动情境分析问题和解决问题的能力，达成目标要求。

**任务三：优选解决问题的方法**

1. 记录整理其他小组同学提出的解决方法，想一想在这些方法中，哪个方法最有效，如果还有疑问再进行询问。(指向目标3)

2. 自己还有什么更好的方法帮助其他小组，请再到相应的小组去进行交

流，提出自己的建议。（指向目标 3）

3. 汇总老师、同学给自己小组提出的方法建议，在组长的带领下，小组内交流制定解决问题和困难的措施，并完成“小组资料收集实践活动情况交流记录单(二)”。（检测目标 3）

**小组资料收集实践活动情况交流记录单(二)**

小组名称：________

| 小组课题 | |
|---|---|
| 遇到过的困难 | 解决方法(措施) |
| | |

设计说明：根据大家提出的方法，在小组内反复交流、讨论中，筛选制定出解决困难的措施，以便在后面的小组课题研究实践活动中应用这些措施去克服自己遇到的困难。一方面可以检测学生前两个学习活动的参与程度和学习效果；另一方面能促进学生真正找到解决自己困难的方法，逐步形成问题解决的意识，提高问题解决的能力。

## 学后反思

1. 通过这次讨论、交流学习活动，我在实践活动资料收集中遇到的困难，有如下解决的方法？最实用的方法是？

2. 我对其他小组的资料收集中遇到的问题，提出过什么建议？这个建议好在哪里？其他小组采纳了吗？

设计说明：对学习活动的反思能不断增强学生参与综合实践活动的积极性，学后反思中两个问题的设计，引导学生从学习结果的多个侧面进行反思，给学生提供学后反思的方向；从活动中自己提建议的情况进行反思，让学生对自己在活动中的表现有一个比较客观的评价，增强参与活动的自信心和责任感。

# 第三部分

# 初中学历案精选

学历案设计如何实践“基于课标设计清晰的学习目标，指向目标设计相匹配的评价任务、目标导向设计精准的学习过程……”等理念……，本章选编的初中段各学科学历案，努力践行学历案设计理念，为学历案实践提供样例，为学历案深化研究和优化改进提供标靶。

## 导 读

本单元围绕社会主义核心价值观中社会层面的“自由、平等、公正、法治”，从宪法角度，揭示法治与自由平等、公平正义之间的内在联系。本课时围绕“自由”主题，以“是什么”“为什么”为学习逻辑展开，为下一课时“怎么做”做好铺垫。为较好地突破“法理性强”这一教学难点，本学历案在编写过程中，一是遵循目标导向意识。基于课标和教材分解“自由”这一核心概念，通过“概括”“剖析”“辨析”3个行为动词，清晰呈现具体可评的学习目标，保证了后面的课堂活动、学习评价有的放矢、由浅入深。二是力求情境创设真实、生动。将抽象的说理具象为学生身边的真实案例情境，设计层层递进的问题，启发学生透过现象认识本质，让科学精神、法治意识、公共参与等学科核心素养有效落地。

# 无法治不自由

李霜玉

## 主题与课时

人民教育出版社版道德与法治教材八年级下册第四单元第七课第一框(第1课时)。

## 课标要求

1. 树立规则意识、法制观念，有公共精神，增强公民意识。(2011版《义务教育思想品德课程标准》)

2. 以社会主义核心价值观为引领，普及法治知识，养成守法意识。(《青少年法治教育大纲》总体目标)

## 学习目标

1. 通过情境、案例分析，能概括自由对个人和社会的价值，感受拥有自由的美好。

2. 通过对热点时事分析，结合个人生活实际，能剖析自由的内涵，提高理论联系实际能力和归纳分析能力。

3. 通过小组合作探究，体悟并辨析法治与自由的关系，提高辩证分析能力，认同法治是实现自由的保证，树立法治意识。

设计说明：本课时3个学习目标的确立主要依据课标和《青少年法治教育大纲》相应要求。要将"自由"这个较为抽象的社会主义核心价值观理念让学生理解并上升为一种"法治的价值追求"，需要一个由浅入深的学习过程。因此，学习目标通过对"自由"这一核心概念的剖析，将其分解为概括并感受自由的意义和价值，剖析自由的内涵，及辨析法治与自由的关系，最终实现发展法治意识和公共参与等学科核心素养。

## 评价任务

1. 完成任务一中的3，(检测目标1)

2. 完成任务二中的2.(4)，(检测目标2)

3. 完成任务三中的2.。(检测目标3)

## 资源与建议

1. 本课是本单元第一课时。本单元的学习逻辑是"是什么""为什么""怎么做"，第七课"尊重自由平等"共2课时，本课学习的是第1课时，主要围绕是什么、为什么展开，为接下来要学习的"践行自由平等"打下基础。

2. 本课学习流程：理解自由的价值—掌握自由的内涵—辨析法治与自由的关系。

3. 本单元学习重难点：自由的内涵；法治与自由的关系。你可以利用老师提供的情境案例分析，结合自身经验，通过小组合作探究、交流分享等活动，实现重难点的突破。还可以观看《法治中国》等电视记录片，拓宽视野，加深对本课的认识。



设计说明：本部分首先介绍了本单元内容的编排逻辑也是学习逻辑，便于学生建构知识网络，有效帮助学生总结学习方法。同时，指明了本课时学习流程、重难点及其突破方法，便于学生自主学习。

## 学习过程

### 学习任务一：理解自由的价值

1. 音乐视频：中国内地音乐组合“羽泉”早期有一首著名歌曲“奔跑”，其中一句歌词：“随风奔跑自由是方向，追逐雷和闪电的力量。”

说一说：这句歌词表达了一种怎样的情感？（指向目标 1）

2. 材料一：知名企业阿里巴巴历来重视企业文化建设，“阿里人”（员工）被视为最重要的资源。在阿里，奉行这样一种“自由”原则，公司鼓励员工自由创作，只要有好的想法和创意就可以提交到阿里的项目委员会，经过审批之后，员工就可以放手去做，充分满足了员工的施展空间和创新冲动。

想一想：以上材料中阿里巴巴奉行的这种“自由”原则带来的价值是什么？（指向目标 1）

3. 写一写：阅读教材第 97 页正文第 2 自然段，完成下列图表：（检测目标 1）

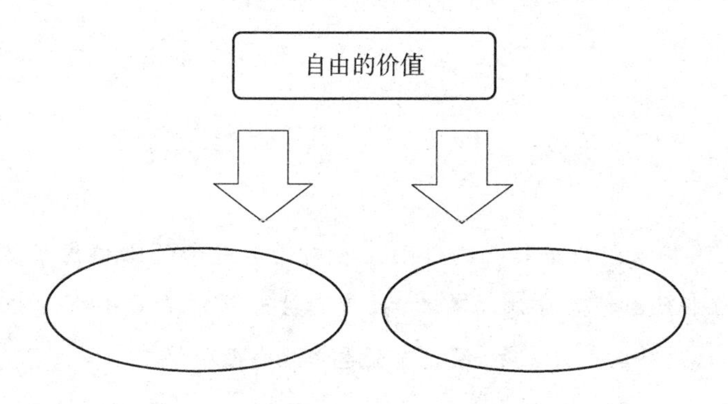

设计意图："说一说""想一想""写一写"三个学习活动，遵循由感性认识到理性认识的认知规律，创设情境，概括自由对个人和社会的价值，体会自由的美好。通过"写一写"环节，将本课重要观点落实到笔头，同时检测学习目标1是否达成。

**学习任务二：掌握自由的内涵**

1. 比一比：法律规定的公民基本权利中，我们学过哪些涉及公民自由的权利？(指向目标2)

评价标准：以小组为单位进行大比拼，时间1分钟。列举4个以上小组加2分，3个加1分，3个以下不得分。

2. 小组合作探究。(指向目标2)

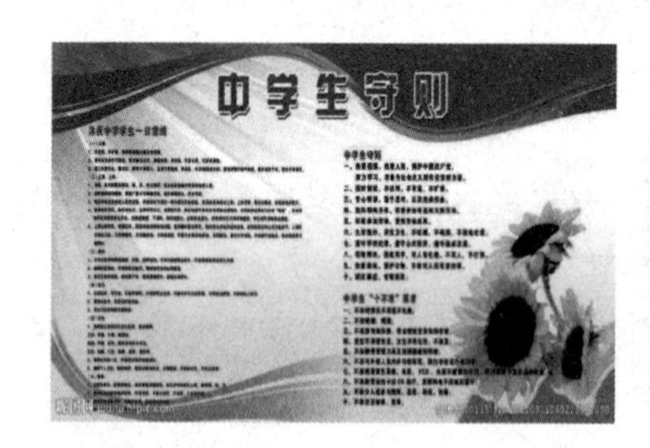

思考、交流分享：(1)以上两幅图片说明什么？联系自己生活，身边还有哪些行为受限制的情况？

(2) 试想一下：如果生活中没有这些限制，结果会怎样？

材料二：羽泉组合成员之一陈羽凡在自由奔跑的路上偏离了轨道。2018年11月，陈羽凡因涉嫌非法持有毒品、吸毒被北京市石景山公安分局依法拘留，责令其接受社区戒毒三年，演艺事业也因此全面叫停。

材料三：2019年3月30日，四川省凉山州木里县发生森林火灾，31名救火英雄遇难。在网上的一片悼念痛惜声中，一名为“龙卷风等你”的网民在网上发布侮辱救火英雄的不道德言论，造成负面影响。目前，这名违法人员尹某某已在福建泉州被抓获。

(3) 上述两则案件给我们哪些启示？

(4) 归纳：自由的内涵是＿＿＿＿＿＿＿＿＿＿＿＿＿＿＿＿＿＿＿＿＿＿＿＿＿＿＿＿＿＿＿＿＿＿＿＿＿＿＿＿＿＿＿＿＿＿＿＿＿＿＿＿＿＿＿＿＿＿＿＿＿＿＿＿＿＿＿＿＿＿＿＿＿＿＿＿＿＿。(检测目标2)

设计意图：通过小组竞赛的形式回顾旧知，发现前后知识之间的联系，激发兴趣活跃课堂气氛。通过这一环节，让学生知道自由首先是法律规定的某些权利，是公民可以享有和正当行使的。再通过紧密联系学生生活、联系时事，创设情境，以层层递进的问题设计，帮助学生进一步认识到无论是现实世界还是虚拟世界，自由都是受限制的，没有绝对的自由。最后的归纳环节将本课的重点知识进行梳理概括，过手落实。

**学习任务三：辨析法治与自由的关系**

1. 阅读教材第98页“相关链接”，齐读《宪法》及相关法律的规定，就提供的情境材料，小组合作探究下列问题。

材料四：2012年9月，日本政府非法购买“钓鱼岛”事件引起我国国民愤怒，多个城市发起了民众保钓行动，并爆发了抗议游行示威。游行过程中，少数不法分子混入其中，出现了针对日本产品和日本企业的打砸烧行为。这些具有暴力倾向的偏激行为，对社会秩序和人民生命生产安全造成了严重影响。

思考：既然宪法规定了公民享有集会、游行、示威等自由，为什么又要对此进行约束和限制呢？二者之间是否存在矛盾？为什么？(指向目标3)

2. 总结：法治与自由的关系：＿＿＿＿＿＿＿＿＿＿＿＿＿＿＿＿＿＿＿＿＿＿＿＿＿＿＿＿＿＿＿＿＿＿＿＿＿＿＿＿＿＿＿＿＿＿＿＿＿＿＿＿＿＿＿＿＿＿

________________________________________________________________

________________________________________________________________

____________________。(检测目标 3)

设计说明:本环节是在学生已经理解自由是受限制的基础上,进一步厘清法治与自由之间的关系。在教学资源的选取上,并不回避政治性强的热点问题,而是在教师的引导下,通过小组合作探究,认识现象背后的本质,落实科学精神、公共参与、法治意识等学科核心素养的培育。

## 检测与作业

### 一、基础巩固

1.“海阔凭鱼跃,天高任鸟飞”,表达了人们对于自由的无限向往。拥有自由能(　　)。(检测目标 1)

①无拘无束,不受限制　②享有一切权利　③增强人的幸福感　④激发人的创造力

A. ①③　　B. ②④　　C. ③④　　D. ②③

2. 2018 年,全国法院集中向“失信被执行人”宣战,成都人民法院更是在失信被执行人限制高消费的基础上进行机制升级。“老赖”躲债,法院和警方构建查控机制,经审批后,警方可对“老赖”开展临时布控;法院还可以发悬赏保险,鼓励群众举报“老赖”行踪;甚至,成都人民法院还联合教育部门出台措施,失信被执行人子女禁止就读高收费私立学校。这说明(　　)。(检测目标 2、检测目标 3)

①自由离不开法律的规范和保障　②法律范围内可以绝对自由　③违反法律可能失去自由　④国家在积极完善制度守护正义

A. ①②③　　B. ①③④　　C. ①②④　　D. ②③④

3.“自由快乐之人,必是敬畏法度之人;敬畏法度之人,多是严以自律之人。”这告诉我们(　　)。(检测目标 2、检测目标 3)

①法治既规范自由又保障自由　②法治会让人们失去更多自由

③自由的实现不能碰触法律的红线　④严以律己的人能享有真正的自由

A. ①②③　　B. ②③④　　C. ①③④　　D. ①②④

## 二、提高拓展

1. 信息科技的发展助推了网络时代的到来。在网络空间，每个人都是言论自由者，不受身份、姓名、年龄、职业、时间和地点等任何限制，任何人随时随地都可以传递自己的信息、发表自己的看法、转发别人的动态、评论时下的热点，但是网络自由的背后是公共责任与法律底线。

结合材料，请谈谈你对“网络自由的背后是公共责任与法律底线”这句话的理解。（检测目标 3）

2. 拓展阅读。（检测目标 2）

论自由

自由究竟是什么？

是不是意味着有权为所欲为，甚至可以损害别人，比方说盗窃和杀人呢？

不！法律禁止这样做！

是不是自己有权不做自己不愿意做的事情，比方说可以任意不纳税？

不！法律规定你必须做这些事情！

是不是说自己有权在大热天一丝不挂地走在街上呢？

不！风俗习惯不允许你这样做！

是不是说自己有权对人忘恩负义呢？

不！社会舆论谴责这种行为！

是不是说自己有权随意吃喝或者拒绝饮食呢？

不！自然规律不允许你这样做！

——摘自埃蒂耶纳·卡贝《伊加利亚旅行记》

通过对上述材料的理解，你对自由的内涵有了哪些更深的认识？

### 学后反思

请运用本课中学到的知识，试着评析一件热点事件或一个社会现象。

设计说明：基于引导学生从“学会”走向“会学”，从知识本身走向能力素养而设计对现实生活中的现象进行评析，帮助学生在真实情境中发现真问题，解决真问题。

## 导读

本单元以“友谊”为主题，从现实交友过渡到“网上交友”的探讨，旨在引导学生合理利用互联网等传播媒介，慎重结交网友。本学历案在设计上注重了对课标的分解，将课标“合理利用”这一行为分解为“归纳、辩证分析”等，让学习目标具体、可检测；凸显了学习过程情境性的学科特点，以初中生“小梅网上交友”的一个故事串联整个学习活动，设计“加网友、见网友”等情境，引导学生从理性层面认识网上交友的特点，辩证分析网上交友的利与弊；关注了学科核心素养，通过选取学生在网上交友上的“困惑点”，以问题串的形式，让学生在合作探究中提高分析和解决问题的能力，培养学生思辨精神和公共参与能力。

# 网上交友新时空

王传英　黄丽　王春海

## 主题与课时

人民教育出版社版道德与法治教材七年级上册第二单元第五课(第 2 课时)。

## 课标要求

合理利用互联网等传播媒介，初步养成积极的媒介批评能力，学会理性利用现代媒介参与社会公共生活。

## 学习目标

1. 通过对比网上交友与现实交友的区别，能归纳网上交友的特点，提升信息提取和分析归纳能力。

2. 通过情境案例讨论，会辩证分析网上交友的影响，发展理性思维能力。

3. 通过故事续写、表演展示及感受分享等活动，能归纳网络交往的注意事项，用慎重的态度对待虚拟世界的交往，乐于在现实中建立友谊，提高自我保护意识，提升公共参与能力。

设计说明：本目标依据课标、教材内容、七年级学情设计，体现目标三维叙写要求。在分解课标时，将“交友”主题，细化为网上交友的特点、影响及注意事项等。将“合理利用”这一行为表现，分解为“归纳、辩证分析”等可检测、可操作的行为动词，通过创设真实的、符合学生实际的情境探究、分析过程，帮助学生发展科学精神、公共参与等学科核心素养。

## 评价任务

1. 完成任务一 2。(检测目标 1)
2. 完成任务一 3。(检测目标 2)
3. 完成任务二 3。(检测目标 3)

## 资源与建议

1. 同伴交往和友谊对我们成长的意义重大，本课承接上一课时内容，将交往范围延伸到虚拟的网络世界，通过学习明确网上交友的特点和影响，认清网络交友与现实交友的区别，以及慎重结交网友，为八年级上册“合理利用网络”学习做好铺垫。

2. 本课学习流程：网上交友的特点—网上交友的影响—慎重结交网友。

3. 如何辩证认识网络交友的影响及如何理性进行网络交友是本课学习的重难点。我们可以利用老师提供的情境案例，结合自身经验，通过小组合作探究、交流分享等活动，实现重难点的突破。

设计意图：本部分内容介绍了本课内容与前后知识的联系，学习流程、重难点突破策略，助力学生的自主学习，为学生更好地认识和参与网络交友提供必要的“脚手架”。

## 学习过程

### 任务一：认识网上交友

1. 情境设置：13岁小梅该选择加谁为网友？为什么？（指向目标1）

小仙女：女，16岁 我是学霸：男，14岁

小世俗：男，13岁 老夫聊发少年狂：男，17岁

我认为应该加____________________。

理由：____________________。

2. 小组合作完成下列表格，归纳网络交友的特点：（检测目标1）

| | 网络交友 | 现实交友 |
|---|---|---|
| 时间 | | |
| 地点 | | |
| 对象 | | |
| 内容 | | |

特点一：________________。特点二：________________。
特点三：________________。

3. 结合教材第54—55页的例子及自身的经验，讨论交流这次网络交友可能会对13岁小梅产生什么影响？（指向目标2，检测目标2）

（1）积极影响：

（2）消极影响：

**任务二：谨慎结交网友**

1. 一段时间过去了，小梅的网友说，周末他们有个聚会，约小梅参加。小梅该去还是不该去？（指向目标3）

① 小组合作续写“13岁小梅见网友”的故事，选2—3个小组进行角色扮演。

② 网上朋友转变为现实的朋友后可能出现哪些情况？

③ 我们将网上朋友转变为现实朋友应注意些什么？

2. 友谊就在身边：观看本班同学一起学习、愉快交往的照片；给身边的同学一个甜蜜友好的微笑；同前后左右的同学来一次真诚有力的握手；送给身边的同学一个热情夸张的拥抱，告诉他/她，我一直在你身边……（指向目标3）

3. 归纳，慎重结交网友，需要做到：（检测目标3）

注意事项一：

注意事项二：

注意事项三：

注意事项四：

4. 全班齐读《网络交友自护宣言》。

做合格网民：

自重、自醒、自警、自励；

做诚实网民：

正直、勇敢、善良、诚信；

做理性网民：

不做“网虫”，严格自律，慎重交友；

晴朗网络空间，看我少年力量！

宣誓人：____________。

设计说明：鼓励学生分享自己的网络交友经历，设计情境具体、开放性的故事续写等活动，避免了说教式的灌输或简单的行为制止。通过讨论、分享、归纳，检测学习目标的达成情况。在合作互动的过程中，自主得出有关感悟和认识。跟身边同学现场互动，感受真实的交往带给自己的温暖美好，无形中与虚拟的网上交往形成对比。在这里，老师只是充当组织者、倾听者的角色。最后，设计具有较强仪式感的宣誓活动旨在加深印象，让本节课的情感得到升华，增加学生的责任感，提升学科素养。

## 检测与练习

1. 一名刚满 14 岁的女学生，在网上结识了一个自称同岁的女网友。在现实中见面后，她大呼上当，原来该网友竟然是一位 40 多岁的中年男人。这告诉我们（　　）。（检测目标 1）

A. 网络上没有人值得相信

B. 网上交往具有虚拟的特点

C. 学生的主要任务是学习，不该上网

D. 中学生不能与网友见面

2. 有人说网络生活多姿多彩，催人上进；也有人说网络陷阱密布，一不小心就会深陷其中。下列看法中错误的是（　　）。（检测目标 2）

A. 网上交往超越时空限制，为我们提供了一个平等、自主交往的平台

B. 网上交往为我们与朋友交往提供了便利的条件，拓展了朋友圈

C. 中学生只有不上网才能避免来自网上交往的伤害

D. 网上交往就像一把双刃剑，既可以为我们所用，也可能把我们“割伤”

3. 对于网上交友，下列说法中正确的是（　　）。（检测目标 3）

① 网上交友需慎重，要加强自我保护　② 可以单独去网吧与网友见面

③ 网上交往带有很多不确定的因素　④ 要学会理性辨别、慎重选择

A. ①②③　　B. ②③④　　C. ①③④　　D. ①②④

## 学后反思

请结合本课学习内容，反思自己目前的网络交友情况。我认为：
做得好的地方有：

需要改进的是：

设计意图：该学后反思侧重对学习结果的反思，联系自身实际，启发学生学以致用。

## 导 读

本单元围绕“山川风物”主题，选编了一组歌咏山水的古代诗文。本课“唐诗五首”是单元第四课，5首诗均为典范的律诗。本课时设计将《黄鹤楼》、《渡荆门送别》组合，意在强化诗歌之间关联，进行同类主题的归纳与对比，并力图在以下三个方面寻求突破：一是揣摩编者意图，分解课程标准，具体落实单元目标，确定恰当的课时目标。二是围绕核心概念，通过不同层级的任务驱动，依次铺排，体现深度学习，尝试建构诗歌阅读教学的四个层次。三是运用学科典型的学习方式，以教材提供的言语文本为主要学习载体，以读为核，让学生在语言实践中发展理解、鉴赏古典诗歌的能力。

# 《黄鹤楼》《渡荆门送别》

李中华　刘吉全

### 主题与课时

人民教育出版社版语文教材八年级上册第三单元“唐诗五首”(1课时)。

### 课标要求

1. 欣赏文学作品，有自己的情感体验，初步领悟作品的内涵，从中获得对自然、社会、人生的有益启示。对作品中的感人的情境和形象，能说出自己的体验；品味作品中富有表现力的语言。

2. 诵读古代诗词，阅读浅显文言文，能借助注释和工具书理解基本内容。注重积累、感悟和运用，提高自己的欣赏品位。

## 学习目标

1. 反复朗读诗歌，读准节奏，读出韵味，并背诵全诗。结合诗句，说出律诗在格律、结构等方面的特点。

2. 通过联想想象，用自己的话描绘诗歌的意境，积累优美诗句，提升审美鉴赏能力。

3. 抓住关键语句，结合时代背景，知人论世，概括诗歌主旨，体悟诗人情感。

设计说明：在目标确定时，结合教材内容，将课标中的“注重积累”和“对作品中的感人的情境和形象，能说出自己的体验”等要求，具体为“在读准确的基础上，理解内容、赏析语言、体悟情感”三个层面的目标，将课标要求落实到具体的课时教学中，让教材真正成为完成课标要求的载体。

## 评价任务

完成学习任务一 2(2)和任务三 1。(检测目标 1)

完成学习任务二 3。(检测目标 2)

完成学习任务三 2、3。(检测目标 3)

## 资源与建议

本课是部编版初中语文教材八年级上册第三单元第四课，前面 4 篇文章均为写景抒情的文言短文。七年级上册安排了古代诗歌四首，主要任务是练习朗读，想象诗中情景，体会诗人情感；七年级下册安排了古代诗歌五首，主要任务是初步学习知人论世、有感情朗读、体会诗人情感。本课的要求有所提高，可视作是在七年级基础上的巩固深化。

在学习过程中，要通过多层次的朗读，从读正确、流畅，到读出理解、读出感情。要利用“补白”，通过比较阅读，准确把握律诗特点。并利用联想和想象，走进诗歌意境，感受画面美、情感美。

课外可收集崔颢、李白的相关逸闻趣事、诗词作品，帮助深度阅读。



设计说明：古诗文的学习是一个不断积累和提高的过程，这里不仅告诉学生本课学习要以七年级古诗文学习为基础，还简洁明了地告诉学生学习的路径和方法，以及学习要求，让学生整体把握学什么、怎么学。

## 学习过程

**学习任务一：课前自读，读出节奏**

1. 课前收集关于黄鹤楼、崔颢、李白的相关情况、故事；收集《渡荆门送别》的写作背景。（指向目标 1）

（提示：与同伴交流，互相补充）

2. (1)朗读这两首律诗，结合课后“补白”，在文中标出两首诗的四联，找出两首诗中押韵的字，标出两首诗中的节奏和停顿。（指向目标 1）

**要求：**四联位置正确、书写正确；押韵的字在下面加点；节奏和停顿用“/”标示。

（将结果与同伴进行交流、比对、订正）

(2) 我读你听，你读我评。

根据正确标注的节奏、停顿，把诗歌互相读给同伴听，相互评价。（检测目标 1）

**要求：**不读错字音；节奏和停顿正确；较为流畅。

**学习任务二：联想想象，读出画面**

1. 自行朗读《黄鹤楼》2—3 遍，想一想：诗人是如何将神话传说与眼前景物融为一体的？（指向目标 2）

2. 闭上眼睛，想象“晴川历历汉阳树，芳草萋萋鹦鹉洲”展现的画面，用自己的语言加以描绘，互相说给同伴听。（指向目标 2）

3. 朗读《渡荆门送别》2—3 遍，用自己的话描述《渡荆门送别》诗中所写的景物，说说诗人写景视角是如何转换的，有何妙处。将探究结果写在下边。（检测目标 2）

写景视角的转换及妙处：________________________________________。

设计说明：该任务是本课学习的重点和难点，设计了三个活动，活动1和活动2主要安排了读、思、说、评的学习方式，主要指向对《黄鹤楼》“画面”的理解。活动3旨在运用活动1、2学习的方法，以《渡荆门送别》作为载体，自主探究，在语言实践中发展学生理解、鉴赏古典诗文的能力。

**学习任务三：品析语句，读出情感**

1. 尝试背诵两首诗。（检测目标1）

2. 想一想：《黄鹤楼》最能概括作者感情的是哪个字？试分析诗人在尾联中是如何表达这种感情的。（指向目标3、检测目标3）

3. 小组讨论。（指向目标3、检测目标3）

问题1：试从修辞的角度，赏析“仍怜故乡水，万里送行舟”的妙处。

问题2：试比较一下两首诗歌所抒发的“愁”有何不同。

要求：比较“不同”应有背景材料和具体词句做支持。组长组织讨论，并推荐小组发言人在全班交流。

设计说明：目标3的重点是品析语句、体悟情感，难度较大，故在活动的设计上将教学任务与评价任务融合在一起，运用评价要求引导学生探究。学习方式上，安排了自主学习、小组讨论和全班交流，期望以此突破重点难点。

**学习任务四：比较阅读，读出进阶**

小组内组织讨论活动：朗读李白的《登金陵凤凰台》，结合《黄鹤楼》，谈谈李白是如何在崔颢的基础上开拓出新的高度的。（指向目标1、2、3）

**登金陵凤凰台**

李　白

凤凰台上凤凰游，凤去台空江自流。

吴宫花草埋幽径，晋代衣冠成古丘。

三山半落青天外，二水中分白鹭洲。

总为浮云能蔽日，长安不见使人愁。

提示：可从诗句的格律节奏、结构、语言、景物、情感、写法等方面入手。

设计意图：任务四是对前三个任务的综合提升，从而使整个学习的流程体现出学习的进阶：读正确流畅—读出理解—读出美感（感情）—比较建构。此任务难度较大，仅作为学习任务而不作为评价任务，不对所有学生做评价要求。

## 检测与作业

一、基础知识（检测目标1）

1. 划出下列句子的节奏。

A. 山随平野尽，江入大荒流。

B. 征蓬出汉塞，归雁入胡天。

C. 晴川历历汉阳树，芳草萋萋鹦鹉洲。

D. 东皋薄暮望，徙倚欲何依。

2. 下列句子中没有运用对偶修辞的一句是（　　）。

A. 黄鹤一去不复返，白云千载空悠悠

B. 月下飞天镜，云生结海楼

C. 渡远荆门外，来从楚国游

D. 大漠孤烟直，长河落日圆

3. 按要求默写：

（1）崔颢《黄鹤楼》中____________________两句，说仙人一去不复返，千百年来只有白云陪伴着黄鹤楼，大有岁月易逝之感慨。

（2）《渡荆门送别》一诗中描写长江出三峡，渡荆门，天开地阔，逼真如画的名句是：____________________。

二、阅读王勃的《滕王阁》,完成问题。(检测目标 2、3)

**滕王阁**

滕王高阁临江渚,佩玉鸣鸾罢歌舞。

画栋朝飞南浦云,珠帘暮卷西山雨。

闲云潭影日悠悠,物换星移几度秋。

阁中帝子今何在?槛外长江空自流。

1. 运用联想和想象,用自己的话描绘颔联所呈现的画面。

2. 下列选项中错误的一项是(　　)。

A. 首联开门见山,点出了滕王阁的形势并遥想当年兴建此阁时的豪华繁盛的宴会的情景。第一句写空间,第二句写时间;第一句兴致勃勃,第二句意兴阑珊,两两对照。

B. 颈联从空间转入时间,点出了时日的漫长,不是一天两天,而是经年累月,很自然地生出了风物更换季节,星座转移方位的感慨。

C. 尾联又从时间转入空间,物换星移人去,而长江永恒东流。

D. 这首律诗穷形尽象,语言凝练,其颔联、颈联运用对偶句,句式整齐,起到铺排的作用,而首联、尾联则没有使用对偶句。

3.《黄鹤楼》与《滕王阁》两首诗都是诗人登楼有感所作。试结合诗歌分析诗人传达情感的异同之处。

## 学后反思

学了这两首诗,你对律诗有了哪些更进一步的了解?在诗歌学习中,如何才能更好地读出理解、读出美感、读出感情?

## 导 读

本单元以“哲理之思”为主题，课文主要围绕自然景物选题。“以我观物，故物皆着我之色彩”，诗文中描写的景物往往浸透着作者的情感。本文是本单元第一篇借景抒情的散文，着眼于多角度品析课文语言的美，并进一步学习托物言志的写法，提高语言分析能力。所以，设计了一系列学习任务，通过问题引领，让学生主动而有序地与文本对话；通过评价任务，关注学生学习效果，让学生经历“学习过程”，实现“真学习”。

# 紫藤萝瀑布

戴黎

## 主题与课时

人民教育出版社语文教材七年级下册第五单元(2课时)。

## 课标要求

1. 能熟练地使用字典，词典独立识字，会用多种检字方法。

2. 在通读课文的基础上，理清思路，理解、分析主要内容，体味和推敲重要词句在语境中的意义和作用。

3. 欣赏文学作品，有自己的情感体验，初步领悟作品的内涵，从中获得对自然、社会、人生的有益启示。对作品中感人的情境和形象，能说出自己的体验；品味作品中富有表现力的语言。

## 学习目标

1. 通过查阅工具书，读准“伫、虬、迸”等字音、理解“挑逗、忍俊不禁”等词义。

2. 通过听读、自读、互读等形式，抓住情感变化词句，理清文章脉络，感悟课文主旨，提高整体感知能力。

3. 通过自主、合作、探究的学习活动，从生动形象的语言入手，多角度品析课文的美，并进一步学习托物言志的写法，提高对语言的分析综合能力。

设计说明：本课学习目标的确定，基于课标要求，目标1落实语文基础，目标2、3是对课标2,3的分解。目标2在通过多种形式的“读”的基础上，抓住重要词句，理清思路，初步了解文本内容。目标3通过多种方式的学习活动，着力落实“学习托物言志的手法；体会如何运用生动形象的语言写景状物，寄寓自己的情思，抒发对社会人生的感悟”教材单元语文要素的要求。

## 评价任务

完成学习任务一 2。（检测目标 1）

完成学习任务二 3。（检测目标 2）

完成学习任务三 3、学习任务四 3、4。（检测目标 3）

完成检测与练习。（检测目标 2、3）

## 资源与建议

1. 宗璞的“紫藤萝瀑布”是人民教育出版社语文教材七年级下册第五单元的第一篇教读课文。它是一篇托物言志的抒情散文。十年浩劫中，宗璞一家在“文化大革命”中深受迫害，虽已经过去了十多年，但心灵上的创伤仍无法愈合，此时，小弟又身患绝症，不久于人世，作者内心伤痛，无以舒解。偶然在行进中看见一树盛开的紫藤萝花，由花儿的衰而又盛，感悟人生的美好和生命的永恒，于是写成此文。

2. 托物言志是假托一种事物，赋以某种象征意义，表现作者的思想感情。写景状物是托物言志的基础。人们往往赋予花木以某种象征意义，如上一单元《短文两篇》中作者借助陋室和莲花这两个物，来寄托自己品德高尚、超凡脱俗的品行。“紫藤萝瀑布”由赞美眼前的紫藤萝花，到回想旧时的紫藤萝花，在比较中表现时代影响和社会变迁。

3. 我们可以从“散文是揭示作者秘密”的文体特征出发，通过多层次的朗读，读出理解，读出情感。通过对文章标题、文本结构、语言文字的品析，深度解读文本；通过比较阅读，把握托物言志、借景抒情散文的特点，在语言训练中促进学生思维的发展。

设计说明：散文的学习重在情感的体验和语言的赏析，所以给学生提供一定背景材料和赏析角度与途径，有利于学生进入作者的情感世界，准确把握文章表达的主旨，并从中学会阅读该类文章的方法，发展其语言的建构与运用能力。

## 学习过程

### 第一课时

**学习任务一：落实基础，自主朗读**

1. 利用工具书，准确写出加点字词的音和词语的意思。（指向目标1）

（1）给加点字注音

瀑布（　　）　迸溅（　　）　挑逗（　　）　凝望（　　）

繁密（　　）　笼罩（　　）　枯槐（　　）　遗憾（　　）

伫立（　　）　盘虬（　　）　忍俊不禁（　　）　仙露琼浆（　　）

（2）解释词语，并选择其中三个写一句话。

① 迸溅：　　② 忍俊不禁：

③ 挑逗：　　④ 仙露琼浆：

⑤ 盘虬：　　⑥ 蜂围蝶阵：

2. 用自己喜欢的方式诵读课文，注意要读准字音，注意语音轻重、长短的变化，并在小组练读，互相点评。（检测目标1）

**学习任务二：感知内容，感悟情感**

1. 阅读课文，想一想文章标题为什么是“紫藤萝瀑布”？紫藤萝花像瀑布吗？作者是怎样写的？（指向目标2）

2. 自主默读课文。(指向目标 2)

(1) 在文中找出直接描写紫藤萝花的段落,读一读,注意读出语气长短、轻重的变化,读出美感。

(2) 找出表示"我"观赏紫藤萝瀑布的行踪的词语,勾画出表现作者情感思绪的语句,梳理作者的情感变化。

3. 小组同学交流。(检测目标 2)

(1) 说说作者主要是从哪些方面,按照什么顺序对盛开的紫藤萝瀑布进行描写的。

(2) 说出你认为描写花之美的句段,谈谈自己的阅读感受,并用朗读的方式表达出自己的体味。

(3) 把自己品味到的作者情感变化的语句说出来,谈谈自己的理解。

设计说明:积累语文基础知识是语文学习的重要内容之一,作为第一课时,首先安排一个看似机械的语文基础知识积累,这是充分利用课堂这个主阵地是必要而必须的。而对文本的解读的基础是对文本的深度熟悉,所以设计了让学生自主阅读文章，理清思路，理解、分析主要内容和初步体味作者情感，为第二课时的学习作铺垫。



## 第二课时

### 学习任务三：反复朗读，品味语言美

1. 有感情地朗读课文，把你觉得文中描写紫藤萝花最美的句子勾画下来，想一想：美在哪里？做好批注。（指向目标3）

提示：可以抓住其中的关键词、修辞手法，哪些词特别好，哪些句子特别美，用着重号标出来。

2. 这篇文章的状物描写细腻而又有层次感。结合你勾画的句子，你能从不同的角度去品析它的美吗？请用“我读了这个地方，觉得它美，美在……”的句式归纳概括、旁批在文章相应处。（提示：品析可以抓关键词、抓修辞、抓感官，可以从颜色、形态、趣味等角度去思考，去体会写景状物的妙处）（指向目标3）

示例：

（1）抓关键词

只有深深浅浅的紫，仿佛在流动，在欢笑，在不停地生长。（我读了这句，觉得它美，美在它运用了“流动”、“欢笑”、“生长”几个动词，使静态的花跃动起来了，表现了花的生趣盎然。）

（2）抓修辞手法

每一朵盛开的花就像是一个小小的张满了的帆，帆下带着尖底的舱。船舱鼓鼓的，又像一个忍俊不禁的笑容，就要绽开似的。（我读了这句，觉得它美，美在它这个语句化静为动，形象逼真地写出了花朵绽放的形态，充满了活力和情趣。美在这个语句运用了比喻、拟人的修辞手法，从外形（帆）、神态（张满、鼓鼓）两方面，写出了花朵盛开的形象美，表现其生机和蓬勃的生命力，用“忍俊不禁”写出花朵俏皮、含羞的情态。生动形象地传达出了花朵美丽娇媚的特征。）

3. 小组交流：好的东西我们都想拥有，说一说，比一比，看我们谁找的美点多，品味最到位。（指向目标3、检测目标3）

设计说明：通过表现性评价的工具和示例的方式，引导学生学会赏析，体悟作者情感，体会写景状物的妙处，诵读中领略到本文的语言美，发展感悟语言能力。

**学习任务四：比较阅读，探究理之美**

1. 眼前的紫藤萝与十多年前有什么不同？小声地有感情地朗读课文，体会作者由悲痛到宁静的情感变化，勾画出作者从花那里得到的生命感悟。（指向目标3）

2. 结合自己的经历或见闻，谈谈你对“花和人都会遇到各种各样的不幸，但是生命的长河是无止境的”这句话的理解。（指向目标3）

3. 生命长河是永无止境的，一朵一朵的花构成了万花灿烂流动的瀑布。一树紫藤萝，让宗璞感悟到生命之美好、顽强。这是作者从花那里得到的启示和感悟，让我们也来倾听花对我们说了什么，可以说阳光，亲情，友谊，得失，幸与不幸，理性与现实，昨天、今天与明天等等。你听到了花在说什么？请用笔写在下面。（检测目标3）

示例：我听到花说，生命长河如此生生不息，昨天已流逝，无法更改，何不用一颗乐观、进取的心把握今天呢。

4. 本文作者借用紫藤萝来暗示自己的情思，于是紫藤萝就有了某种寓意，成为作者志趣意愿的寄托，这是人们写作时常用的什么手法？你本学期学过用这种手法写的文章吗？其实我们生活中有许多类似的事物，想一想：你从它们那里得到了什么启示？（检测目标3）

课后完成小练笔：《我看________》

设计说明：通过不同角度进行提炼和归纳，深度解读文本，这是深度阅读的一个重要策略，四个活动从阅读到写作，从语言理解到情感体会，旨在学习托物言志的写法，提高对语言的分析综合和运用能力。



## 练习与检测

1. 阅读宗璞的《丁香结》，完成后面的问题。

### 丁香结(节选)

宗　璞

古人词云："芭蕉不展丁香结"、"丁香空结雨中愁"。在细雨迷蒙中，着了水滴的丁香格外妩媚。花墙边两株紫色的，如同印象派的画，线条模糊了，直向窗外的莹白渗过来。让人觉得，丁香确实该和微雨连在一起。

只是赏过这么多年的丁香，却一直不解，何以古人发明了丁香结的说法。今年一次春雨，久立窗前，望着斜伸过来的丁香枝条上一柄花蕾。小小的花苞圆圆的，鼓鼓的，恰如衣襟上的盘花扣。我才恍然，果然是丁香结！

丁香结，这三个字给人许多想象。再联想到那些诗句，真觉得它们负担着解不开的愁怨了。每个人一辈子都有许多不顺心的事，一件完了一件又来。所以丁香结年年都有。结，是解不完的；人生的问题也是解不完的，不然，岂不太平淡无味了么？

(1) 选文作者是怎样描写丁香结的？面对丁香结，作者感悟到了什么？(检测目标 2)

(2) 结合自己的经历或见闻，谈谈你对"结，是解不完的；人生的问题也是解不完的，不然，岂不太平淡无味了么？"这句话的理解。(检测目标 3)

(3) 通过与《紫藤萝瀑布》的比较阅读，请谈谈这两篇文章有什么共同特点。(检测目标 2、3)

2. 推荐阅读宗璞的《燕园寻树》、《好一朵木槿花》等，与本文进行比较，看看这些作品有什么共同特点。（检测目标 2,3）

## 学后反思

“托物言志”是作者表现思想感情的重要手段，列举你学习过的运用托物言志手法写的文章，看看分别托了什么“物”，言了什么“志”，从中梳理出你的理解。

设计说明：“托物言志”对七年级的学生虽说是刚学习，但并不陌生，此设计重在引导学生更理性地认识这种写法，在自己的语文积累中形成新的建构。

## 导　读

在初中阶段阅读的说明类文章，其难度不是太大，但重要的是要学习说明文的相关知识，准确地提取信息，运用于实际阅读活动中。此设计，一方面巧妙地设计引导性的主问题、搭建具体的思维导图、比较阅读的练习，另一方面，评价任务与学习任务融为一体，引领学生在完成学习任务的过程中促进阅读说明文能力的形成，发展阅读素养。

# 苏州园林

郭伟波

## 主题与课时

人民教育出版社版语文教材八年级上册(2课时)。

## 课标要求

阅读说明性文章，能把握文章的基本观点，获取主要信息。阅读科技作品，还应注意领会作品中所体现的科学精神和科学思想方法。

## 学习目标

1. 通过查阅工具书，读准“鉴、榭、甃、阑”等字音，结合下文理解“因地制宜、自出心裁、别具匠心、珠光宝气、重峦叠嶂”等词义。(第一课时)

2. 通过快速阅读课文，抓文中概括性的关键语句，理清文章说明顺序，说出苏州园林的主要特点，提高阅读筛选信息的能力。(第一课时)

3. 通过精读语段，能在具体语境中分析说明方法及其作用，能结合具体语句分析说明文语言准确性的特点，发展阅读分析能力。(第二课时)

设计说明：通过抓关键语句、理清说明顺序、认识说明方法及作用是阅读说明文最主要的方法。所以，在结合单元教材设置的语文要素的基础上，列出了三条目标，从不同层面实现课标要求的“把握基本观点、获取主要信息”。

## 评价任务

1. 完成任务一2。（检测目标1）
2. 完成任务二2。（检测目标2）
3. 完成任务三3。（检测目标3）
4. 完成检测与练习。（检测目标2、3）

## 资源与建议

1. 本文是初中阶段接触的第二篇说明文，它不仅能让我们了解苏州园林的美，感受前人的非凡智慧和杰出创造力，更是我们学习说明文的极好范本。它紧紧抓住事物特征来进行说明，结构清楚，语言概括而准确。

2. 在学习之初，要仔细回忆第一篇说明文“中国石拱桥”的学习，如：中国石拱桥有何特点？作者是怎样以“赵州桥”、“卢沟桥”等为例，突出介绍了中国石拱桥与众不同的特点的？同时，复习说明文相关知识，如说明文常见结构、说明顺序、说明方法等，然后在本课的学习中根据老师的问题提示，深入实践体会。在学习本文的过程中，要特别注意发现与总结一些规律或特点，如文章的结构特点，自然段的结构特点，关键句的位置特点，并学着在课外练习中多运用。

设计说明：说明文的语体知识是初中阶段阅读说明文的重要拐杖，引导学生回顾已经学习的说明文和复习相关的语体知识，为学习本课提供恰当的路径和方法。

## 学习过程

### 第一课时

**任务一：落实基础**

1. 利用工具书，准确写出加点字词的音和词语的意思。（指向目标1）

(1) 给加点字注音：

倘(　　)若　鉴(　　)赏　轩榭(　　)　重峦叠嶂(　　)

丘壑(　　)　嶙峋(　　)(　　)　斟酌(　　)(　　)　阑干(　　)(　　)

(2) 词语解释：

因地制宜：　　　　自出心裁：

重峦叠嶂：　　　　珠光宝气：

别具匠心：

2. 用自己喜欢的方式诵读课文，注意要读准字音，读出语气。并在小组中练读，互相点评。(检测目标1)

**任务二：整体感知**

1. 仔细阅读课文，围绕以下问题，梳理相关内容，然后小组交流后推荐同学到全班交流。(指向目标2)

(1) 作者对苏州园林总的印象是怎样的？

(2) 苏州园林的整体特征是什么？

(3) 文章是从哪几个方面来具体展开介绍苏州园林的？

(提示：阅读中，注意勾画各段中概括性的关键语句。)

2. 再读课文，根据思维导图提示，划分本文层次，归纳内容，分析本文写作顺序。(自我完成后，在小组内交流，确定小组发言人进行展示汇报)(指向目标2、检测目标2)(汇报要求：①能大声表述意见；②讲解思路清晰、清楚；③内容概括简洁、准确；④最好能具体讲一讲自己对某些部分的思考过程或得出答案的方法，甚至总结出一定的方法、规律)

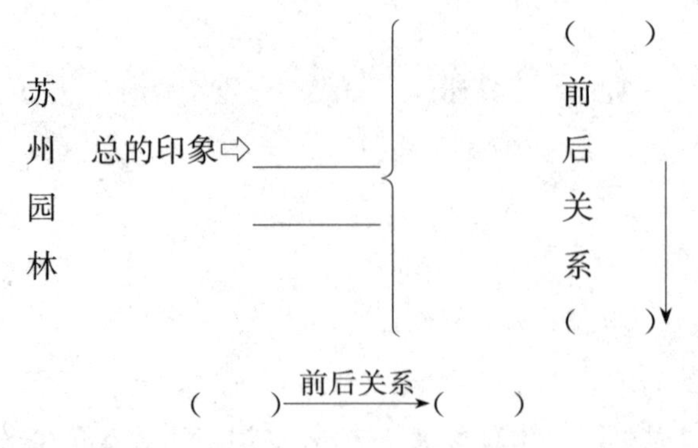


设计说明：积累语文基础知识是语文学习的重要内容之一，作为第一课时，首先安排一个看似机械的语文基础知识积累，这样充分利用课堂这个主阵地是必要而必须的。通过问题引导实现对课文内容的初步感知，通过思维导图引导完成对文章结构的把握，从而发展学生快速阅读的能力，逐步达到课标对默读速度的要求。

## 第二课时

### 任务三：研读品味

1. 细读第3自然段，围绕以下问题，小组内形成共识，推荐同学在班上交流。(指向目标3)

(1) 这一段具体说明了什么内容？

(2) 哪些语句的介绍充分照应了苏州园林的整体特征？

(3) 选择一处语句，判定其使用的说明方法并分析作用。

2. 文中有很多地方准确地说明了相关对象的特征，如“我国的建筑，从古代的宫殿到近代的一般住房，绝大部分是对称的，左边怎么样，右边也怎么样。”中加点的文字就是从范围的角度进行准确说明，请再找一找，还有哪些语句进行这样准确的说明，并加以分析。(指向目标3)

3. 以小组为单位，自选一个自然段，分别从说明对象、特征、说明方法以及说明语言准确等角度进行具体分析，准备在全班交流。（检测目标3）

设计说明：活动一、活动二通过问题引导，为学生学习说明文进行示范，活动三让学生运用相关方法学习说明文，旨在实现“教是为了不教”的目标。

## 检测与练习

### 故宫博物院

① 在北京的中心，有一座城中之城，这就是紫禁城。现在人们叫它故宫，也叫故宫博物院。这是明清两代的皇宫，是我国现存的最大最完整的古代宫殿建筑群，有五百多年历史了。

② 紫禁城的城墙十米多高，有四座城门：南面午门，北面神武门，东西面东华门、西华门。宫城呈长方形，占地72万平方米，有大小宫殿七十多座、房屋九千多间。城墙外是五十多米宽的护城河。城墙的四角上，各有一座玲珑奇巧的角楼。故宫建筑群规模宏大壮丽，建筑精美，布局统一，集中体现了我国古代建筑艺术的独特风格。

③ 从天安门往里走，沿着一条笔直的大道穿过端门，就到午门的前面。午门俗称五凤楼，是紫禁城的正门。走进午门，是一个宽广的庭院，弯弯的金水河像一条玉带横贯东西，河上是五座精美的汉白玉石桥。桥的北面是太和门，一对威武的铜狮守卫在门的两侧。

④ 进了太和门，就到紫禁城的中心三大殿：太和殿、中和殿、保和殿。三座大殿矗立在七米多高的白石台基上。台基有三层，每层的边缘都用汉白玉栏杆围绕着，上面刻着龙凤流云，四角和望柱下面伸出一千多个圆雕螯头，嘴里都有一个小圆洞，是台基的排水管道。

⑤ <u>太和殿俗称金銮殿，高28米，面积2380多平方米，是故宫最大的殿堂。</u>在湛蓝的天空下，那金黄色的琉璃瓦重檐屋顶，显得格外辉煌。殿檐斗拱、额枋、梁柱，装饰着青蓝点金和贴金彩画。正面是12根红色大圆柱，金琐窗，朱漆门，同台基相互衬映，色彩鲜明，雄伟壮丽。

⑥ 大殿正中是一个约两米高的朱漆方台，上面安放着金漆雕龙宝座，背后是雕龙屏。方台两旁有六根高大的蟠龙金柱，每根柱上盘绕着矫健的金龙。仰望殿顶，中央藻井有一条巨大的雕金蟠龙。从龙口里垂下一颗银白色大圆珠，周围环绕着六颗小珠，龙头、宝珠正对着下面的宝座。梁枋间彩画绚丽，有双龙戏珠、单龙翔舞，有行龙、升龙、降龙，多态多姿，龙身周围还衬托着流云火焰。

⑦ 三大殿建筑在紫禁城的中轴线上，这条线也是北京城的中轴线，向南从午门到天安门延伸到正阳门、永定门，往北从神武门到地安门、鼓楼，全长约八公里。

⑧ 太和殿是举行重大典礼的地方。皇帝即位、生日、婚礼和元旦等都在这里受朝贺。每逢大典，殿外的白石台基上下跪满文武百官，中间御道两边排列着仪仗，皇帝端坐在宝座上。大殿廊下，鸣钟击磬，乐声悠扬。台基上的香炉和铜龟、铜鹤里点起檀香或松柏枝，烟雾缭绕。

⑨ 太和殿后面是中和殿。这是一个亭子形方殿，殿顶把四道垂脊攒在一起，正中安放着一个大圆金宝顶，轮廓非常优美。举行大典，皇帝先在这里休息。

⑩ 中和殿后面是保和殿。雍正后，这里是举行最高一级考试殿试的地方。

⑪ 从保和殿出来，下了石级，是一片长方形小广场，西起隆宗门，东到景运门。它把紫禁城分为前后两大部分。广场以南，主要建筑是三大殿和东西两侧的文华殿、武英殿，叫“前朝”。广场北面乾清门以内叫“内廷”，是皇帝和后妃们起居生活的地方，主要建筑有乾清宫、交泰殿、坤宁宫和东六宫西六宫。

⑫ 乾清宫是皇帝处理日常政务，批阅各种奏章的地方，后来还在这里接见外国使节。

⑬ 乾清宫后面是交泰殿，交泰殿后面是坤宁宫。坤宁宫是皇后宫，也就是皇帝结婚的地方。

⑭ 乾清宫、交泰殿、坤宁宫称“后三宫”。布局和前三殿基本一样，但庄严肃穆的气氛减少了，彩画图案也有明显的变化。前三殿的图案以龙为主，后三宫凤凰逐渐增加，出现了双凤朝阳、龙凤呈祥的彩画，还有飞凤、舞凤、凤凰牡丹等图案。

⑮ 后三宫往北就是御花园。御花园面积不是很大，有大小建筑二十多座，但毫无拥挤和重复的感觉。这里的建筑布局，环境气氛，和前几部分迥然不同。亭台楼阁、池馆水榭，掩映在青松翠柏之中；假山怪石、花坛盆景、藤萝翠竹，点

缀其间。来到这里,仿佛进入苏州园林。

⑯ 从御花园出顺贞门,就到紫禁城的北门神武门,对面就是景山。景山是明代修建紫禁城的时候,用护城河中挖出的泥土堆起来的,现在成了风景优美的景山公园。站在景山的高处望故宫,重重殿宇,层层楼阁,道道宫墙,错综相连,而井然有序。这样宏伟的建筑群,这样和谐统一的布局,不能不令人惊叹。

(1) 本文说明的对象是紫禁城,其整体特征是什么?紫禁城与苏州园林同为建筑,两文在说明顺序的选用上是否相同?(检测目标 2)

答:______________________________。

(2) 分析第 5 自然段划线句所用说明方法及其作用。(检测目标 3)

答:______________________________。

(3) 请从说明文语言角度赏析下列加点词。(检测目标 3)

这是明清两代的皇宫,是我国现存的最大最完整的古代宫殿建筑群,有五百多年历史了。

答:______________________________。

## 学后反思

学习说明类文章主要从哪些方面入手,与学习记叙类文章有哪些不一样?

设计说明:引导学生回顾本课学习要点、梳理学习过程,总结阅读方法,并通过比较建构不同体裁文章的学习策略。

## 导 读

本课时是章头课，以学生喜闻乐见的掷骰子游戏为背景，让学生体验生活中有许多事件的发生是不确定的，以此加深对必然事件、不可能事件、随机事件等概念的理解，并感受随机事件发生的可能性有大有小，同时初步体会人们一般通过重复多次试验来估计事件发生的可能性大小。本文设计与学习目标相对应的三个学习任务，以掷骰子活动贯穿学习过程，引导学生在真实数学问题情景中，经历猜测、试验、收集数据、分析等活动过程，理解随机事件的相关概念，初步感受简单随机事件发生的可能性有大有小，发展随机观念。

# 感受可能性

杜杰　冉春燕

### 主题与课时

北京师范大学出版社版数学教材七年级下册第六章第一节(1 课时)。

### 课标要求

进一步认识随机现象，感受随机现象的特点。

### 学习目标

1. 通过掷骰子活动，经历猜测、试验、收集试验数据、分析试验结果等过程，体会掷骰子活动中数据出现的随机性，发展数据分析观念和随机观念。

2. 通过感悟掷骰子活动各事件发生随机性的过程，认识确定事件与不确定事件的概念，并在具体实例中会区分确定事件与不确定事件，发展随机观念。

3. 通过掷骰子、纸牌活动，感受确定事件中必然事件发生的可能性为1，不可能事件发生的可能性为0，不确定事件发生的可能性有大有小，发展随机观念。

设计说明：基于课标要求、学科特点，本课时学习目标分解为三条。为引导学生积极参与试验过程，亲自动手试验，经历数据分析活动过程，设置学习目标一；经历对确定现象与不确定现象的体验，逐步认识概率的思维方式与确定性思维方式的差异，设置学习目标二；为进一步体会人们一般通过重复多次试验来估计事件发生的可能性大小，并帮助我们做出合理的决策，设置学习目标三。

## 评价任务

1. 完成任务一 2。（检测目标 1）
2. 完成任务二 3、4、5。（检测目标 2）
3. 完成任务三 3、4。（检测目标 3）

## 资源与建议

1. “感受可能性”是第六章“概率初步”的第一课时，本课时是章头课，从生活中有许多事件的发生是不确定的，从而逐渐认识到概率的思维方式与确定性思维的差异，发展随机观念，从而能明智地应对变化和不确定性。

2. 本节课学习的流程是：感受掷骰子活动中数据出现的随机性—理解概念，准确区分确定事件与不确定事件—感受简单随机事件可能性的大小。

3. 本节课的学习重点是感受必然事件、不可能事件和不确定事件的可能性有大有小。学习难点是比较简单随机事件的可能性大小，树立一定的随机观念。可以通过掷骰子活动、阅读教材理解确定事件与不确定事件的概念，完成任务一、任务二的学习，掌握重点；通过小组讨论与交流，完成任务三，突破难点。

设计说明：从三个方面向学生提供学习指南。一是阐明内容的出处、知识的前后联系；二是指明本课时学习重难点及其突破途径；三是指明了学习流程。

## 学习过程

### 课前准备

1. 准备学具：一枚质地均匀的骰子。

2. 阅读教材第136—138页，在教材上勾画出必然事件、不可能事件和不确定事件的概念。

**任务一：感受掷骰子活动中数据出现的随机性（指向目标1）**

1. 掷骰子活动：随意掷骰子30次，并作好掷出点数的数据记录。

| 第$N$次 | 1 | 2 | 3 | 4 | 5 | 6 | 7 | 8 | 9 | 10 |
|---|---|---|---|---|---|---|---|---|---|---|
| 掷出点数 | | | | | | | | | | |
| 第$N$次 | 11 | 12 | 13 | 14 | 15 | 16 | 17 | 18 | 19 | 20 |
| 掷出点数 | | | | | | | | | | |
| 第$N$次 | 21 | 22 | 23 | 24 | 25 | 26 | 27 | 28 | 29 | 30 |
| 掷出点数 | | | | | | | | | | |

将掷骰子活动出现的数据进行整理：

| 掷出的点数 | | | | | | |
|---|---|---|---|---|---|---|
| 出现的次数 | | | | | | |

2. 根据掷骰子活动，回答下列问题：（检测目标1）

(1) 随意掷一枚质地均匀的骰子，掷出的点数会是10吗？________

(2) 随意掷一枚质地均匀的骰子，掷出的点数一定不超过6吗？ ________

(3) 随意掷一枚质地均匀的骰子，掷出的点数一定是1吗？________

设计说明：通过掷骰子活动，统计30次掷出点数并作简单数据整理，经历猜测、试验、收集试验数据、分析试验结果等过程，能对随意掷一枚质地均匀的骰子掷出的点数会是10、一定不超过6、一定是1等等结论进行分析，体会掷骰子活动出现数据的随机性，发展数据分析观念。

**任务二：认识必然事件、不可能事件和不确定事件等的概念**

1. 完成填空。(指向目标 2)

(1) 在一定条件下一定发生的事件,叫做________;在一定条件下一定不会发生的事件,叫做________;________和________统称为确定事件。

(2) 在一定条件下可能发生也可能不发生的事件,叫做________,为________。

2. 例题:5 名同学参加演讲比赛,以抽签方式决定每个人的出场顺序。签筒中有 5 根形状大小相同的纸签,上面分别标有出场的序号 1、2、3、4、5。小军首先抽签,他在看不到纸签上的数字的情况从签筒中随机(任意)地取一根纸签。请思考以下问题:(指向目标 1、2)

(1) 抽到的序号是 0,可能吗?这是什么事件?____________________

(2) 抽到的序号小于 6,可能吗?这是什么事件?__________________

(3) 抽到的序号是 1,可能吗?这是什么事件?____________________

(4) 你能列举与事件(3)相似的事件吗?__________________________

3. 考察下列事件:(检测目标 2)

(1) 打开电视机正在播放新闻联播; (2) 某人的体温是 100℃;

(3) 水往低处流; (4) $a^2+b^2=-1$(其中 $a$,$b$ 都是有理数);

(5) 太阳从西边下山; (6) 随意掷两枚质地均匀的骰子,掷出的点数之和是 7。

其中必然事件有:________,不可能事件有:________,不确定事件有:________,随机事件有:________。

4. 同时掷两枚质地均匀的正方体骰子,骰子的六个面上分别刻有 1 到 6 的点数,下列事件中不可能发生的事件是(　　)。(检测目标 2)

(A) 点数之和为 12 (B) 点数之和小于 3

(C) 点数之和大于 4 且小于 8 (D) 点数之和为 13

5. 举出生活中的几个必然事件、不可能事件和随机事件。(检测目标 2)

设计说明:基于掷骰子动手试验,感悟事件发生随机性及阅读教材完成填空的过程,理解确定事件与不确定事件的概念,并在具体实例中准确区分确定事件与不确定事件,设计问题 3、4 用于检测学习目标 2 的合格标准的达成情况,设计开放型问题 5,加深理解必然事件、不可能事件与随机事件的区别。

**任务三：感受简单随机事件可能性的大小（指向目标3）**

1. 利用质地均匀的骰子和同桌做游戏，规则如下：

（1）两人同时做游戏，各自掷一枚骰子，每人可以只掷一次骰子，也可以连续地掷几次骰子。

（2）当掷出的点数和不超过10时，如果决定停止掷，那么你的得分就是所掷出的点数和；当掷出的点数和超过10时，必须停止掷，并且你的得分为0。

（3）比较两人的得分，谁的得分多谁就获胜。

| | | 第1次点数 | 第2次点数 | 第3次点数 | 第4次点数 | 得分 |
|---|---|---|---|---|---|---|
| 第一次游戏 | 甲 | | | | | |
| | 乙 | | | | | |
| 第二次游戏 | 甲 | | | | | |
| | 乙 | | | | | |
| 第三次游戏 | 甲 | | | | | |
| | 乙 | | | | | |
| …… | … | …… | …… | …… | …… | …… |

在做游戏过程中，如何决定是继续掷骰子还是停止掷骰子？

2. 在做游戏过程中，如果前面掷出的点数和已经是5，继续掷还是决定停止掷？如果掷出的点数和已经是9呢？

小结：必然事件发生的可能性是________，不可能事件发生的可能性是________，不确定事件发生的可能性是________。

3. 一个袋子里装有20个形状、质地、大小一样的球，其中有4个白球，2个红球，3个黑球，其他都是黄球。从中任摸一个，摸中哪种球的可能性最大？（检测目标3）

4. 生活中有许多随机事件，它们发生的可能性有大有小，请举例说明。（检测目标3）

设计说明：经历和同桌掷骰子游戏的过程，初步体会通过重复多次试验来估计事件发生的可能性有大有小，并根据随机事件发生的可能性大小帮我们做出合理的决策。

## 作业与检测

1. 下列事件中属于必然事件的是(　　)。(检测目标2)

(A) 打开电视机，正在转播足球比赛

(B) 小麦的亩产量一定为1 000公斤

(C) 在只装有5个红球的袋中摸出1球是红球

(D) 农历十五的晚上一定能看到圆月

2. 下列说法中正确的是(　　)。(检测目标2)

(A) 如果一件事发生的机会只有千万分之一，那么它就是不可能事件

(B) 如果一件事发生的机会达99.999%，那么它就是必然事件

(C) 如果一件事不是不可能事件，那么它就是必然事件

(D) 如果一件事不是必然事件，那么它就是不可能事件或随机事件

3. 下列事件：①袋中有5个红球，从袋中摸球能摸到红球；②袋中有4个红球，1个白球，从袋中摸球能摸到红球；③袋中有2个红球，3个白球，从袋中摸球能摸到红球；④袋中有5个白球，从袋中摸球能摸到红球；⑤打靶命中靶心；⑥掷一次骰子，向上一面是3点；⑦经过有信号灯的十字路口，遇见红灯；⑧抛出的篮球会下落。(检测目标2)

________是必然事件，________是随机事件，________是不可能事件。

4. 20张卡片上分别写着1、2、3、…、20，从中任意抽出一张，则数字是2的倍数与数字是3的倍数的可能性哪个大？(检测目标3)

## 学后反思

1. 本节课我们学习到了哪些知识？请补充完善思维导图进行描述：

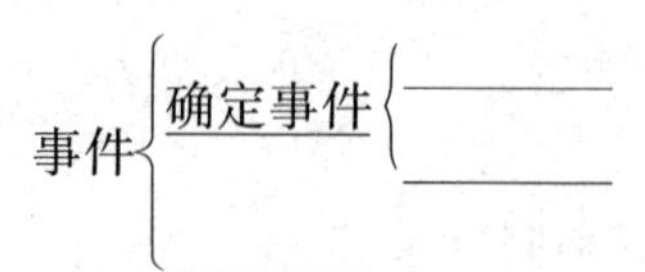


2. 请用表格或其他工具描述“感受可能性”学习过程中涉及到数据分析的相关数学思想、方法：

设计说明：本课时学习反思着力于两个指向：指向学习结果，反思学会了没有，完善思维导图对随机事件的相关概念进行梳理；指向学习过程，反思怎么学会，在数据分析中经历亲自试验、猜测、试验、收集试验数据、分析试验结果等过程，发展数据分析及随机观念。

## 导 读

图形的轴对称存在于千变万化的现实世界，等腰三角形是其家族中的一分子。为进一步探索它特有的几何性质，本设计借助轴对称特性，通过动手操作、观察猜想、归纳概括、几何说理等活动，让学习者由感性到理性去获得等腰三角形“三线合一”、“等边对等角”的性质。学习过程以三个任务驱动，凸显任务与目标的对应，同时强化学以致用，进而力求实现教、学、评的一致性。

# 简单的轴对称图形

胥燕　陈怀炳

## 主题与课时

北京师范大学出版社版数学教材七年级下册第五章第3节(1课时)。

## 课标要求

探索等腰三角形的轴对称性质。

## 学习目标

1. 通过动手制作等腰三角形纸片和对折等腰三角形纸片，初步感知并能用自己的语言描述等腰三角形两底角相等、“三线合一”的性质，积累数学活动经验，发展空间观念。

2. 经历等腰三角形轴对称性的发现过程，准确地描述等边三角形的对称性与“三线合一”的性质，发展归纳概括的能力。

3. 通过运用等腰三角形的轴对称性等性质解决等腰三角形中简单的边、角计算问题，发展应用意识与推理的能力。

设计说明：本节的课标要求是探索等腰三角形的轴对称性，而结合教材的实际内容，先探索等腰三角形的轴对称性，再探索等边三角形的轴对称性，最后进行简单应用，因此将目标按照“等腰三角形的轴对称性—等边三角形的轴对称性—性质应用”的顺序分解为相应的三个任务，体现由易到难及知识学习的一个进阶过程。

## 评价任务

1. 完成任务一 4、5、6(检测目标 1)
2. 完成任务二 4、5(检测目标 2)
3. 完成任务三 3(检测目标 3)

## 资源与建议

1. 本节课是在前面已经认识了等腰三角形的基础上继续研究等腰三角形的轴对称性。通过本节学习为后续研究其他轴对称图形起到示范作用，具有承上启下的作用。

2. 本节课的学习流程是：通过动手折纸初步获得等腰三角形的轴对称性—利用等腰三角形的轴对称性探索获得等边三角形的轴对称性—运用性质解决实际问题。

3. 本节课的学习重点是等腰三角形和等边三角形的轴对称性及其相关性质，难点是等腰三角形的“三线合一”的性质及其应用。学生可以通过任务一、任务二的学习掌握重点，通过任务三的学习突破难点。

设计说明：资源与建议明确了内容的出处、知识的前后联系、学习的路径、学习的重难点及突破的途径，同时明确了针对目标的评价标准，能有效指导学生的学习。

## 学习过程

### 学习准备

1. 等腰三角形的概念：________相等的三角形叫做等腰三角形。

等边三角形的概念：________相等的三角形叫做等边三角形。

2. 学具准备：制作等腰三角形纸片。

3. 阅读教材第121—122页。

**任务一：探究等腰三角形的轴对称性及其相关性质（指向目标1）**

1. 动手操作。

动手折一折等腰三角形纸片，折痕能将它分成两个相同的部分吗？折痕有什么特点？

2. 观察猜想。

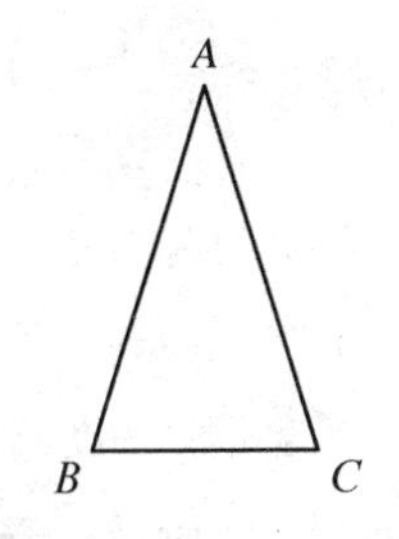


(1) 等腰三角形是轴对称图形吗？若是，请画出它的对称轴。

(2) 等腰三角形顶角平分线所在直线是它的对称轴吗？

(3) 等腰三角形底边上的中线所在直线是它的对称轴吗？底边上的高线所在直线呢？

(4) 小组交流，沿对称轴对折，等腰三角形有哪些特征，用自己的语言进行描述。

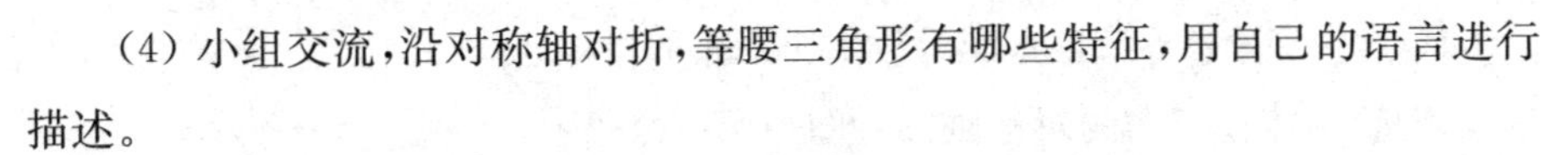

3. 归纳性质。

等腰三角形是________图形。

等腰三角形顶角的________，底边上的________，底边上的________，这三条线段重合（等腰三角形三线合一），____________都是等腰三角形的对称轴。

等腰三角形的两个________相等。

4. 在等腰$\triangle ABC$中，$\angle A=100°$，那么$\angle B=$________度。（检测目标1）

5. 如图所示，在$\triangle ABC$中，$AB=AC$，点$D$在边$BC$上，根据等腰三角形“三线合一”的性质填写结论：（检测目标1）

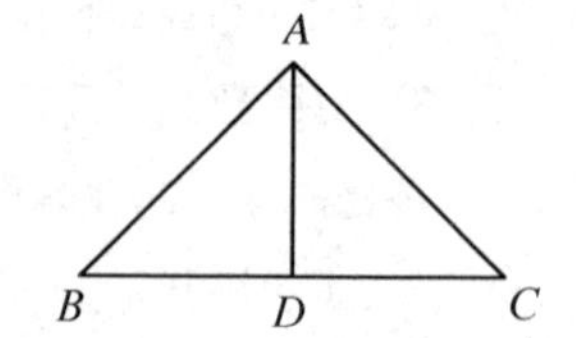


① 若$BD=CD$，则________________________。

② $AD\perp BC$，垂足为$D$，则____________________。

③ 若$AD$平分$\angle BAC$，则______________________。

6. 证明：等腰三角形的两底角相等（等边对等角）。

已知：如图所示，$\triangle ABC$中，$AB=AC$。

求证：$\angle B=\angle C$。（检测目标1）

证明：

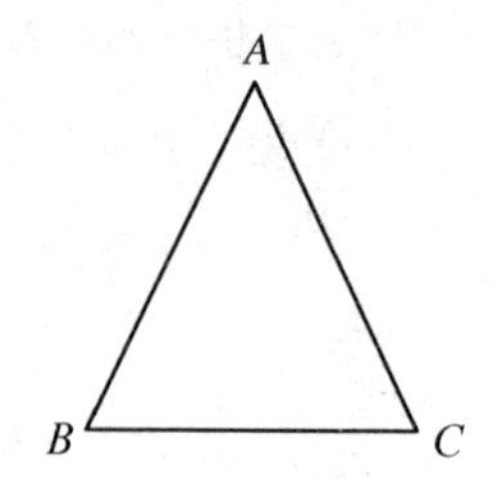


设计说明：结合学生学习经验和知识基础，通过自己动手操作和观察猜想解决相关问题，探索获得等腰三角形的轴对称性，通过评价任务熟悉等腰三角形“三线合一”的性质和等边对等角性质，有利于学习目标一的达成，也为后面探索等边三角形的轴对称性做好铺垫。

**任务二：探究等边三角形的轴对称性（指向目标2）**

1. 自主探索：等边三角形是轴对称图形吗？

若是，你能找出它的对称轴并在图中画出来吗？

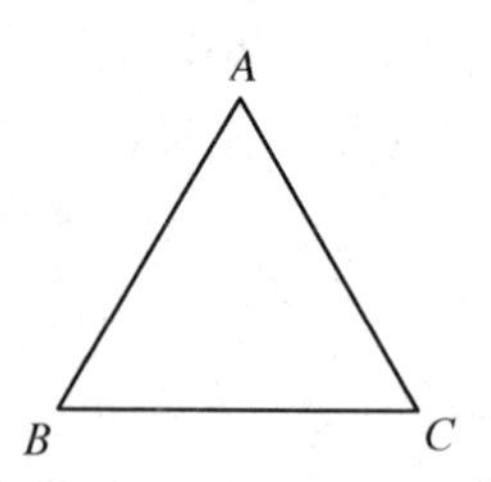


2. 小组交流展示、相互评价。

3. 形成结论：

等边三角形是________图形，等边三角形每条边上的________、________和________互相重合（三线合一），它有________条对称轴.

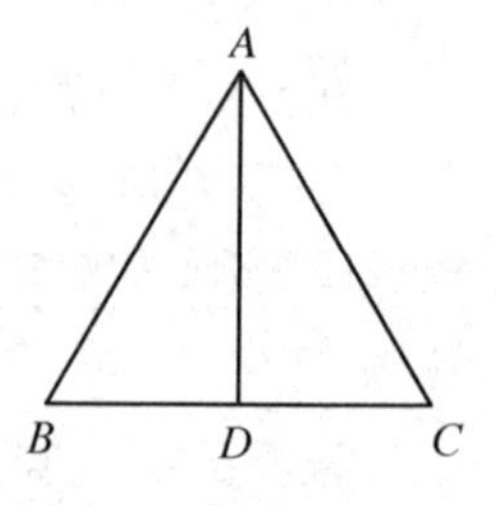


4. 如图所示，在$\triangle ABC$中，$AB=AC=2$，$\angle B=60°$，$AD$平分$\angle BAC$，则$BD=$________。（检测目标2）

5. 如图所示，$AD$、$BE$ 分别是等边△$ABC$ 边 $BC$、$AC$ 上的中线，$AD$、$BE$ 相交于点 $O$，则 $\angle AOB=$ ________ 度。（检测目标 1）

设计说明：作为特殊的等腰三角形，等边三角形具有等腰三角形所有的性质，因此任务二利用等腰三角形的轴对称性来探索等边三角形的轴对称性，是对前面知识的应用，也能促进思维的进阶，紧扣学习目标二。

**任务三：等腰三角形轴对称性质的应用**

1. 自主解决应用 1：如图所示，在△ $ABC$ 中，$AB=AC$，$D$ 是 $BC$ 边上的中点，$\angle B=30°$，分别求出 $\angle C$、$\angle ADC$、$\angle BAC$ 的度数。（指向目标 3）

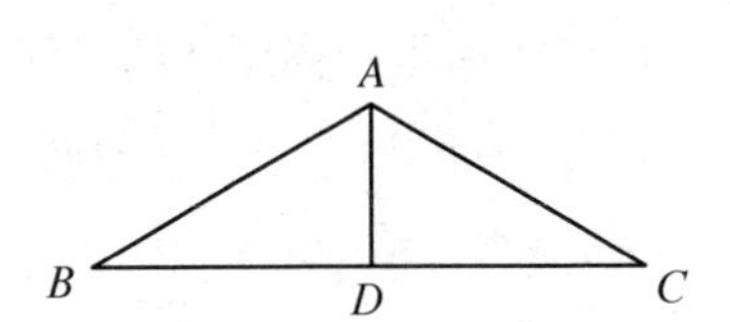


2. 小组合作交流应用 2：有哪些方法可以得到一个等腰三角形？（指向目标 3）

3. 如图所示，在△ $ABC$ 中，已知 $AB=AC$，$BD$ 平分 $\angle ABC$，$AE$ 为 $BC$ 边的中线，$AE$、$BD$ 相交于点 $D$，其中 $\angle ADB=125°$，求 $\angle BAC$ 的度数。（检测目标 3）

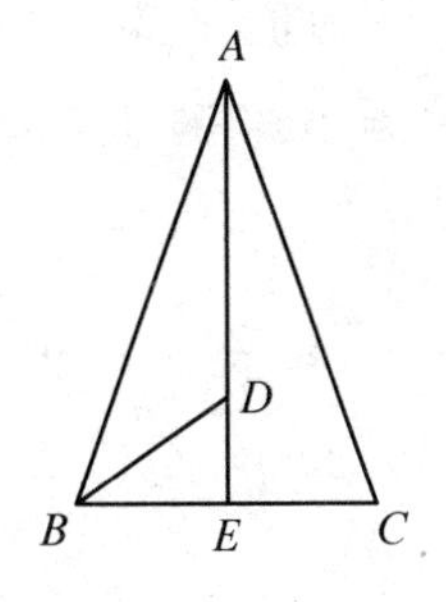


设计说明：任务三紧扣学习目标三，是对等腰三角形轴对称性的应用，是对知识的综合应用，也是整个学习的进阶和提升，同时也重在培养学生合情推理的能力。

## 作业与检测

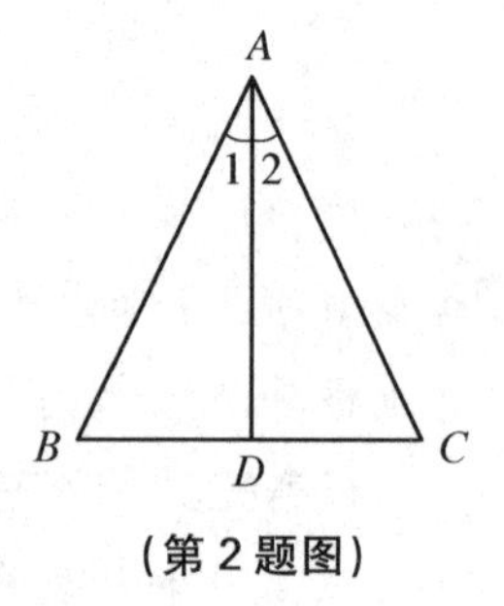

(第 2 题图)

1. 等腰三角形是轴对称图形，它的对称轴是(　　)。(检测目标 1)

(A) 过顶点的直线

(B) 底边上的高

(C) 顶角平分线所在的直线

(D)腰上的高所在的直线

2. 如图所示，在$\triangle ABC$中，$AB=AC$，$BD=DC$，则下列结论中错误的是(　　)。(检测目标 1)

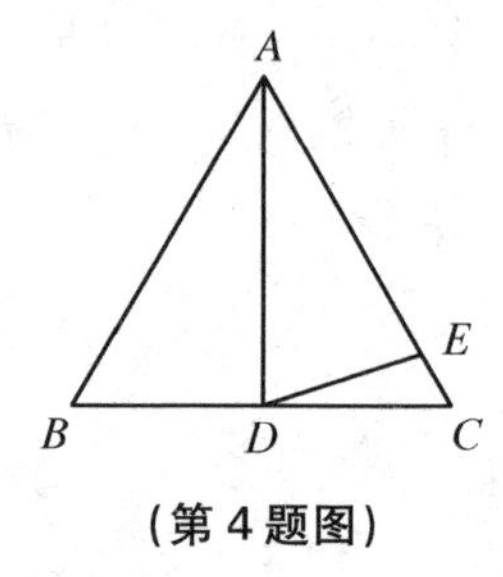

(第 4 题图)

(A) $\angle BAC=\angle B$

(B) $\angle 1=\angle 2$

(C) $AD\perp BC$

(D) $\angle B=\angle C$

3. 在等腰$\triangle ABC$中，$\angle A=50°$，那么$\angle B$的度数为________。(检测目标 1)

4. 如图所示，$AD$是等边$\triangle ABC$的中线，$AE=AD$，则$\angle EDC=$________度。(检测目标 2)

5. 如图所示，在$\triangle ABC$中，$AB=AC$，$D$是$BC$的中点，$DE\perp AC$，垂足为$E$，$\angle BAC=50°$，求$\angle ADE$的度数。(检测目标 3)

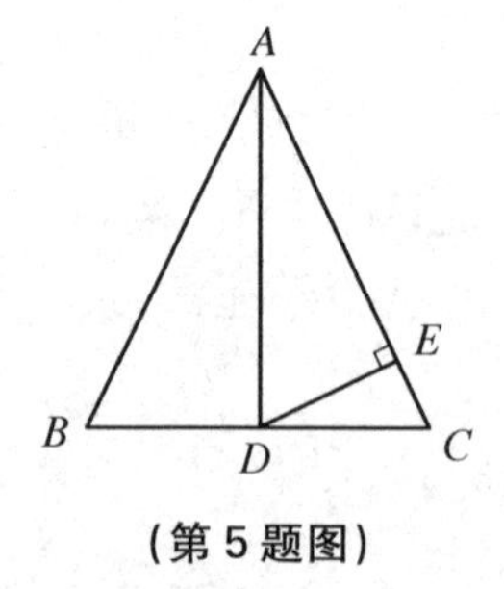

(第 5 题图)

## 学后反思

1. 你能用思维导图梳理本节课学习的知识要点和解决问题的方法吗?

$$\begin{cases}\text{等腰三角形} \\ \\ \text{等边三角形}\end{cases}$$

2. 说出自己需要求助的困惑或分享自己如何学会的经验:

设计说明:引导学生对本节的学习进行归纳形成知识框架,并从学习经历中反思学会了什么,存在什么问题以及掌握了哪些解决数学问题的方法;同时重视引导学生进行自我矫正与评价,逐步将数学能力转变为数学素养。

## 导 读

运算是数学之基。"整式的加减"是由数的运算到式的运算的首次跨越,本学历案设计力图以教、学、评一致性理念为支撑,以长方形面积问题解决突破对合并同类项必要性的认识,以三大任务的递进式设计实现学习过程的进阶,进而使学习者对整式加减运算关键过程——合并同类项得以顺利掌握,数学运算的素养得以提升。

# 整式的加减

凌燕　敬正敏

## 主题与课时

北京师范大学出版社版数学教材七年级上册第三章第四节(1课时)。

## 课标要求

掌握合并同类项法则,能进行简单的整式加法和减法运算。

## 学习目标

1. 通过用直接法或间接法表示图形面积的过程,感受合并同类项的必要性,发展符号意识。

2. 通过事例概括得出同类项的概念,会在具体情况下识别同类项,发展数学抽象能力。

3. 类比数的运算,依据乘法分配律合并同类项,概括得出合并同类项的法则,感受类比的思想,发展数学概括能力。

4. 能熟练进行合并同类项的运算,发展数学运算素养。

设计说明：课标要求掌握合并同类项法则就需要体会合并同类项的意义，并能在具体问题中准确识别同类项，用已有的数的运算这个旧知识类比认识合并同类项的法则。这里设计的四个目标分别对应了学习过程中的四个任务，这样设计是为了落实学、教、评的一致性。课标要求能进行简单的整式加法和减法运算在本节课指的是不含括号的整式加、减运算。

## 评价任务

1. 完成任务一 1。(检测目标 1)
2. 完成任务二 3、4。(检测目标 2)
3. 完成任务三 5。(检测目标 3)
4. 完成任务四 6。(检测目标 4)

## 资源与建议

1. 合并同类项是建立在数的运算基础上的，在合并同类项的过程中要运用数的运算，因此它是有理数加减运算的延伸与拓展。另外，它也是今后学习整式加减、解方程、解不等式的基础，所以本课内容起着承上启下的作用。

2. 本主题的学习按以下流程进行：具体情景中图形面积的计算，感受合并同类项的必要性→利用情景素材和实例探究同类项的定义→类比数的运算探究合并同类项的法则→利用法则进行合并同类项的运算，发展数学抽象、运算的素养。

3. 本节课的学习重点是理解同类项的概念，正确合并同类项。学习难点是感受合并同类项的必要性。可以通过完成任务三、四来掌握重点，完成任务一突破难点。

设计说明：在资源与建议中设计了三个内容：课题出处及地位作用、学习流程、重难点突破等，这些有助于从整体上把握学习的思路，有利于形成用数学的思维分析问题、解决问题，从而发展数学素养。

## 学习过程

### 学习准备

1. 用字母表示下面的运算律：

乘法分配律：______________；　　乘法分配律逆用：______________。

2. 阅读教材第 90—92 页的内容。

**任务一：感受合并同类项的必要性**

1. 右图所示的长方形由两个小长方形组成，求这个长方形的面积(用字母 $n$ 表示)，并说明理由。(检测目标 1)

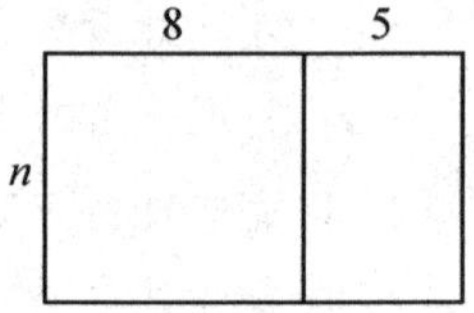

2. 从上述答案中你发现了什么？(指向目标 1)

**任务二：探究同类项的定义**

1. 问题思考：(指向目标 2)

$8n$ 和 $5n$，$3x^2$ 和 $\frac{1}{3}x^2$，$3ab^2$ 和 $-4ab^2$，它们的字母有什么特点？字母的指数有什么特点？

2. 明晰同类项：(指向目标 2)

所含________相同，并且______________也相同的项叫做同类项；

特别地：__________________________也是同类项，如 0 和 $-5$ 是同类项。

3. 下列各组式子中，属于同类项的是(　　)。(检测目标 2)

(A) $3a^3b$ 与 $-3ba^3$　　(B) $a^3$ 与 $b^3$

(C) $abc$ 与 $ac$　　(D) $a^5$ 与 $2^5$

4. 找出下列代数式中的同类项：(检测目标 2)

① $-\frac{1}{3}a^2b^3$　② $4xy^2$　③ $-5$　④ $\frac{1}{3}a^2b^3c$　⑤ $-xy^2$　⑥ $a^2b^3$　⑦ $\frac{2}{3}x^2y$

⑧$\frac{1}{5}$

请写出序号：____________________________。

**任务三：探究合并同类项的法则**

1. 问题思考：(指向目标3)

(1) 你能把多项式 $8n+5n$ 化简吗？为什么？

(2) 多项式 $-9a^2b+5a^2b$ 也能化简吗？为什么？

分析：类比数的计算方法简化式子。

∵ $1.68\times4+8.32\times4=$____________$=$____(依据：____________)

∴ $8n+5n=$____________$=$\_\_\_\_\_\_\_\_$=$____

同理：$-9a^2b+5a^2b=-9$______$+5$______$=$\_\_\_\_\_\_\_\_\_\_\_\_$=$______

2. 明晰合并同类项：(指向目标3)

把多项式中的________合并成________，叫做合并同类项。

这种运算的依据是________________。

3. 归纳合并同类项法则：(指向目标3)

在合并同类项时，把同类项的________，字母和字母的指数________。

4. 应用合并同类项法则：(指向目标3)

例1：合并同类项：$7a+3a^2+2a-a^2+3$

解法小结：____________________________。

5. 合并同类项：(检测目标3)

(1) $3f+2f-7f$　　　　(2) $-xy^2+3xy^2$

(3) $3a+2b-5a-b$　　　　(4) $3b-3a^3+1+a^3-2b$

解法小结：________________________________________。

合并同类项时应注意________________________________________。

**任务四：利用合并同类项对多项式化简求值**

例 2：求代数式 $\frac{1}{3}m-\frac{3}{2}n-\frac{5}{6}n-\frac{1}{6}m$ 的值，其中 $m=6$，$n=2$。（指向目标 4）

解法小结：________________________________________。

6. 求代数式 $-3x^2y+5x-0.5x^2y+3.5x^2y-2$ 的值，其中 $x=\frac{1}{5}$，$y=7$。（检测目标 4）

设计说明：任务一选择熟悉的面积问题，在独立思考的基础上通过问题串引导，体会合并同类项的意义，为探究合并同类项法则提供实例。任务二在具体事例中通过观察、比较、归纳等数学活动认识同类项的特征，旨在形成“认识—辨析—判定”的思维方式，理解概念。任务三、四通过类比数的运算、探究式的运算，利用任务一中的“面积问题”素材体会有理数的运算律在整式运算中同样适用，并从中找到合并同类项的方法依据，体会类比、特殊到一般的数学思想，积累数学经验。

## 作业与检测

1. 判断下列各题中的两个式子是不是同类项，是的打√，错的打×。（检测目标 2）

(1) $\frac{1}{3}x^2y$ 与 $-3yx^2$（　　） (2) $ab^2$ 与 $a^2b$（　　）

(3) $2a^2bc$ 与 $-2ab^2c$（　　） (4) $x^2$ 与 $2^2$（　　）

2. 若$-2a^{m-2}b^{4}$与$3ab^{n+2}$是同类项,则$m=$________,$n=$________。(检测目标 2)

3. 合并同类项:(检测目标 3)

(1) $-2ab^{2}c+5ab^{2}c$

(2) $8p^{2}-7q+6q-7p^{2}$

(3) $-x^{2}-1-2x+3x^{2}-5+3x$

4. 求代数式的值:(检测目标 4)

(1) $4x^{2}+3xy-x^{2}-9$,其中$x=2$,$y=-3$。

(2) $\frac{1}{4}ab^{2}-\frac{2}{3}a^{2}b+\frac{3}{2}ab^{2}-\frac{1}{6}a^{2}b$,其中$a=4$,$b=3$。

5. 请写出的几个同类项的例子。(检测目标 2)

6. 小华为一个长方形娱乐场所提供了如图所示的设计方案，其中半圆形休息区和长方形游泳池区外的地方都是绿地. 如果这个娱乐场所需要有一半以上的绿地，并且它的长与宽之间满足 $a=\frac{3}{2}b$，而小华设计的 $m$、$n$ 分别是 $a$、$b$ 的 $\frac{1}{2}$，那么他的设计方案符合要求吗？你能为这个娱乐场所提供一个既符合要求又美观的设计方案吗？（检测目标 3、4）

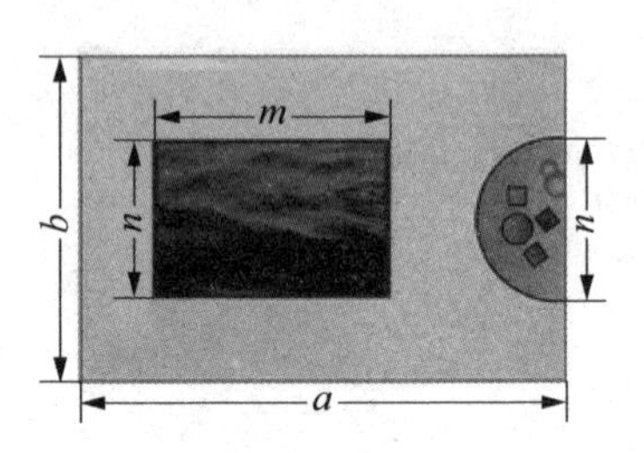


## 学后反思

1. 完善思维导图，梳理本节课学习的知识内容和数学思想方法：

合并同类项
- 图形面积计算 { ________法 / ________法 } ⇒感受合并同类项的必要性
- 同类项的定义：所含________相同，并且________也相同叫同类项
- 合并同类项
  - 定义：把多项式中的________合并成________，叫做合并同类项依据：________
  - 法则：在合并同类项时，把同类项的________，字母和字母的指数________

本课学习涉及的数学思想方法有：________

2. 小结自己在学习合并同类项中的易错点与注意事项，或需要求助的困惑与分享自己如何学会的经验：

设计说明：对所学内容的框架结构图补充完善，帮助学生将知识结构化，建立起知识间的联系，形成系统的知识。同时，根据课堂表现与评价任务完成的质量，明确自己的达标情况，便于后续补救。通过反思与同伴交流分享，增强学生合作意识，促进数学素养的形成。

## 导　读

本单元将学习字母I至R,并围绕话题"生活中常见的物品"进行词汇和句型的学习。本课为本单元最后一课,学习重点为按字母顺序给单词排序的方法以及元音字母A、E、I、O的发音规律。本学历案的最大特色是针对不同学力学生的学习水平和需求分层要求,设计有针对性的学习活动和练习,分层达标,在体现学历案"教—学—评"一致的特点的同时让不同学力的学生都能获得发展。

# What's this in English?

杨立　李莹

### 主题与课时

人民教育出版社版英语教材七年级上册(第4课时)。

### 课标要求

1. 正确读出26个英文字母。能正确地使用大小写字母和常用的标点符号。

2. 能根据拼读的规律,读出简单的单词。

3. 知道要根据单词的音、义、形来学习词汇。了解语音在语言学习中的意义。

### 学习目标

1. 通过观察、游戏、填表及同伴交流,能对字母Aa—Rr正确发音和规范书写。

2. 通过编号、列举、交流,能正确排列字母顺序,在列举中体会字母排序的实际运用，逐步提升联系生活实际学以致用的思维品质。



3. 通过听、读及小组探究，能正确认读、归纳字母 I 和 O 在重读开、闭音节中的不同发音；并根据归类，初步尝试根据字母的发音来拼写记忆单词，形成初步的英语语言能力和学习能力。

设计说明：3 个学习目标不仅将课标要求一一具体化，而且兼顾学生差异，设置基本的学习目标，即能否正确书写大小写字母并排序，能否认读元音字母及其不同发音，设置较高层次的学习目标，即能否在实际生活中运用字母排序解决问题，能否归纳字母发音规律并举一反三正确读出一些简单单词，能否根据字母发音来拼写记忆单词。学习目标由浅入深，从易到难，利于学习目标达成。

## 评价任务

1. 完成任务一 3。（检测目标 1）
2. 完成任务二 3、4。（检测目标 2）
3. 完成任务三 4。（检测目标 3）

## 资源与建议

我们已学习了按首字母 A—H 的顺序给单词排序的方法和元音字母 A、E 的发音。本课要学习字母 A—R 的音、形、序的正确性，元音字母 I、O 的发音规律，并在实际生活和英语学习中运用。

本节课应通过“听读—观察—练习—交流”的流程来学习，重点是字母排序及归纳和运用元音字母的发音规律，难点是运用发音规律拼读单词。学习时，要仔细观察，大胆练习，积极思考并寻找规律。同伴交流时，可充分利用教材词汇表、教师提供的材料进行练习、巩固，如果读音上仍存在困难，可通过网络学习 App 或相关音频资源跟读模仿。

设计说明：简要介绍本课要学习的内容、学习方法和学习重难点，让学生在正式学习之前，做好学习的心理准备，形成学习预期。

## 学习过程

### 一、课前准备

自制字母卡片 Aa-Rr。

### 二、课中学习

**任务一：字母读写**

1. 游戏：我会读。两两一组，随机抽取一张自制字母卡片（大写或小写），让同伴正确读出该字母。（指向目标 1）

2. 观察教材 4a 表格，找出填表规律，说出依据（可适当用汉语），并完成表格。（指向目标 1）

3. 同伴核对 4a 答案，抽查读音和书写。（检测目标 1）

评价标准：字母读音与录音发音一致，元音发音正确。字母书写笔顺正确，在四线三格位置正确。

设计说明：任务一中的活动 1，采用游戏形式，调动学生参与积极性。同时，复习旧知，为新学习做铺垫。活动 2 为学生提供“表格”支架，帮助学生找规律。活动 3 是镶嵌在学习过程中的评价任务，检测学生对字母的发音和对字母书写的掌握情况。

**任务二：用字母排序**

1. 游戏：找邻居。两两一组，随机抽取一张自制字母卡片（大写或小写），让同伴说出该字母的前、后字母，并从自己的卡片中拿出相应字母卡。（指向目标 2）

2. 为 4b 的单词编号。（指向目标 2）

3. 以接龙的方式在班上按首字母顺序朗读 4b 的单词。（检测目标 2）

评价标准：单词按首字母排序正确，单词发音正确，声音洪亮。

4. 思考与交流：在我们的日常生活中，哪些地方用得上字母排序？用字母排序有什么好处？（检测目标 2）

设计说明：游戏化设计促进学习参与。活动 1 和活动 2，是为了让学生学会字母排序。活动3和活动4,是镶嵌在学习过程中的评价任务,检测学生是否掌握了字母排序和字母发音。活动4要求更高,促进学生思考字母排序在生活中的应用。通过学生交流,判断其对这一问题的认识程度。同时,又为后面的学习做准备。

**任务三: 字母发音和单词拼读**

1. 听录音并跟读4c,留意4c表格体现的规律。(指向目标3)

2. 小组探究4c,归纳I、O字母的发音规律,并正确朗读4c内容。(指向目标3)

3. 观察、理解4d的活动要求,正确朗读第一栏字母和单词,试读第二栏生词。(指向目标3)

4. 根据元音字母发音规律,试读以下简单生词。(检测目标3)

tape same baby/math bad map

she we be/desk bell best

like time bike/ trip miss list

rose nose phone/clock sock lost

设计说明:通过反复听、读,促进学生正确发音。活动2、活动3,通过小组探究,让学生在表格的帮助下,归纳字母I、O的发音规律,达成本课较高层次的学习要求。活动4,是镶嵌在学习过程中的评价任务,检测学生是否掌握了元音字母发音规律,同时巩固所学,逐步形成英语学习能力。

**任务四: 学习小结**

1. 小组内小结本课所学。(指向目标1—3)

2. 班级展示小组小结。(检测目标1—3)

设计说明:促进学生梳理、总结、巩固本课所学内容,形成知识结构。同时,学会如何梳理知识、技能等策略和方法,促进思维品质和学习能力提升。

## 检测与练习

1. 根据A C d F i K l N o p r在四线三格里补全所缺字母。(写在英语本上)

2. 将下面句子按字母顺序将单词排序。(写在英语本上)

Match each clothing item with a price.

3. 用字母排序法给班上家长会设计一份座位表。(自备纸张)

4. 模仿任务三第四步,为四个元音字母的不同发音找新单词进行拼读练习。每种发音找不少于三个新单词,先自己拼读会,然后小组内交流。(写在积累本上)

设计说明:通过字母补全、书写、排序等练习与设计座位表、拼读新单词的运用练习,促进学生学以致用,既巩固了本课学习内容,又促进学生形成语言能力。同时,检测学生学习目标的达成情况。

## 学后反思

我会正确认读和书写本课所学的字母吗?再读读写写看。

通过课堂学习,我还能列举字母学习的作用和意义:

课堂上老师要求听录音、观察表格找规律、拼读单词等,我都认真去做了吗?有什么需要注意的地方?

今天学习字母发音和拼读规律时是容易还是吃力?我可以怎样学得更好?

设计说明:从知识、技能、态度、策略方面,引导学生反思方向和方法,促进学生在潜移默化中学会学习,提升学习能力。

## 导 读

本课时是七年级下册 Unit 10 I'd like some noodles. 的第 5 课时。前面 4 课时已经学习了本单元的单词、句型等基础知识，本课时主要是运用前面几课时所学，进行广告写作。本学历案的最大特色是，将评价作为重要的学习方法，通过自评、互评、师评等多次评价，找到自己及同伴在广告创作中的优点、不足，提出修改意见建议并修改完善。多次评价和修改强化了学生对自己写作的反思，巩固了所学的英语广告创作知识，逐步形成英语写作技能，提升英语写作能力。

# I'd like some noodles.

李波 邓雪

### 主题与课时

人民教育出版社版英语教材七年级下册(第 5 课时)。

### 课标要求

1. 在学习中善于利用图画等非语言信息理解主题。
2. 能用短语或句子描述系列图片，编写简单的故事。
3. 在使用英语时，能意识到错误并进行适当的纠正。
4. 能在小组活动中积极与他人合作，相互帮助，共同完成任务。

### 学习目标

1. 通过观察短文和插图，能预测 3a 文段的大意，提高识图和归纳能力。
2. 通过小组讨论，能归纳餐馆广告的行文特点、设计餐馆信息、仿写形成书面表达。

3. 通过参照书面表达评分标准，进行自评、互评等活动，客观评价自己及他人的书面表达，找出优点与不足，形成修改意见，通过评价和修改，提升英语写作水平。

设计意图：结合本课学习内容，将课标要求具体化为3个可观察可测量的学习目标。一是能观察图画，预测大意（对应课标第1个要求）。二是小组讨论，归纳特点，仿写表达（对应课标第2个要求）。三是通过评价，互帮互助，纠正修订，形成能力。其中，第3个学习目标对应了课标的第3和第4个要求。

## 评价任务

1. 完成任务一2。（检测目标1）
2. 完成任务一3，任务二2，3，任务三1。（检测目标2）
3. 完成任务三2，任务四2，3。（检测目标3）

## 资源与建议

本课时为Unit 10 I'd like some noodles. Section B，3a—3c Section B的第5课时，是关于餐馆广告设计的写作课。

前面4课时已学习了关键词汇、句型等表达，本课时的重点是运用这些词汇、句型，仿写餐馆广告。难点是掌握广告写作的特点，熟练运用核心词汇和句型，写出较高质量的餐馆广告。

本课时将主要通过小组讨论等方式，归纳广告特点、写作要点，合作设计餐馆广告语，通过参照评分标准的自评、互评等，找到优点与不足，提出修改建议，提高英语广告写作能力和书面表达水平。互联网中，为大家提供了大量类似写作题材，可供同学们写作时借鉴学习和拓展练习。

设计说明：从单元整体设计角度来定位本课时的学习，指明本课时学习重、难点和学习方法等。

## 学习过程

**任务一：预测短文大意与讨论广告特点**

1. 观察3a短文和插图预测短文的主要内容。(指向目标1)

Question: What's the passage about?

______________________________________________

______________________________________________

______________________________________________

2. 自主完成3a的填写任务,然后和学习小组的其他成员核对答案。(检测目标1)

3. 仔细阅读3a,小组讨论交流餐馆广告中有哪些必要的信息,行文上有什么特点。(检测目标2)

餐馆广告的要点归纳如下:

要点1:起始句使用________来抓住读者的注意力。

要点2:依次介绍餐馆所卖食品、甜点、饮料的________和________。

要点3:结尾可增加________或________,如:Welcome to ... 或 Please call us at ...

要点4:______________________________________________。

设计意图:任务一中的活动1,旨在培养学生观察图片了解文章大意的能力;活动2,通过完成填写任务,帮助学生了解范文细节。同时,检验学生是否具备利用图画理解文章的能力。活动3,通过小组交流讨论,帮助学生归纳广告的内容要点、写作特点,为接下来的写作做铺垫。同时,通过要点提示引导学生讨论和归纳的方向;要点提示4,引导学生自主发现。

**任务二:讨论并设计餐馆信息**

1. 以小组为单位,合作设计自己小组的餐馆菜单。完成表格,表格应包括餐馆名(以确定餐馆类别,如:The Dumping House, The Pizza House, The Water Bar等)、菜品名、价格及联系方式等信息。(指向目标2)

我们的餐馆信息设计是这样的:

2. 小组讨论：如果你现在要为你的餐馆写一份广告，你会用到哪些有用短语和句型结构？请小组讨论后写在下面方框中。（检测目标2）

3. 各学习小组代表运用上面归纳出的短语和句型结构向全班展示餐馆信息并口头介绍自己小组的餐馆广告。（检测目标2）

设计意图：任务二是写作前的准备活动。活动1是写下基本信息，活动2是小组讨论确定餐馆广告要用到的短语和句型结构。活动3是用口头表达的方式为书面表达做准备。同时，活动3也可用于检验学生是否准确把握了餐馆广告的信息要点、广告写作的行文特点等。

**任务三：创作自己的餐馆广告**

1. 结合已总结的广告写作的要点以及小组设计的菜单及餐馆信息，模仿3a的范文为自己的餐馆编写广告。广告写在下面方框中，词数在80个左右。（指向目标3）

我的餐馆广告：

2. 教师给出评分标准。学生对照评分标准进行自评。说出评分理由和改进方向。（检测目标3）

自评：________分（满分15分）

评分理由：

评分标准：

(1) 正确性(8分)。要求：正确运用单词及句型，介绍三种以上食品、甜点或饮料以及它们的价格，准确传达信息，语意完整，行文流畅。结尾部分有欢迎词或联系方式。评分标准：有单词或标点等错误，每个扣0.5分。有句型错误每个扣1分。信息不完整，每少一个信息扣1分。

(2) 得体性(7分)。要点：广告标题简洁，突出重点信息。根据自身餐馆的类别和目标人群的特点，正确选用语言表达方式。语言有吸引力，突出本餐馆的优点和特色，有效吸引目标人群消费。评分标准：重点信息不突出，扣2分。语言表达方式，与餐馆类型和目标人群特点不符，扣3分。没有有效突出优点特色，扣3分。

3. 根据自评情况，修改自己的餐馆广告。(指向目标3)

4. 将修改后的餐馆广告交给同伴。对同伴的餐馆广告进行评价，指出优缺点，给出修改建议。(指向目标3)

设计说明：任务三是本课时最重要的学习任务。活动1为学生的实际创作。活动2，在学生创作完成后，教师给出评分标准，学生对照标准自评，找到自己创作中的优点和不足并进行修改。活动3为学生的第一次修改。活动4旨在通过相互提修改意见，在评价他人的同时，提升自己的写作能力。

**任务四：优化餐馆广告**

1. 根据同伴给出的修改意见，再次修改自己创作的餐馆广告。(指向目标3)

2. 小组交流讨论，评出本小组最优秀的餐馆广告，并说明理由(优缺点及改进建议)。(检测目标3)

3. 全班分享，对其他小组的餐馆广告进行评价，说明理由(优缺点及改进建议)。(检测目标3)

设计说明：活动1通过再次修改，提升餐馆广告写作质量。活动2和活动3通过小组及全班分享，评出最优秀的餐馆广告并给出理由。在这一过程中，同学们相互借鉴、取长补短，既学到了别人最优秀的表达，也进一步加深了自己对英语广告写作的理解和掌握。

## 检测与练习

将自身的餐馆广告设计的修改稿和写作后分享过程中学习到的好词好句

相结合,完善本课时写作内容(图文并茂)。(检测目标 3)

写作定稿:

教师评价:________分。(满分:15 分)

设计意图:通过前几次修改及小组和全班分享,同学们对餐馆广告写作有了较为深刻的了解和掌握。再次修改旨在进一步提高创作的餐馆广告质量,进一步提升学生的英语写作能力。

## 学后反思

通过本课时的写作训练,你认为应如何创作一个有吸引力的英语广告?你能否给出一个好的英语广告创作的评价标准?(检测目标 3)

设计意图:引导学生从餐馆广告推及其它广告创作。反思英语广告创作的特点。同时,让学生自己设计好的英语广告创作的评价标准,促进学生进一步形成英语能力素养。

## 导 读

本课是本单元的第3课时，第1、2课时通过听说进行语言输入。本课时的重点是归纳并体验用can发出邀请的语法知识，培养学生的语言运用能力。本学历案的最大特点是：克服了传统语法教学常常只关注语法知识学习和书面练习，导致学生会做题、会应试，却不能正确而得体地进行语言交际的缺点，一是让学生在具体语境中体会语言的表意差别；二是注重让学生合作探究语法规律；三是在大量的语言实践中，帮助学生正确理解语言、得体使用语言，形成英语语用能力。重点体现了学历案课标要求对课堂教学的指引。

# Can you come to my party?

乔正均　饶伶俐

### 主题与课时

人民教育出版社版英语教材八年级上册(第3课时)。

### 课标要求

1. 在实际运用中体会和领悟语言形式的表意功能。

2. 能在教师的指导下参与角色表演等活动。

3. 在学习中积极思考，主动探究，善于发现语言的规律并能运用规律举一反三。

4. 能在小组活动中积极与他人合作，相互帮助，共同完成学习任务。

### 学习目标

1. 通过自主学习和小组合作学习，区分Grammar Focus表格中can表示

“发出邀请”还是“打听第三方能否参加聚会的可能性”，并正确运用这两种用法进行简单问答。

2. 通过独立思考与同伴对话，在具体语境中体会情态动词 might 的用法，能根据不同语境，得体地运用 I don't know, I am not sure 及 might 进行回答。

3. 通过对话练习，在新的语境中体验用“can 与 would like to”发出邀请的句型，能运用 can/would like to 发出邀请，并用不同的方式来接受或拒绝邀请，且说明原因。

4. 通过小组合作，能正确使用 can 邀请同学参加聚会，能就自己的实情，得体地拒绝或接受他人邀请，并根据他人的问答和提示的语言结构完成班级汇报，提升语言运用能力。

设计说明：根据课标要求，结合本课内容，设置 4 个学习目标。一是合作探究语法规律（学习目标 1）；二是在语境中体会用法（学习目标 2、3）；三是实践操练形成语言能力（学习目标 4）。4 个目标循序渐进，由易到难，最后完成对目标语言的真实运用。

## 评价任务

1. 完成任务一 4。（检测目标 1）
2. 完成任务二 4。（检测目标 2）
3. 完成任务三 4。（检测目标 3）
4. 完成任务四 3。（检测目标 4）

## 资源与建议

1. 本课时是 Unit 9　Can you come to my party? 的第 3 课时。前两课时学习了情态动词 can 关于“邀请”（发出邀请、接受邀请和拒绝邀请）及询问可能性的句型。本课时，重在通过探究活动来提炼归纳这些句型，在真实情景中体会 can/might 的用法并实践运用。

2. 本课时学习按以下流程进行：课前准备—探究 can 表示邀请和询问可能性的用法—在具体语境中体会“might”的用法—在新的语境中体验用 can 发出邀请、接受及拒绝邀请句型的使用—在真实的语境中运用 can 发出邀请、接受及拒绝邀请。



3. 本课时的重点是：运用得体的语言对拒绝邀请进行合理的表达并能陈述理由。难点是：理解和正确运用 can 询问可能性及 might 的用法。你可以通过完成任务一的 1、2、3 小任务及任务二来突破本节课的难点。并在小组合作中积极探究目标语言的句式结构，在真实语境中使用目标语言进行交流。

设计意图：为学生简介本课时学习内容及其作用，明确本课学习的重难点，提出学习方法建议，让学生做好学习的心理准备。

## 学习过程

课前准备：收集 5—10 个与自己周末活动相关的英语词汇，供课堂活动使用。

设计意图：为学生结合实践活动，开展语言实践练习做好词汇准备。

**任务一：探究 can 表示邀请和询问可能性的用法**

1. 列举 Grammar Focus 表格中 can 表示邀请和询问第三方能否参加某项活动的问句。(指向目标 1)

Invitations:

Probability:

2. 小组探究。(指向目标 1)

a. can 表示邀请和询问可能性时，在人称上有何差异？

b. 探讨如何接受、拒接邀请，并记录下讨论结果。

Accept invitations:

Refuse invitations:

c. 如何回答第三方能否做某事的可能性？

Answer Probability:

3. 小组探究成果分享。(指向目标 1)

4. 根据探究结果及提示，通过同伴问答，在小组内练习 can 表示发出邀请、询问可能性的句型并在班级内分享，同时判断同伴的对话的类别。（检测目标 1）

同伴互评记录表（倾听他人对话，判断对话的类别，在对应的方框内画 V）

| Names | invitations | | probability | |
|---|---|---|---|---|
| | accept | refuse | can | can't |
| | | | | |
| | | | | |

设计说明：在第一、二课时中，学生已学习了发出邀请、接受邀请与拒绝邀请的句型，但缺乏归纳与梳理。任务一中的活动 1，旨在让学生通过提示与回忆，区分 can 表示邀请和询问可能性的两种问句。活动 2 通过 a、b、c 三个探究活动，让学生归纳与梳理“邀请、接受邀请、拒绝邀请与回答可能性”基本知识。活动 3 是活动 2 的反馈，便于教师及时了解学情。活动 4 是针对目标一的评价任务，检测学生能否用“can”发出邀请、询问可能性。任务中的同伴互评记录表，不但能促使学生专注倾听他人发言，还能从学生的记录中判断学生是否学会。

**任务二：在具体语境中体会“might”的用法**

1. What are you going to do this weekend?（指向目标 2）

根据表格提示，合理安排空余时间。

| Time | Activities(watch TV/play sports/visit my friend/do homework …) | | |
|---|---|---|---|
| | might | must | have to |
| Saturday morning | | Do homework | |
| Saturday afternoon | | | |
| Saturday evening | | | Practice the violin |
| Sunday morning | | | |
| Sunday afternoon | | | |
| Sunday evening | | | |

2. 根据表格内容，运用 What are you gonging/planning to do ...?；When will you do sth.?；Are you free to do sth.? 等问句进行问答。（指向目标 2）

3. 根据表格及自己实际情况完成第 67－3a 页，并在班级内分享答案。（指向目标 2）

4. 两人一组，运用“I am not sure(I don't know). I might ...”谈论更多计划。（检测目标 2）

A：What are you going to do this Saturday afternoon?

B：I am not sure(I don't know). I might ...

评价标准：

**合格：**能独立运用 What are you going to ...？/I am not sure(I don't know). I might ... 句型进行一轮问答。

**良好：**能独立运用 What are you going to ...？/When/Are you ... 等多个句型询问并运用 I am not sure(I don't know). I might ... 句型正确回答。

**优秀：**能熟练运用 What are you going/planning to do ...？；When will you do sth.？；Are you free to do sth.？ 等问句进行问答，且语音语调正确，语气符合情境。

设计意图：任务二是在具体语境中体会“might”的用法。活动 1 表格中 Saturday morning 与 Saturday evening 的活动已确定，须运用情态动词 must/have to。其余时间为学生自由安排，可运用 I am not sure(I don't know). I might ...。活动 2 是要求学生在具体语境中进一步体会“might”的用法。活动 3 要求学生结合实际初步运用“might”。活动 4 是开放性任务，要求学生在新的语境中正确运用“might”进行表达。

**任务三：在新的语境中体验用 can 发出邀请、接受及拒绝邀请句型的使用**

1. 根据表格提示，完成下周的部分计划。（指向目标 3）

| Time | Activities (play tennis/go to the movies/hang out/birthday party ...) |
| --- | --- |
| Monday | |
| Thursday | |
| ... | |
| | |
| | |

2. 根据表格中的计划，独立完成第67－3b页的inviting任务并对小组内同伴发出邀请，同时记录下符合题意的回答。(指向目标3)

3. 小组成员核对答案后，在小组内展开对话练习。(指向目标3)

4. 在班级内分享对话。(检测目标3)

评价标准：

**合格：**能独立运用一种句型发出邀请、接受邀请及拒绝邀请并说明理由。

**良好：**能独立运用两种句型发出邀请、接受邀请及拒绝邀请并说明理由。

**优秀：**能熟练运用两种及以上句型发出邀请、接受邀请及拒绝邀请并说明理由。

**关键词：**发出邀请— can/would you like to；接受邀请— sure, I'd love to. / That sounds good；拒绝邀请— No/sorry；说明理由— might/must/have to

设计意图：本任务中的活动1以表格形式展示学生的活动计划，学生自己创设真实的情景。活动2要求学生结合计划，邀请同伴参与活动。受邀请人根据自己所安排活动的重要程度来决定拒绝还是接受邀请并说明理由。活动3为对话练习，反复运用目标语言。活动4便于教师把握班级学情，对教学做出及时调整。

**任务四：在真实的语境中运用can发出邀请、接受及拒绝邀请句型**

1. 记录下周必须要做的事情。(指向目标4)

| MON. | |
|---|---|
| TUE. | |
| WED. | |
| THUR. | |
| FRI. | |
| SAT. | |
| SUN. | |

2. 根据上面的表格安排及下面的对话提示，邀请他人或回答他人邀请。(指向目标4)

A：Can you come to my party? (或者是做其他事情)

B：When is it?

A：Next week，...（自己根据需要确定时间）

B：...（根据表格安排确定拒绝还是接受邀请）

3. 对话展示并快速记录至少两个同学的谈话并写出简短的报道。（检测目标 4）

| Name | Accept | Refuse |
|---|---|---|
| | | |
| | | |

I'm having a party on ... I'm glad ... is coming to my party, but ... can't come because he/she/they ...

设计说明：任务四是要加强对目标语言的真实运用。活动 1 要求学生写必须要做的事情，旨在引导学生在活动 2 中有意识地拒绝邀请并说明理由。活动 3 是难度较大的综合性语用活动，全方位地反馈出学生对语言知识的学习程度及运用语言的能力。

## 检测与作业

一、根据问句及括号内所给的提示，写出答语。（检测目标 3）

1. Can you go to the park tomorrow?

________________________ (must study for the test)

2. — Would you like to go boating with me?

________________________ (sure)

3. Can he go to the party?

________________________ (might have to help his mom)

4. Can they go to my new house?

________________________ (yes)

二、选择恰当的答案完成对话。（检测目标 4）

A：Hey，Bob. __1__

B：I'm sorry，I can't. I have to help my parents.

A：__2__. How about you，Ling Ling? Can you come to my party?

L：___3___

A：On Saturday afternoon.

L：Oh，no，I can't. ___4___

A：That's too bad. ___5___.

L：Sure. Thanks for asking.

| | |
|---|---|
| A. That's too bad. | B. Can you come to my party? |
| C. Are you going shopping with me? | D. Maybe another time. |
| E. I have to study for a test. | F. When is it? |
| G. I'd love to | |

设计说明：练习一属于基础练习，练习二属于能力提升，两者相结合，既检测学生学习目标的达标情况，又利用新的语言情境，进一步提升学生的思维品质和实际运用语言的能力。

## 学后反思

情态动词 can 表示邀请和可能性时，它们的回答有什么差异？请写下你的体会并举例说明。

________________________________________

________________________________________

设计说明：通过学后反思，促使学生自己领悟差别，并用清晰地表达出来，形成语言素养。

## 导 读

本单元主题是明清时期“统一的多民族国家的巩固和发展”，根据课标要求，教材分别从政治、经济、外交、民族关系等方面切入主题。本课是单元最后一课，是从文学艺术理解明清时期。因此理解文学艺术与政治经济关系是本课的重点和难点。本学历案设计的学习目标源自对课程标准的分解，从知识、技能到唯物史观素养，文化史折射政治史和经济史，学科特色鲜明。同时，设计突出历史学习的基本方法，通过材料分析的学习活动设计，让学生形成论从史出的基本素养。

# 第21课　清朝前期的文学艺术

吕文英　周兴丽

### 主题与课时

人民教育出版社版《中国历史》七年级下册(1课时)。

### 课标要求

以《红楼梦》和京剧为例，了解清代文学艺术的成就和特色。

### 学习目标

1. 通过阅读教材和原著(片段)、观看视频，说出《红楼梦》的内容梗概，通过材料分析概述其思想内容和社会历史意义，提高历史分析能力，提升唯物史观素养。

2. 通过阅读教材，准确说出昆曲和京剧的演变历程，知道京剧是“国粹”。通过欣赏戏剧片段，概述戏剧作品艺术性和思想性的表现，说出文学艺术与社会政治和经济的关系，养成健康的审美情趣，激发对祖国传统文化的自豪感，提升家国情怀素养。

设计说明：目标设计立足课标，以唯物史观为出发点，对“了解”层次作进一步的挖掘，不仅能概述清代文学艺术的成就和特色，还要分析形成这些成就和特色的历史根源。因此，目标1和目标2分别从文学和戏剧角度，从基本成就和特点上升到政治经济和文学艺术的关系深入理解历史。

## 评价任务

1. 完成任务二、1。(检测目标1)
2. 完成任务四(检测目标2)

## 资源与建议

1. 本课是七年级下册第三单元“统一多民族国家的巩固和发展”的最后一课。通过《红楼梦》、昆曲与京剧艺术这两个并列指目，突出反映了清朝前期的文化繁荣。文学和艺术是一定社会政治、经济的反映，同时艺术的发展、繁荣又是以一定的政治、经济为基础的。学习清朝前期的文学艺术，目的是加深清朝前期政治经济特点的深刻理解。

2. 本课两个板块可以是并列的，即文学成就《红楼梦》和昆曲与京剧艺术。

3. 本课的重难点是《红楼梦》的文学成就，通过阅读教材，提取相关历史信息；欣赏《红楼梦》电视剧和小说和片段，感知其艺术性。通过文学作品描述的社会现象去分析形成这些现象的历史原因，提升政治经济决定社会意识这一唯物史观素养，突破难点。

设计说明：历史课程中学习文学作品，旨在透过作品更深入地理解历史现象，所以，为学生提供由形式的分析完成对政治经济背景以及特定时期政治经济和文化关系理解的路径，帮助学生养成历史分析能力和历史唯物史观素养。

## 学习过程

### 任务一：了解《红楼梦》

1. 阅读教材，并在小组内完成下列任务。（指向目标1）

(1) 小组交流：介绍《红楼梦》故事梗概。

要求：能基本理清小说主要人物关系，能说出贾府荣辱兴衰过程，能比较清楚完整地表述。

(2) 小组交流："你所知道的曹雪芹和《红楼梦》"。

(3) 小组讨论：曹雪芹个人命运蕴含的社会背景与作品的关系。

要求：能说出曹雪芹个人经历的重大事件和相关的重要人物，能说出曹雪芹和《红楼梦》主要内容的关系。

2. 观看电视剧《红楼梦》"宝玉挨打"片段，结合原著"宝玉挨打"片段，小组交流下列问题。（指向目标1）

材料一：宝玉急的跺脚，正没抓寻处，只见贾政的小斯走来，逼着他出去了。贾政一见，眼都红紫了，也不暇问他在外流荡优伶，表赠私物，在家荒疏学业，淫辱母婢等语，只喝令"堵起嘴来，着实打死！"小厮们不敢违拗，只得将宝玉按在凳上，举起大板打了十来下。贾政犹嫌打轻了，脚踢开掌板的，自己夺过来，咬着牙狠命盖了三四十下。众门客见打的不祥了，忙上前去劝。贾政那里肯听，说道："你们问问他干的勾当可饶不可饶！素日皆是你们这些人把他酿〔纵容〕坏了，到这步田地还来解劝。明日酿到他弑君杀父，你们才不劝不成！

——摘自《红楼梦》

(1) 贾宝玉为什么会挨打？宝玉和贾政父子冲突的根源是什么？

(2) 文学作品的思想性和艺术性在"宝玉挨打"这段是如何体现的？

任务二：分析理解《红楼梦》

1. 自主学习：阅读教材，勾画关键字词。

小组讨论：《红楼梦》的创作特点及社会历史意义。（指向目标 1）

2. 小组合作，材料分析。

材料二：“《红楼梦》不仅要当做小说看，而且要当做历史看。它写的是很细致的、很精细的社会历史。”——毛泽东

讨论：为什么毛泽东评价《红楼梦》写的是“很细致的、很精细的社会历史”？（检测目标 1）

任务三：了解欣赏昆曲和京剧

1. 观看昆剧《桃花扇》和京剧《牡丹亭》片段视频，说一说其故事梗概。（指向目标 2）

要求：能说出作品的主要人物关系和他们的个人命运中的重大事件，能完整清楚地表述。

2. 自主学习：阅读教材（第 109—111 页）文字，欣赏教材图片（脸谱）。

小组合作：小组内讨论，并推荐全班交流。（指向目标 2）

（1）昆曲由盛转衰，京剧的形成与发展的原因。

（2）昆曲和京剧的特点和成就。

**任务四：分析材料，透析艺术作品历史内涵（检测目标2）**

材料三：

渔樵同话旧繁华，短梦寥寥记不差；
曾恨红笺衔燕子，偏怜素扇染桃花。
笙歌西第留何客？烟雨南朝换几家？
传得伤心临去语，年年寒食哭天涯。

——摘自昆曲《桃花扇》

阅读材料三，小组合作，回答问题。

(1) 这段唱词体现作者怎样的家国情怀？(2)清朝前期统治者对这部戏禁演说明什么？(3)结合所学知识，说说文学艺术与政治经济发展的关系。

设计说明：对文学和京剧作品的分析不是目的，重要的是透过极具表现力的艺术现象(任务一和任务三)，理解其思想内容和社会历史意义(任务二和任务四)，知道文学艺术是一定社会政治和经济的反映，学习历史分析方法，提升分析能力和唯物史观素养。培养健康的审美情趣，激发对祖国传统文化的自豪感。

## 课后作业

1. 描写封建家族的衰亡和一对贵族青年男女的爱情悲剧，艺术地再现了当时的政治、经济、文化、社会生活等方面的情形，被誉为中国古典小说的巅峰的著作是(　　)。(检测目标1)

A.《三国演义》　B.《水浒传》　C.《红楼梦》　D.《西游记》

2. 曹雪芹在《红楼梦》开篇中写道：“满纸荒唐言，一把辛酸泪。都云作者痴，谁解其中味？”这反映出(　　)。(检测目标1)

A. 作品具有高度的思想和艺术价值

B. 作者对旧制度和传统礼教的批判

C. 作者对社会下层人民的深刻同情

D. 作品对人民的反抗精神予以肯定

3. 清朝中期以后，昆曲逐渐走向衰落，主要原因不包括（　　）。（检测目标 2）

A. 日益脱离广大民众　　B. 多为宫廷和贵族所观赏

C. 形式主义倾向严重　　D. 京剧成为最主要的剧种

4. 我国戏剧种类繁多，被誉为国粹的戏剧是（　　）。（检测目标 2）

A. 川剧　　B. 昆剧　　C. 越剧　　D. 京剧

## 学后反思

1. 学完这课，明白了文学艺术是一定社会政治和经济的反映，课余时间可以再了解和阅读我国古代四大名著小说（《红楼梦》、《三国演义》、《水浒传》和《西游记》）。

2. 对像京剧这类中国优秀的传统文化元素，我们应该怎样好好继承和发扬？

设计说明：唯物史观的养成需要积淀，引导学生通过更多的阅读，运用课堂中学习的分析方法和历史观，去看待文化现象，在批判中传承我国优秀的传统文化。

## 导 读

本单元以“新民主主义革命的开始”为主题，有三课内容。本课“五四运动”是单元第二课，内容上具有承前启后的作用。本设计力图体现三个亮点：一是紧扣学科核心素养，以“五四”精神的核心“爱国”为立意，家国情怀贯穿始终。二是在“史料分析”上着力，采用学科典型的学习方式。三是活动设计上，“动荡的青春”、“绽放的青春”、“不朽的青春”三个篇章分别构建起“原因—经过—意义”的逻辑联系，任务层次分明，情境铺垫渲染，为学生“深度学习”奠定了坚实的基础。

# 第13课　五四运动

唐小艳

### 主题与课时

人民教育出版社版《中国历史》八年级上册第四单元(1课时)。

### 课标要求

知道五四爱国运动的基本史实，认识五四运动是中国新民主主义革命的开端。

### 学习目标

1. 通过阅读教材和史料，观看视频，能准确说出五四运动爆发的原因、时间、口号、经过、结果等基本内容，提升概括基本历史史实的能力和分析能力。

2. 通过阅读教材和史料，概述五四运动爆发的性质和重要意义，提升分析能力。

3. 结合教材内容及史料、图片、视频，感悟五四精神，激发爱国主义情怀和民族责任感。

设计说明：学习目标1对课标要求“知道五四爱国运动的基本史实”进行了分解，将“知道”分解为“准确说出”，让目标可观察可检测，并将核心概念“基本史实”分解为“五四运动爆发的原因、时间、经过、口号、结果等”，明确了学习内容；同时设计了行为条件“通过阅读教材和相关史料，观看视频”，实现从目标中看得见教，看的见学。并将这一目标指向“提升概括史实能力”，实现了目标的三维叙写。目标2和目标3是对课标2的解读与分解。学生在知道五四运动的性质和意义后，并将五四运动与辛亥革命相比较，才能明白为什么说五四运动是中国新民主主义革命的开端，进而从五四运动上升到五四精神，实现了目标的三维叙写。

## 评价任务

1. 完成任务二、2、3、5。(检测目标 1)
2. 完成任务三、1。(检测目标 2)
3. 完成任务四(检测目标 3)

## 资源与建议

1. 本课从五四运动的爆发、五四运动的扩大和五四运动的历史意义三个方面介绍了五四运动的情况。五四运动的发生是新文化运动启发下的结果，是新民主主义革命的开端，为后面中国共产党的成立奠定了阶级基础、干部基础，成为今天“五四青年节”的来源，是中国近代史上一次非常重要的历史事件。

2. 本课教学可以按以下的逻辑顺序进行：五四运动爆发原因—过程—历史意义—五四精神。

3. 本课的重点是五四运动爆发的时间、经过、口号等基本史实，难点是理解五四运动是中国新民主主义革命的开端和五四精神。通过任务二突出重点，通过任务三突破难点。

设计说明：本环节首先要让学生明确所学内容在本单元中的地位与作用，

进而构建学习框架和学习的逻辑顺序，了解重难点并明确学习任务，突破重难点。

## 学习过程

### 第一篇　动荡的青春(原因)

**任务一：自主阅读教材第59页和下列史料（指向目标1）**

材料一　北洋军阀统治下的中国社会

北洋政府对外卖国：1915年，袁世凯政府与日本签订“二十一条”，以中国的银行、矿山、交通、税收等为担保。对人民的压榨：1912年—1919年，田赋增加了7倍，盐税、烟税、酒税增加了3倍。

——《中国近现代史纲要》(2013修订版)

1. 材料一反映的中国社会状况是什么？(指向目标1)

材料二

1915年，陈独秀创办《青年杂志》，后改名《新青年》，掀起了一场新文化运动，对于促进中国人民，特别是青年知识分子的觉醒起了巨大的作用。

——《中国近代史》四川教育出版社2007年版

2. 材料二的事件对中国带来了什么影响？(指向目标1)

3. 依据教材第 59 页内容，五四运动爆发的导火线是什么？中国作为战胜国得到的却是主权受侵的命运说明了什么？（指向目标 1）

## 第二篇　绽放的青春(经过)

**任务二：阅读教材第 60—61 页和看“五四”相关视频资料，小组内完成下列问题**

1. 填“五四运动经过表”，并在书上勾画笔记。（指向目标 1）

| 阶段 | 开始时间 | 运动中心 | 斗争主力 | 斗争形式 | 结果 |
| --- | --- | --- | --- | --- | --- |
| 第一阶段 | 5 月 4 日 | | | | |
| 第二阶段 | 6 月 5 日 | | | | |

2. 根据上表，说说五四运动第二阶段与第一阶段相比发生了哪些变化。起先锋作用的是什么人？（检测目标 1）

3. 根据上表，说说与第一阶段相比，五四运动第二阶段能够取得初步胜利的决定性因素是什么。（检测目标 1）

4. 结合教材和视频，说说五四运动有哪些口号。这些口号表达了国人怎样的情感？（指向目标 1 和目标 3）

“外争国权，内惩国贼”口号，说明五四运动的性质是什么？（指向目标 2）

5. 请用一段话概述什么是五四运动。(包括起因、时间、人物、地点、经过、结果)(检测目标 1)

要求:要素完整准确,语言简洁。

## 第三篇　不朽的青春(意义、精神)

**任务三:阅读下列材料,结合教材第 61 页后两段,回答问题**

材料一　辛亥革命和五四运动之比较:

| | 辛亥革命 | 五四运动 |
|---|---|---|
| 斗争态度 | 不彻底、妥协 | 彻底、不妥协 |
| 主力 | 资产阶级 | 工人阶级(无产阶级) |
| 群众基础 | 薄弱 | 广泛 |
| 指导思想 | 三民主义 | 初步共产主义思想 |

材料二　五四运动的杰出历史意义,在于它带着为辛亥革命还不曾有的新姿态,这就是彻底的不妥协的反帝国主义和彻底的不妥协的反封建主义。

——毛泽东《新民主主义论》

1. 根据材料一的内容,说说材料二中五四运动“新姿态”新在哪里,依据材料二明确指出五四运动的性质。(检测目标 2)

材料三　作为一次前所未有的思想解放运动,五四思想解放的核心内容就是在政治上要求民主;在思想上倡导个性解放;在文化上弘扬科学精神。

——李大钊

材料四　马克思主义传入中国,李大钊感慨系之,呼喊出“试看将来环球,必是赤旗的世界”。

2. 请根据材料三和材料四，概括说出五四运动产生了哪些历史意义。（指向目标2）

3. 以上历史意义体现了五四运动的哪些精神？你感受最深的五四精神是什么？（指向目标3）

**任务四：拓展延伸（检测目标3）**

新时期，在依然复杂的国际环境下，在中华民族伟大复兴的历史使命前，我们又该怎样以青春的名义爱国？

要求：观点正确，言之有理，语言简练。

设计说明：本课设计主要突出的是史料实证，通过展示大量的文字史料、图片史料、视频和生成的表格史料，并设计问题，层层剖析，由浅入深，培养学生史料分析能力和史料实证素养，激发学生的爱国主义情感。

## 检测与作业

1. “为雪心头恨，而今作禁囚。被拘三十二，无一怕杀头。痛殴卖国贼，火烧赵家楼。锄奸不惜死，来把中国救。”材料所反映的历史事件发生的直接原因是（　　）。（检测目标1）

A. 巴黎和会上中国外交的失败　　B. 中国共产党的组织发动

C. 北洋军阀的反动统治　　D. 新文化运动的影响

2. “学生罢课半月，政府不闻不理，且对待日益严厉。乃商界罢市不及一日，而北京被逮学生释，工界罢工不及五日，而曹、章、陆去。”这段材料说明五四运动中（　　）。（检测目标1）

A. 青年学生成为运动的主力　　　　B. 共产党的领导成为获胜的关键

C. 北洋军阀政府已经土崩瓦解　　　D. 工人阶级显示了巨大的力量

3. 五四运动标志着中国新民主主义革命的开端，是因为(　　)。(检测目标2)

A. 巴黎和会上中国外交的失败

B. 北京学生举行抗议活动

C. 提出“外争主权，内除国贼”的口号

D. 无产阶级登上政治舞台

4. “中国的土地可以征服不可以断送！中国的人民可以杀戮而不可以低头！”北京学生于1919年的这一呐喊，体现的时代精神是(　　)。(检测目标3)

A. 自由　　　　B. 爱国　　　　C. 平等　　　　D. 博爱

5. 阅读材料，回答问题。(检测目标1、3)

材料一：“拒签和约”是……一项重要成果，全国人民为此进行了坚决斗争。天津、陕西等地赴北京代表，在新华门冒雨伫立一天一夜。陕西学生代表屈武“长跪痛哭，以首触地有声”，激愤地说：“现在国家都要亡了，如果政府再不想办法，不答应学生的要求，我们只好以死力争。”

材料二：6月5日，上海日商纱厂的中国工人首先罢工……接着，机器、纺纱、印刷、公共交通、码头、船坞等行业的工人相继罢工。

材料三：英国公使朱尔典也大体同意我的看法……这场中国的民族运动基本上是合理的……这场民族运动迄今所采取的方式博得外国人的敬重。(引自1919年美国公使芮恩施给国务院的报告)

(1) 以上三则材料反映了我国历史上哪次运动的情况？根据材料一回答“学生的要求”是什么。

(2) 从材料二中可以看出6月以后这场运动出现的新变化是什么？

(3) 材料三说“这场民族运动迄今所采取的方式博得外国人的敬重”，指什么方式？

(4) 作为青年学生，我们应向当时的学生们学习哪些精神？

## 学后反思

1. 请尝试绘制本节课重要知识的思维导图。
2. 学完本课，你收获了什么方法？有什么感悟？你还有什么困惑？

## 导 读

本章以“中国的自然环境”为主题，学习中国的地形和地势、气候、河流等主要自然要素。本节是本章第四节内容，学习重难点是自然灾害种类、分布规律及防灾措施，达成本章“认识我国的自然灾害”的学习目标。基于以上分析，本节将地理知识问题化、任务化，设计了三大任务：辨识自然灾害种类；了解分布，归纳成因；防灾减灾，救人自救。通过创设灾害情境、观看自然灾害视频图片资料、阅读自然灾害分布图并结合自身经历认识自然灾害。充分激发学生兴趣，驱动学生展开基于问题解决的学习，让学生明白地理知识有用，并通过学习逐步“会用”。强化知识与生活的联系，落实课标“学习对生活有用的地理”的要求。

# 自然灾害

陈之斌　张群芳

### 主题与课时

人民教育出版社版地理教材八年级上册第二章第四节(1课时)。

### 课标要求

了解我国是一个自然灾害频繁发生的国家。

### 学习目标

1. 根据图文资料，认识并辨别我国常见的自然灾害种类。

2. 通过阅读中国主要灾害分布图，能够说出我国自然灾害的分布，归纳自然灾害的成因并尝试分析其分布规律，发展要素综合思维能力。

3. 观看视频，认识自然灾害频发是我国基本国情之一。能根据具体灾情描述其产生的危害并能正确选择恰当的避灾方法，提高防灾减灾意识和自救的生存能力及救人的必备品格。

设计说明：本节内容，课标要求是“了解我国是一个自然灾害频发的国家”，在分解与叙写的时候，一是将课标要求“了解”具体分解为“认识、辨别、说出、归纳、描述”等可测、可评的行为动词。二是基于教材和学情，用目标的逐级递进引领学习过程的进阶，最终落实到让学生将地理知识与社会生活相结合，达成突出区域认知、综合思维等地理学科核心素养的学习目标。

## 评价任务

1. 完成学习任务一(3)。(检测目标 1)
2. 完成学习任务二。(检测目标 2)
3. 完成学习任务三(2)。(检测目标 3)

## 资源与建议

1. “自然灾害”是在学习了本章我国的地形和地势、气候、河流的特点后，进一步研究我国自然地理的特征以及对生活生产的影响。前面的学习内容为本节的学习奠定了基础，学了本节后，可以增强理性认识并能够学以致用。

2. 本主题内容的学习，可按以下逻辑顺序进行：自然灾害的种类—自然灾害的特点和分布—防灾减灾活动。

3. 本主题的重点是自然灾害种类及防灾措施，难点是自然灾害的分布及成因，在学习过程中，可通过自然灾害的相关视频(如西南灾害视频和成都温江江安河 2008 水灾)和图片资料，提取有用信息并进行归纳描述。

设计说明：首先介绍了本节内容在本章知识中的地位和作用，让学生明白“知识从哪里来”、“到哪里去”，指向解决问题的学习；其次指明学习路径和重点难点，让学生采用正确的方法学习，更好地达成目标。

## 学习过程

### 学习任务一：辨识自然灾害种类

1. 联系生活实际，判断下列灾害哪些属于自然灾害，并回答为什么。（指向目标 1）

A. 一场突如其来的冰雹，把田里的很多西瓜砸烂了。

B. 化工厂废水泄漏，农田被污染。

C. 一游客违反规定在林区吸烟，乱扔烟头，引发火灾。

D. 楼上一块广告牌被一阵大风刮落，正好砸在楼下的两辆汽车上。

2. 尝试给“自然灾害”下一个定义。（指向目标 1）

______________________________________________

3. 下列图中是我们国家常见的一些自然灾害，请将它们进行分类。（检测目标 1）

气象灾害______________________________________

地质灾害______________________________________

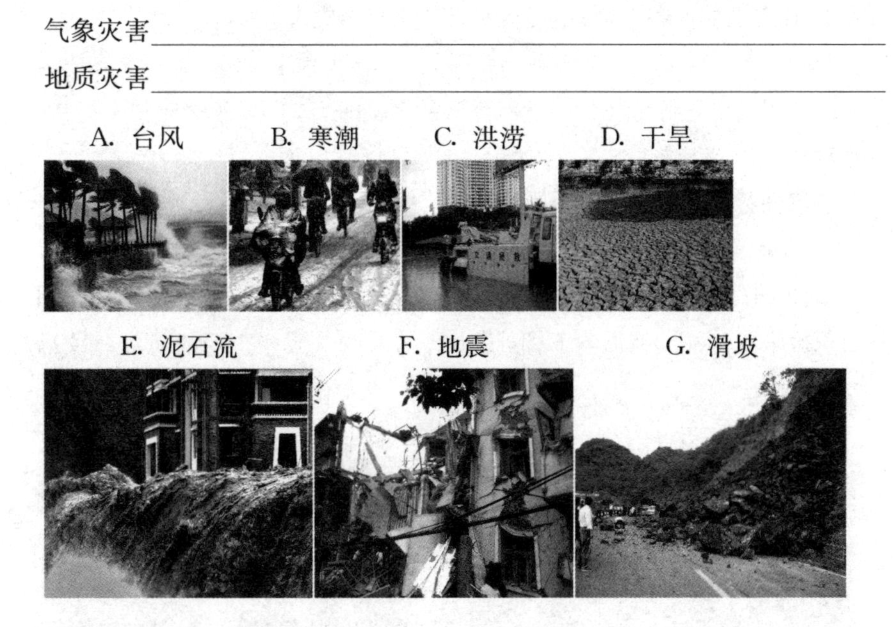


设计说明：为达成目标 1，设计了两个活动，分别了解什么是自然灾害、自然灾害的种类，两个活动具有层级递进的关系。同时，活动 1 设计了一个“下定义”的环节，目的是为了从现象到本质，走向深度理解。

**学习任务二：认知分布，归纳成因**

1. 结合教材图 2.48“中国主要气象灾害分布图”和图 2.18“中国降水量分布图”，读图填空，并分析气象灾害发生的原因。（指向目标 2，检测目标 2）

A. ________地区，降水多且集中，地形平坦，导致水流不畅，容易发生洪涝灾害。

B. 台风灾害主要分布在________地区。

C. 寒潮灾害主要分布在________地区。

D. 干旱灾害主要分布在________地区。

2. 结合教材图 2.49“中国主要地质灾害分布图”和“六大板块分布示意图”，分析地震发生原因。结合“中国地形图”、“中国降水量分布图”分析泥石流和滑坡发生原因。（指向目标 2，检测目标 2）

A. 地震多发地区一般位于________，地壳活动活跃，多地震。

B. 泥石流、滑坡多发地区降水________，地形________。

C. 结合上述分析，思考“祸不单行”的含义。

a. 台风和洪水会引发什么地质灾害？________。

b. 在山区的河谷地带，地震会引发什么自然灾害？________。

设计说明：两个活动属于并列关系，分别指向气象灾害、地质灾害的内容，均按照读图填空—总结规律—分析原因的模式进行，目的是帮助学生建立起一种地理学科的学习方法。

**学习任务三：防灾减灾，救人自救**

1. 观看视频，谈谈认识。（指向目标 3）

2. 我国是一个自然灾害频发的国家，为了减少灾害带来的破坏性作用，国家也积极采取各种措施。读下图，说出我国采取了哪些主要的防灾减灾措施。（检测目标 3）

A________ B________ C________ D________

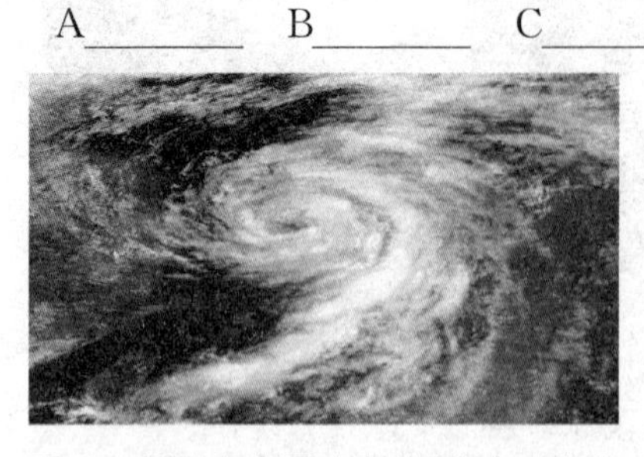

图 A 所示为我国东部海域的一张热带风暴卫星云图。

图 B 所示为北方地区为防御风沙灾害而营造的防护林。

图C 所示为山东省救灾物资储备中心的工作人员在整理救灾物资。

图D 所示为2010年甘肃舟曲特大泥石流灾害发生后，解放军和武警部队官兵在废墟上搜救。

3. 四川省地震频发(如2008年汶川大地震、2019年宜宾兴文地震)。小组讨论：发生地震时，你将怎样保护自己和帮助别人？(指向目标3)

设计说明：任务3着力创设真实情境，引导学生展开问题解决的学习，增强地理实践力。活动1、3作为学习任务，不作为评价任务。

## 检测与作业

1. 下列灾害中，不属于气象灾害的是(　　)。(检测目标1)

A. 旱灾　　B. 水灾　　C. 台风　　D. 泥石流

2. 气象灾害的共同特点是(　　)。(检测目标1)

A. 降水过多或过少　　B. 强冷空气的侵入

C. 瞬间风力巨大　　D. 造成各种损失

3. 发生地质灾害较高的地区是(　　)。(检测目标2)

A. 海底　　B. 平原　　C. 山区　　D. 丘陵

4. 各种地形都有可能的地质灾害是(　　)。(检测目标2)

A. 地震　　B. 泥石流　　C. 滑坡　　D. 台风

5. 下列自然灾害中与地震关联性较强的是(　　)。(检测目标2)

① 台风　② 滑坡　③ 干旱　④ 寒潮　⑤ 泥石流

A. ①②　　B. ①③　　C. ③④　　D. ②⑤

6. 下列说法中正确的是(　　)。(检测目标2)

A. 山区是我国地质灾害的多发区

B. 我国旱涝灾害频繁的主要原因是冬季风的不稳定

C. 东南沿海地区是我国干旱的多发区

D. 我国地势的第二阶梯是泥石流的多发区

7. 下面是一些常见的避震减灾的方法，你认为其中最不安全的做法是（　　）。（检测目标 3）

A. 在家中（楼房），选择浴室、厕所等空间小，不易塌落的空间避震

B. 在教室中，应躲在坚固课桌下，抓紧桌脚

C. 在野外，躲在山脚、陡崖下，遇到山崩或滑坡，要向山下方向跑

D. 躲避时尽量用棉被、枕头、书包或其他软物体保护头部

8. 我国是一个旱涝灾害频发的国家。在旱区，许多地方人畜饮水困难，不少江河的水却白白流走，无法利用，村民只能“望水兴叹”，为了解决这一问题，我们应该采取的措施是（　　）。（检测目标 3）

A. 改变当地气候　　　　B. 人工降雨

C. 兴修水利工程　　　　D. 防治水污染

9. 阅读下列图文材料，完成问题。

图示区域地处长江中游，有我国重要的商品糖基地（见图）。同时也是气候灾害多发区，经常发生暴雨、大风、冰雹、寒潮、连阴雨、高温等原生气象灾害和洪涝、干旱等次生气象灾害。该地区为减轻气象灾害对农业生产的危害，一是发展避灾农业，建立能够避开不利气候因素影响的农业生产结构和耕作制度，二是发展生态农业，尽量利用生物能资源及食物链关系发展农业生产，降低农业生产成本，减轻外来有毒有害物质对农产品及生态环境的危害。

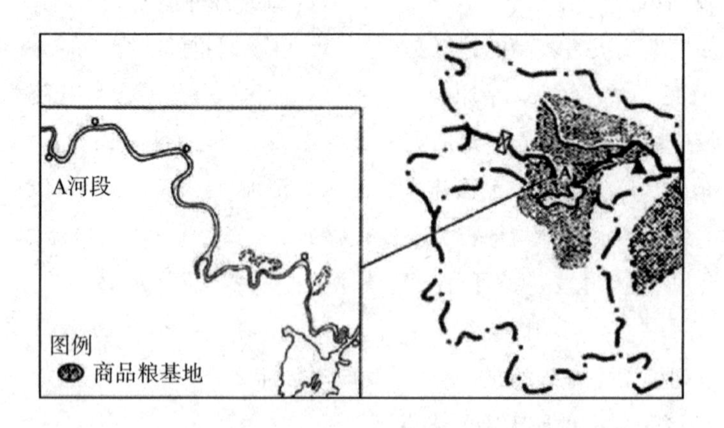


(1) 湖北每年都发生冰雹（直径在 0.5 cm 以上的固体降水）灾害，其发生频

率随海拔高度升高而增大,简述其原因。(检测目标 2)



(2) A 河段夏季洪涝频发,分析其主要自然原因。(检测目标 2)

(3) 该地区为了减轻气象灾害对农业发展的影响采取的措施有哪些?(检测目标 3)

## 学后反思

1. 请用思维导图完成对本课的知识梳理。

2. 通过多种渠道了解一下成都地区发生过哪些自然灾害?我们该怎样应对它们?

3. 我们身边有哪些防灾减灾设施,你知道怎么利用吗?

设计说明：引导学生既从知识层面，也从技能的层面进行反思。同时，将知识与身边的生活建立联系，引导学生树立在真实情境中解决问题的意识。

## 附：如何安全度过地震

当地震还在持续时，将你的活动范围限制在周围某个安全地点几步以内，在晃动停止、确认安全后再离开室内。

1. 如果你在室内：

蹲下，寻找掩护，抓牢——利用写字台、桌子或者长凳下的空间，或者身子紧贴内部承重墙作为掩护，然后双手抓牢固定物体。如果附近没有写字台或桌子，用双臂护住头部、脸部，蹲伏在房间的角落。

远离玻璃制品、建筑物外墙、门窗以及其他可能坠落的物体，例如灯具。

如果地震发生时你在床上，请待在那里不要动。抓紧枕头保护住你的头部。如果你上方有可能坠落的重型灯具，请转移至最近的安全地带。

在晃动停止并确认户外安全后，方可离开房间。地震中的大多数伤亡，是在人们进出建筑物时被坠物击中造成的。

要意识到可能会断电，火警以及自动喷淋装置可能会启动。

切勿使用电梯逃生。

2. 如果你在室外：

待在原地不要动。远离建筑区、大树、街灯和电线电缆。

3. 如果你在开动的汽车上：

在确保安全的情况下，尽快靠边停车，留在车内。

不要把车停在建筑物下、大树旁、立交桥或者电线电缆下。

不要试图穿越已经损坏的桥梁。

地震停止后小心前进，注意道路和桥梁的损坏情况。

4. 如果你被困在废墟下：

不使用打火机。

不要向周围移动，避免扬起灰尘。用手帕或布遮住口部。

敲击管道或墙壁以便救援人员发现你。可能的话，请使用哨子。在其他方式都不奏效的情况下再选择呼喊——因为喊叫可能使人吸入大量有害灰尘并消耗体能。

## 导　读

本课时“降水”是气候的基本要素之一，是学好“气候”的基础。本设计努力将地理学科的特点体现出来：学习对生活有用的地理。一是创设真实情境，将学生最熟悉的成都的“年降水量”作为研究的样本，同时，将南北半球放在一起进行比对，引导真实情境下的问题解决。二是都江堰水利工程视频的引入，将地理知识与社会生活建立联系，引导学生理解知识在生产生活中的运用。

# 降水的变化与分布

熊燕　戴成

### 主题与课时

人民教育出版社版地理教材七年级上册第三章第三节(1课时)。

### 课标要求

运用气温、降水量资料，绘制气温曲线图和降水量柱状图，说出气温与降水量随时间变化的特点。

### 学习目标

1. 通过阅读资料，能动手演示降水量的测量过程并准确读出降水量数值，锻炼动手实验能力。

2. 根据降水量数据，绘制降水量柱状图并概括出绘制步骤，形成基本的绘图能力及总结归纳能力。

3. 通过分析降水量柱状图，能判断降水量季节变化特点；描述不同等级的降水对人们生产生活的影响，逐步形成读图析图、总结归纳能力及人地协调观念。

设计说明：课程标准将“气温”、“降水量”放在一起予以说明，本设计抽取出本节内容核心概念“降水量柱状图”，对行为动词“绘制”、“说出”进行具体分解与叙写，突出目标的可观察、可测评要求。同时，本设计向前适当延伸(降水量测量)，向后适当拓展(与社会生活产生联系)，突出绘图、读图两个重点，引导学生自主探究，自主建构，逐步形成能力，达成学习目标。

## 评价任务

1. 完成学习任务一 2。(检测目标 1)
2. 完成学习任务二 1、2。(检测目标 2)
3. 完成学习任务三 1、3。(检测目标 3)

## 资源与建议

1. 本主题的内容来自人教版地理教材七年级上册，第三章“天气与气候”第三节“降水的变化与分布”，是“气候”的基本要素之一，是学好“气候”、描述气候特点的基础，也是提高动手、读图析图、总结归纳能力的关键。

2. 本主题内容的学习，可按照以下逻辑顺序进行：认识降水的概念—降水量测量的方法—降水量柱状图的绘制—降水量柱状图的判读—不同等级的降水量对生产生活的影响。

3. 降水量柱状图的绘制和判读是本节课的重点和难点。绘制时可以先自己动手绘，再向同伴和老师寻求帮助，最后尝试总结方法步骤；判读时可以采用案例学习和比较法突破。

设计说明：第 1 条告诉学生本课内容的地位与作用，帮助学生建立知识的前后联系，明白此节学习的意义和价值。第 2 条、第 3 条告诉学生学习的路径与方法，如何更好地突破重点难点。

## 学习过程

### 课前自学

阅读图文资料，概述降水的概念和主要形式。

(1) 降水的概念：________________。

(2) 降水的主要形式是________________。

**学习任务一：实验探究　测量降水量**

1. 阅读课本第58页的“阅读材料”，利用实验器材演示降水量的测量过程。(指向目标1)

2. 读出成都市2015年各月平均降水量的数值并填在表格中。(检测目标1)

| 月份 | 1 | 2 | 3 | 4 | 5 | 6 | 7 | 8 | 9 | 10 | 11 | 12 |
|---|---|---|---|---|---|---|---|---|---|---|---|---|
| 降水量(毫米) | | | | | | | | | | | | |

设计说明：课本“阅读材料”中对降水的测量过程有详尽介绍，学生通过自学材料，能够动手完成实验并读取数据填写表格，锻炼动手能力。此外，在自己动手实验并填写表格的过程中，学生能发现：仅测量出降水量、读取数据，还不能直观分析出降水量的变化特点，需要借助进一步的探究和工具。存疑的过程，为下一步的学习蓄势。

**学习任务二：绘制降水量柱状图**

1. 根据成都市2015年各月平均降水量，绘制该地年降水量柱状图。(指向目标2，检测目标2)

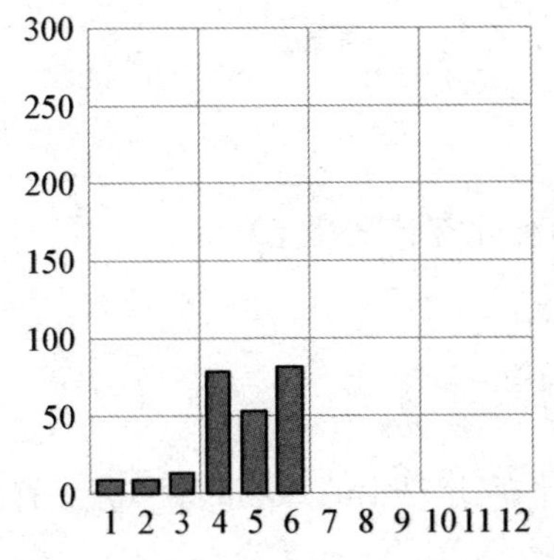

2. 总结出绘制降水量柱状图的方法步骤，先自主思考，再与同伴交流修正。（检测目标 2）

绘制降水量柱状图步骤：

______________________________________________

______________________________________________

设计说明：绘制降水量柱状图是本课学习的重点之一，学生先自主动手绘制，再通过展示交流、订正完善，探索总结出绘制方法，从感性认识上升到理性层面，逐步走向深度学习。

**学习任务三：读图识规律**

1. 根据 2015 年成都市降水量柱状图，思考以下问题。（指向目标 3、检测目标 3）

① 该地哪个月降水最多？降水量是多少？哪个月降水最少？降水量是多少？

② 该地降水量大于 100 毫米的是哪几个月？

③ 该地降水量小于 50 毫米的是哪几个月？

④ 该地的年降水量大约是多少毫米？

⑤ 该地降水的季节变化有什么特点？

2. 比较成都市和下图所示城市的降水量季节分配有何不同？（指向目标 3）

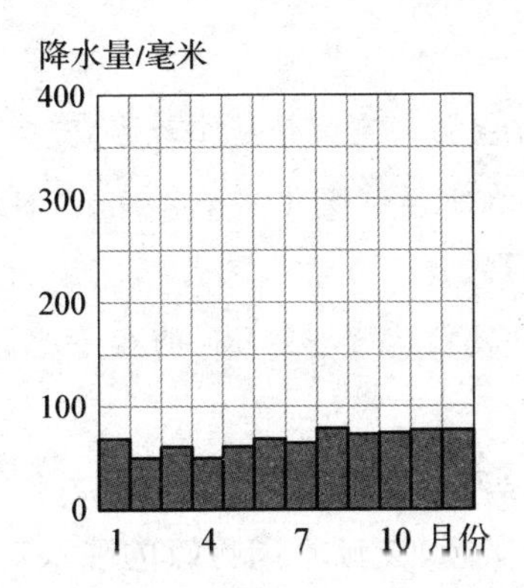


3. 总结出降水量柱状图的判读方法：(检测目标 3)

________________________________________

________________________________________

举一反三：根据降水量柱状图,写出图中几个地区降水的季节变化的特点

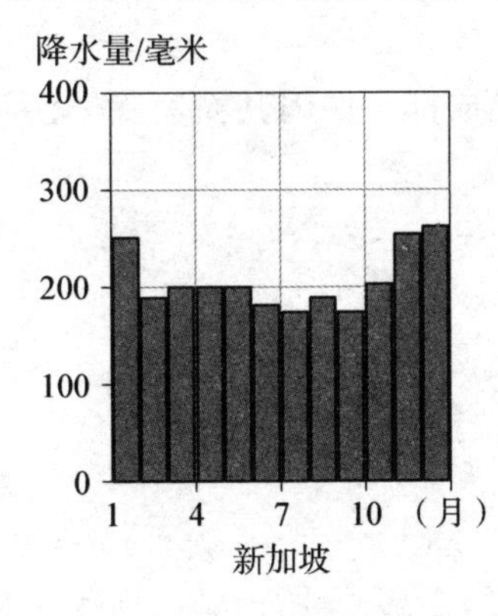


________________

________________

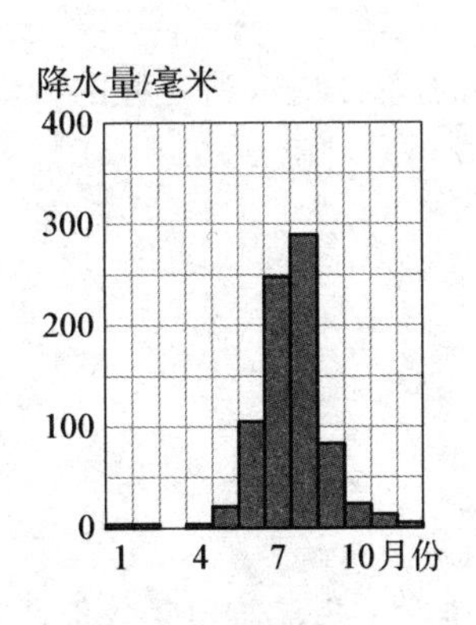


________________

________________

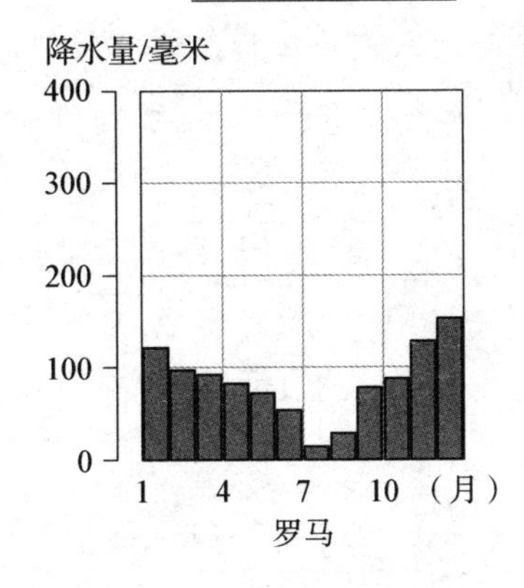


________________

________________

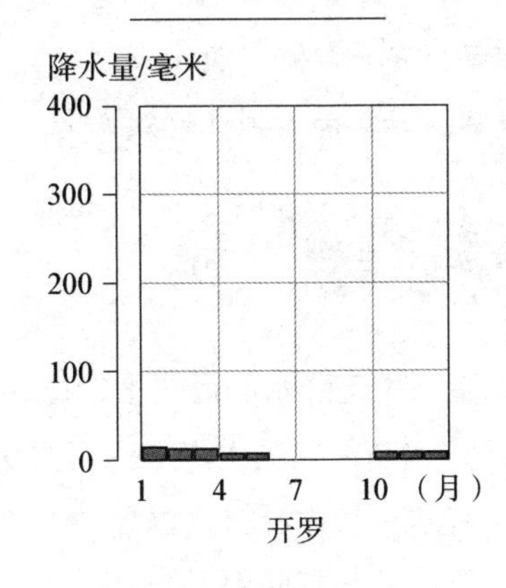


________________

________________

设计说明：降水量柱状图的判读是一个难点，先定量分析已经绘制出的降水量柱状图，使学生对降水的季节变化有整体感知，再通过案例教学的方式让学生学会对降水量柱状图的判读方法。完成“举一反三”，可以及时反馈学生是否达到学习目标。有的地图隐去了地名，目的在于增加难度，提醒学生南北半球季节相反。

**学习任务四：了解降水与生活的关系**

1. 根据资料并结合实际，交流不同等级的降水对人们生产生活的影响。(指向目标 3)

2. 观看都江堰水利工程的视频，感受成都平原因其而免受旱涝灾害的伟大之处。(指向目标 3)

设计说明：交流不同等级的降水对人们生产生活的影响，使学生认识到本主题来源于生活，学习的是“生活中有用的地理”。让学生感受都江堰水利工程对成都平原降水年际变化的调节作用，体会它是人类适应自然的智慧结晶，从而逐步树立科学的人地协调观念。

## 检测与作业

1. 下列关于降水的说法中错误的是(　　)。(检测目标 1)

A. 降水与人们的生产生活密切相关

B. 降水包括雨、雪、冰雹等

C. 降水就是指降雨

D. 降水量的单位是毫米

2. 如图所示工具可用来测量(　　)。(检测目标 1)

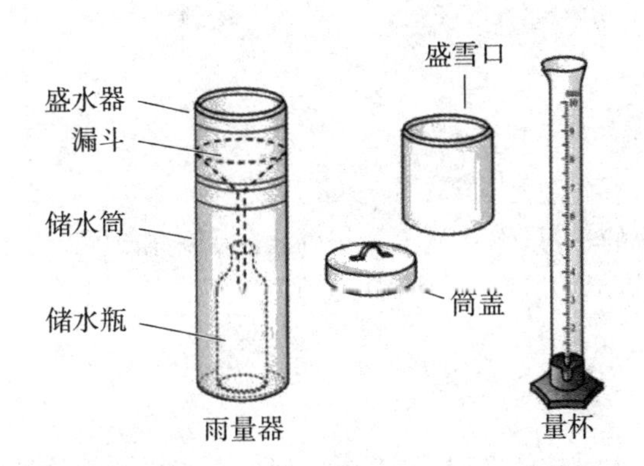


A. 气温　　　　B. 降水量

C. 空气湿度　　　　D. 风向风力

3. 通常用哪种图表来表示一个地方一年内降水的季节变化?(　　)。(检测目标 2)

A. 等降水量线图　　　　B. 世界气候分布图

C. 降水量柱状图　　　　D. 气温年变化图

已知下列四地都位于北半球,读四地的降水量柱状图,完成 4～6 题。(检测目标 3)

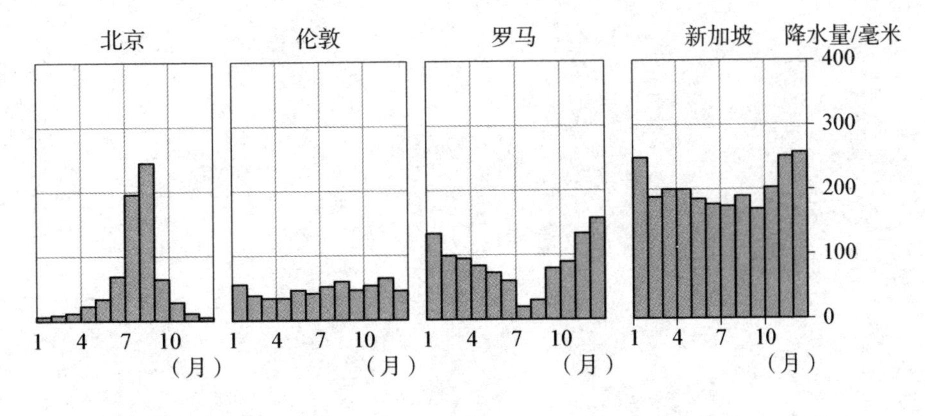


4. 四地中,年降水量最多的是(　　)。

A. 新加坡　　B. 北京　　C. 伦敦　　D. 罗马

5. 四地中,属于冬雨型的是(　　)。

A. 新加坡　　B. 北京　　C. 伦敦　　D. 罗马

6. 四地中，降水季节分配最为均匀的是(　　)。

A. 新加坡　　B. 北京　　C. 伦敦　　D. 罗马

## 学后反思

1. 通过本课的学习，你知道了关于降水的哪些知识？

2. 在绘制降水量柱状图时，你有哪些经验可以跟同学分享？你能根据降水量柱状图分析降水的季节变化规律吗？

3. 你能说说你家乡的水利工程是如何根据降水的季节变化来调节水量分配的吗？

## 导 读

“欧姆定律”是初中物理电学部分的核心内容，揭示了电流跟电压、电阻之间的辩证关系，是电路分析的理论基础。本学历案试图体现三大设计理念，一是基于课标的目标分解，对课标行为动词、核心概念进行了利于课堂操作的分解；二是体现学科特点的探究任务设计，探究任务指向学习目标，倡导用物理的方法学习物理；三是让学科素养落地，学习目标、探究任务、评价检测、学后反思等环节，都有明确的学科素养导向，建立了学科素养与知识、方法习得的连接点。最终，逐层递进达成课标要求“理解欧姆定律”。

# 欧姆定律

周洁

### 主题与课时

教育科学出版社版《物理》九年级上册第五章第1节(2课时)。

### 课标要求

1. 通过实验，探究电流与电压、电阻的关系。理解欧姆定律。
2. 会看、会画简单的电路图。
3. 会连接简单的串联电路和并联电路。
4. 会使用电流表和电压表。

### 学习目标

1. 通过观察、体验小游戏，猜想电流跟电阻、电压的定性关系。
2. 小组交流讨论，制订“探究电流跟电压的关系”和“探究电流跟电阻的关系”两个实验的实验方案，发展科学思维。

3. 根据电路图连接实物，熟练使用电流表、电压表及滑动变阻器，掌握收集、分析和处理实验数据的方法，得出电流跟电阻、电压的定量关系，提升科学探究能力。

4. 通过查阅资料、交流分享，知道欧姆的故事及其研究发现，学习他在孤独与困难的环境中始终坚持不懈地进行研究的科学态度。

5. 能用文字表述欧姆定律，知道欧姆定律的公式及物理量的意义和单位，会用欧姆定律公式及其变形公式进行简单计算，会用欧姆定律判断动态电路。

6. 应用欧姆定律，能分析简单电路，会选择适当的器材设计一个简易测量仪，比如：测拉力、质量、身高等等，具有勇于创新的精神和学以致用的观念。

设计说明：学习目标1—3对应第1课时，学习目标4—6对应第2课时。第1课时的3条学习目标围绕“科学思维”、“科学探究”展开。第2课时的3条学习目标围绕“科学态度与责任”、“物理观念”展开。学习目标对课标行为动词、核心概念进行了基于课堂操作的分解。例如：课标要求是“理解欧姆定律”，“理解”水平包含“计算”。因此在课时学习目标层面，将课标要求分解为：会用欧姆定律公式及其变形公式进行简单计算。

## 评价任务

1. 完成任务一3。(检测目标3)
2. 完成任务二3。(检测目标5)
3. 完成任务三。(检测目标6)

## 资源与建议

1. 我们学习了电路、电流、电压和电阻，欧姆定律就是揭示电路中的电流跟电阻、电压的关系，是进一步学习测量电阻和等效电路的基础。

2. 我们将经历科学探究过程——猜想讨论、制订方案、实验操作、采集数据、分析数据，得出结论总结出欧姆定律，并学会应用欧姆定律。

3. 重点是实验探究过程，难点是欧姆定律的应用。老师将和同学们一起在有趣的实验中发现物理问题，并采用小组分工合作的方式共同完成任务。

设计说明：学生通过阅读“资源与建议”能厘清知识脉络，从电流、电压、电阻到将三个物理量联系起来的欧姆定律。知道“欧姆定律”是学习后续电学知识的基础。明确本节学习的重点是实验探究，难点是学以致用。

## 学习过程

### 第1课时

**任务一：探究电流跟电阻、电压的关系**

1. 观察、体验小游戏，猜想影响电流大小的因素，说出依据。（指向目标1）

2. 小组讨论，制订“探究电流跟电压的关系”和“探究电流跟电阻的关系”两个实验的实验方案，小组代表交流。（指向目标2）

3. 实验操作。（指向目标3、检测目标3）

控制________不变，探究电流跟电压的关系。

思考：怎么改变定值电阻两端的电压值？

实验数据：

分析论证：

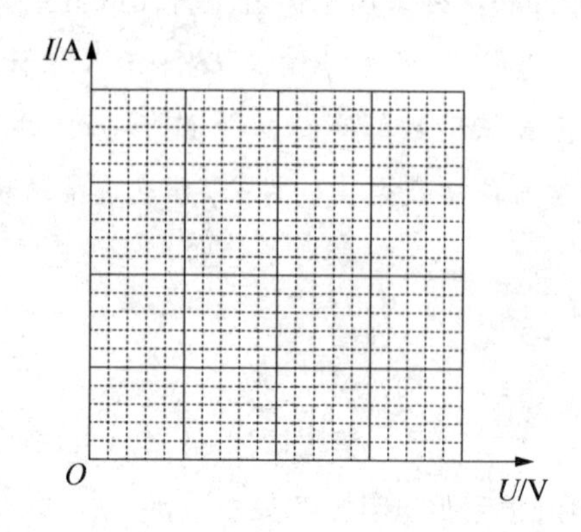


实验结论：

控制________不变，探究电流跟电阻的关系。

思考：怎么控制不同电阻两端的电压值不变？

实验数据：

分析论证：

实验结论：

设计说明：课堂引入环节——电源（安全电压）、开关、音箱组成电路，闭合开关播放歌曲，将学生接入电路，音量减小，接入的学生越多，音量越小。引导学生根据亲身体验有理有据地猜想"影响电流大小的因素"。根据学科特点，实验过程既是学习任务又是评价任务，因此既是指向目标也是检测目标。实验操作环节分成两个部分，重点在于分析数据。教师需要展示多个组的实验数据，引导学生利用表格和图像进行分析。

## 作业与检测

1. 在探究“电流与电阻、电压的关系”的实验中，两位同学提出了不同的猜想。小邦猜想：电流可能跟电压成正比；小册猜想：电流可能跟电阻成反比。请根据实验情况完成以下练习。

(1) 两位同学要完成猜想，采用的基本研究方法是＿＿＿＿＿＿＿＿＿＿。(检测目标 2)

(2) 在连接电路过程中，开关应处于＿＿＿＿状态。(检测目标 3)

(3) 小邦连接了如图所示的电路，请你检查一下电路，把接错的那一根导线找出来，打上“×”，再画线把它改到正确的位置上。(检测目标 3)

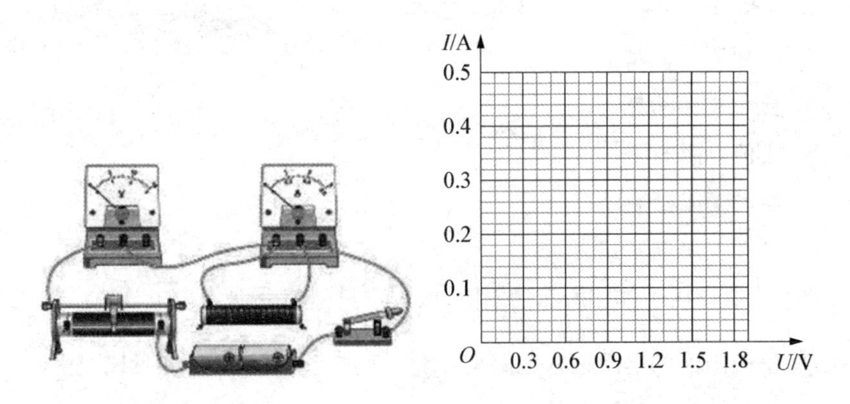


(4) 在探究电阻一定时电流与电压关系的实验中，小邦得到的实验数据如下表所示。请你根据表中数据，在方格中标出各组数据对应的点。(检测目标 3)

| 数据序号 | 1 | 2 | 3 | 4 | 5 | 6 |
|---|---|---|---|---|---|---|
| 电压 $U$/V | 0.3 | 0.6 | 0.9 | 1.2 | 1.5 | 1.8 |
| 电流 $I$/A | 0.08 | 0.15 | 0.23 | 0.40 | 0.38 | 0.45 |

(5) 从图像中可以看出，这些数据中有一组是明显错误的，跟其他数据的规律完全不同，可能是读取这组数据时粗心所引起的，分析时需要把它剔除掉。这组数据的序号是＿＿＿＿。(检测目标 3)

(6) 小册在做实验时，在保持电压表示数不变的条件下重复进行实验，其目的是____________________。(检测目标 3)

2. 在探究“电流与电压、电阻的关系”的实验中，两位同学提出了以下猜想：小邦猜想：电流可能跟电压成正比；小册猜想：电流可能跟电阻成反比。请根据实验情况完成以下练习。(检测目标 3)

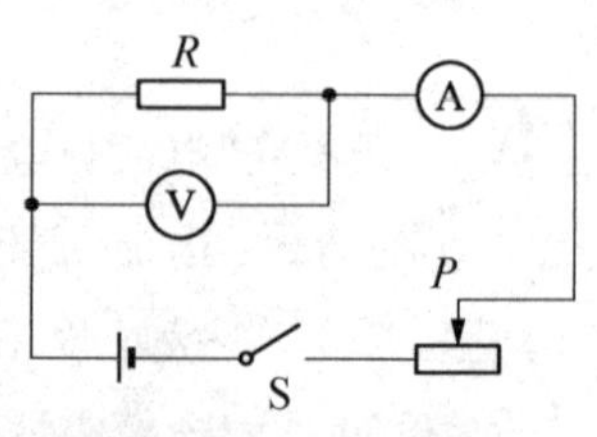


(1) 小邦按图所示连接电路，开关闭合前，小邦发现电流表的指针在零刻度线的左端，其原因是____________。

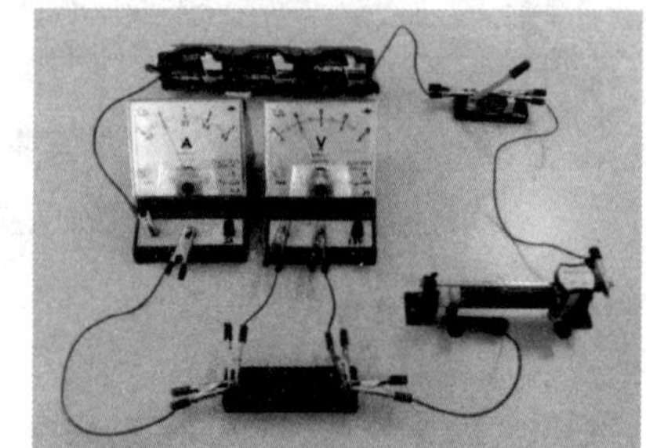

(2) 确认电路无误后，闭合开关，小邦发现，无论怎样移动滑动变阻器的滑片 $P$，电流表指针几乎不动，电压表指针有示数且不变，原因可能是______。

A. 定值电阻短路

B. 定值电阻断路

C. 滑动变阻器短路

D. 滑动变阻器断路

(3) 小册连接了如图所示的电路，取来三只阻值分别为 5 Ω、10 Ω、15 Ω 的电阻，将不同阻值的电阻接入电路后，调节滑动变阻器滑片 $P$ 的目的是______

____________________________________。

(4) “验证猜想”要求更换某些条件后重复进行上述实验，其目的是：___

____________________________________。

**第 2 课时**

**任务二： 理解欧姆定律**

1. 分享课前查阅资料了解的欧姆的故事及其研究发现，交流心得。(指向目标 4)

2. 阅读教材，小组内讲解欧姆定律的文字表述、公式及物理量的意义和单位。（指向目标 5）

3. 例题：如图所示，$R_1$ 为 40 Ω。在闭合 S 的情况下，断开 $S_1$ 时电压表的读数是 2.0 V，闭合 $S_1$ 时电压表的示数是 2.8 V。电源电压不变。求：

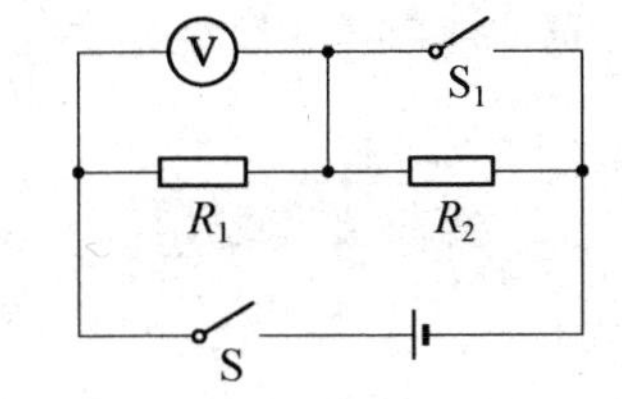


(1) 闭合 S，断开 $S_1$ 时电路中的电流；

(2) 电阻 $R_2$ 的阻值。（检测目标 5）

4. 讨论：某同学认为："由 $I=\frac{U}{R}$ 变形可得 $R=\frac{U}{I}$。这就表明，导体的电阻 $R$ 跟它两端的电压成正比，跟电流成反比。"这种说法对吗？为什么？（指向目标 5）

5. 讨论交流：电流表和电压表的连接方式有何差异。（指向目标 5）

**任务三：欧姆定律的应用**

应用欧姆定律，选择适当的器材设计一个简易测量仪，比如：测拉力、质量、身高等等，请：(1)写出设计目的；(2)画出电路图；(3)写明器材。（指向目标 6、检测目标 6）

设计说明：学生的易错点在于将物理公式当成纯粹的数学公式，忽略物理量的实际意义。因此设置了一个讨论的问题(任务二 4)，加深学生对物理意义的理解。例题第 2 问用欧姆定律的变形公式解答，提供了一种测定电阻的方法，为下一节“测量电阻”做铺垫。对于欧姆定律，可以用正向思维解题，也可以用逆向思维命题。任务三就是拓展学生的思路，应用欧姆定律设计电路。通过这类创新开放题提升学生的模型建构、科学推理、科学论证能力。

## 作业与检测

1. (2019・湘西州)如图所示的电路中，当滑动变阻器滑片左移时，下面说法中正确的是(　　)。(检测目标 5)

A. 电压表示数变大

B. 总电流变小

C. 总电阻不变

D. $R_2$ 的电阻变大

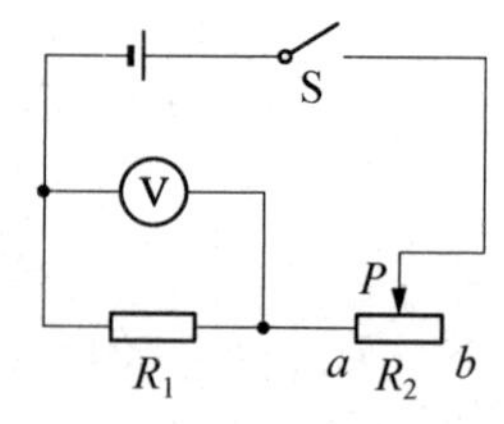


2. (2017・莱芜)智能手机上已普遍使用电阻触摸屏，当手指触摸屏时，会对触摸屏产生一个压力，这种压力信号即转换成电信号，从而确定触摸的位置。如图所示，在竖直方向上触摸屏相当于一根电阻丝，触摸 $P$ 点时电阻丝被分为上、下两部分，电阻分别为 $R_1$、$R_2$，电源电压不变。当触摸点 $P$ 沿竖直方向向上移动时，则下列判断中正确的是(　　)。(检测目标 5)

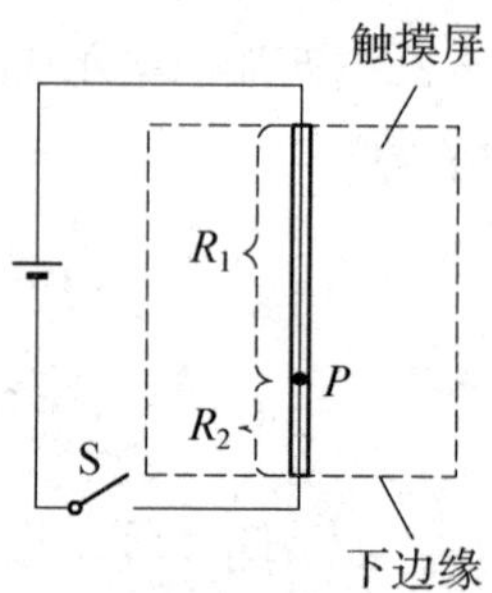


A. $R_1$ 的阻值变大

B. $R_2$ 的阻值变小

C. $R_1$ 两端的电压变小

D. 电路中的电流变大

3. (2017・盘锦)如图所示，是一个简易电子身高测量仪的示意图。闭合开关后，当被测者的身高降低时，电压表示数_________，电流表示数_________。(均选填“变大”“变小”或“不变”)(检测目标 6)

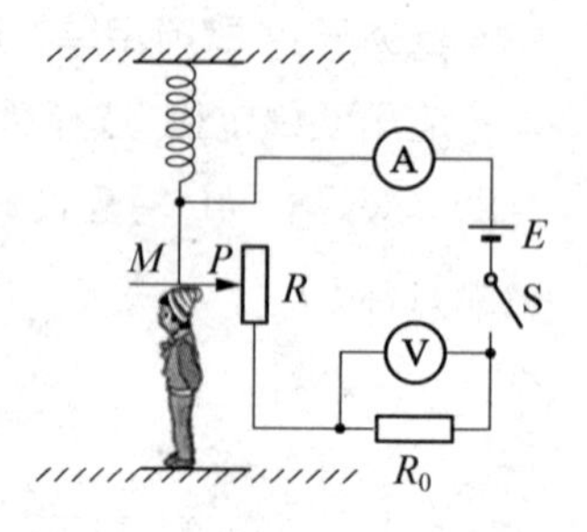


4. (2019・青岛)如图甲所示是某酒精浓度检

测仪的原理图。电源电压保持不变，$R_1$ 为定值电阻，$R_2$ 为酒精气体敏感电阻，它的阻值随酒精气体浓度变化曲线如图乙所示。闭合开关，驾驶员呼出的气体中酒精浓度越大，$R_2$ 的阻值________，电压表示数________，当电压表示数达到一定值时，检测仪发出报警信号。（检测目标 6）

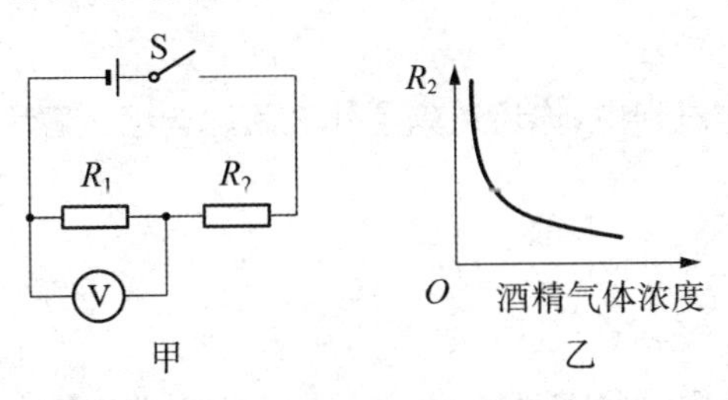


5. （2019・徐州）定值电阻 $R_1$ 两端加 4.5 V 电压时，通过的电流为 0.45 A，如图所示电路，电源电压不变，$R_1$ 和定值电阻 $R_0$ 并联，电流表示数为 0.50 A；用阻值为 30 Ω 的电阻 $R_2$ 替换 $R_1$，电流表示数变为 0.30 A。求：$R_1$ 的阻值及电源电压。（检测目标 5）

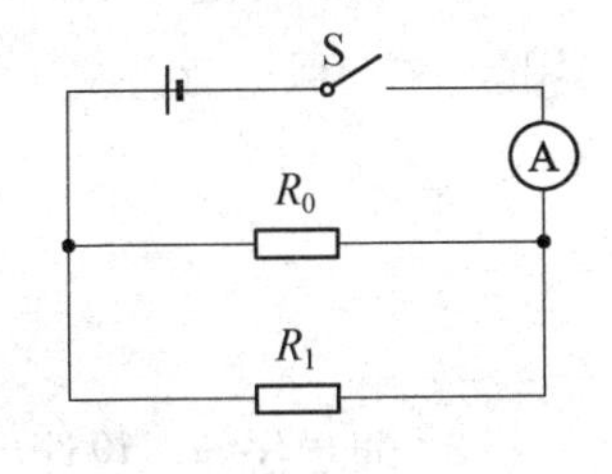


6. （2017・深圳）如图甲所示是某电子秤的原理示意图，$R_1$ 为定值电阻，托盘下方的电阻 $R_2$ 为压敏电阻，其电阻大小与托盘内所放物体质量 $m$ 大小的关系图如图乙所示。已知电源电压为 6 V 且保持不变。（检测目标 5、6）

（1）当托盘为空时，求 $R_2$ 的电阻；

（2）若托盘为空时，电流表示数为 $I_1=0.01$ A，求定值电阻 $R_1$ 的阻值；

（3）若放入某物体后，电流表示数为 $I_2=0.02$ A，求该物体的质量大小。

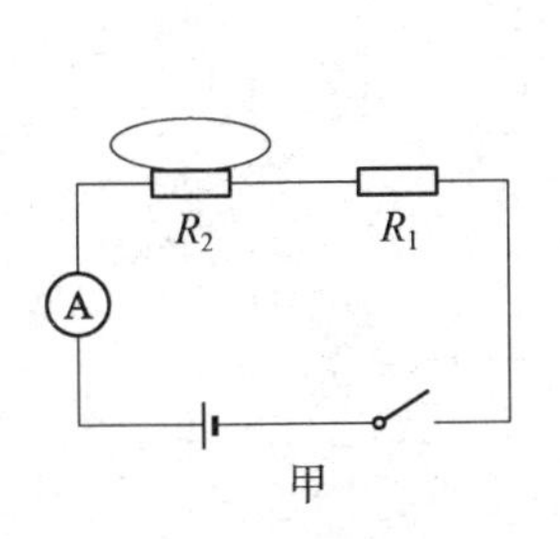


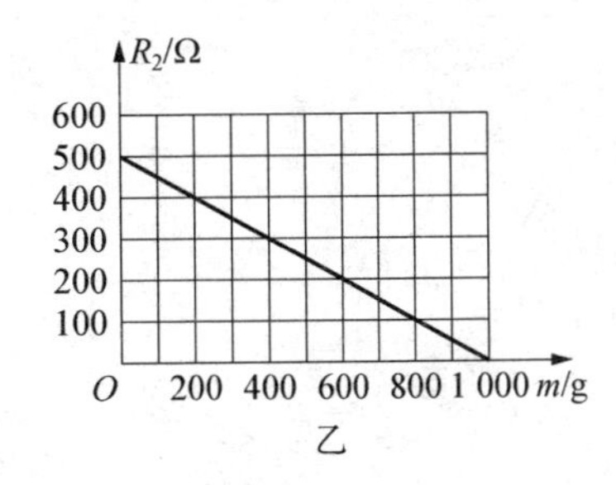


设计说明：第 1 题和第 2 题虽然都是应用欧姆定律分析动态电路，但要求的能力层次不一样：第 1 题是直观的简单电路分析；第 2 题是实物，学生要抽象

出物理电路模型后才能分析。第3题、第4题、第6题的情境都是欧姆定律在实际生活中的应用,也为学生达成学习目标6提供进阶支持。

## 学后反思

1. 在实验操作过程中,你还遇到了什么问题?怎么解决的?

2. 在探究过程中哪些实验用到了“控制变量法”?在处理数据时哪些实验用到了“图像法”?

3. 通过任务三设计出简易测量仪的电路图,对于应用欧姆定律开展小制作你还有哪些创意?

## 导读

力学是物理学的重要内容，也是初中物理的基础。但力学知识相对抽象，不易理解，学生学习普遍感到困难。为增强力学知识的形象性和趣味性，本文以骑车上学的生活情境为线索，将惯性、摩擦力、压强、平衡的知识设计为情境链，试图体现3个亮点。一是基于真实生活情境的学习任务设计，把力学知识与安全骑车上学的生活情境巧妙融合，学会发现生活中的物理问题；二是严格体现学习的进阶，把学习的逻辑、知识的逻辑、生活的逻辑进行合理嫁接；三是教—学—评一致的体现，学习目标、评价任务、学习任务形成了有效的闭环，增强学以致用的意识。

# 力学知识伴你安全骑车上学

邓伟　韩沁君　倪华鹏

## 主题与课时

教育科学出版社版《物理》八年级下册第18—40页（1课时）。

## 课标要求

1. 用示意图描述力，知道二力平衡条件，用物体的惯性解释自然界和生活中的有关现象。

2. 通过常见事例或实验，了解摩擦力。

3. 理解压强，知道日常生活中增大和减小压强的方法。

## 学习目标

1. 通过思考情境1、观察演示实验，能分析生活中的惯性现象，强化物理观念。

2. 通过观察自行车的结构，分析其中增减摩擦的设计，归纳出增减摩擦的方法，发展科学思维。

3. 通过观看视频、思考情境3，能说出什么是压强；通过分析具体实例，能准确地计算压强大小，应用增减压强的方法解决实际问题，将物理知识学以致用。

4. 通过力的示意图分析自行车的受力，归纳出二力平衡的条件，养成科学探究的意识。

设计说明：目标的先后不仅保证了学习中问题情境的逻辑性，还考虑了学生的认知层次，综合难易不同的知识。目标1、2较易，旨在让学生通过交流，分析有关自行车的惯性、摩擦现象。目标3较难，要求能准确地计算压强，能应用增减压强的方法解决实际问题，落实课标“理解”的要求。最后，回归较易的目标4，引导学生用示意图描述自行车的受力，探究二力平衡条件。

## 评价任务

1. 完成任务一中的评价1。(检测目标1)
2. 完成任务二中的评价2。(检测目标2)
3. 完成任务三中的评价3。(检测目标3)
4. 完成任务四中的评价4。(检测目标4)

## 资源与建议

1. 力学，作为初中物理的核心内容，具有较多的概念、规律，逻辑性较强，应用题难度大。只有认识了基本的力学概念，掌握了正确的受力分析，才能进一步解决浮力、简单机械等问题。

2. 本课将以小明同学骑自行车上学“惊险的一天”为任务情境，从惯性、摩擦、压强、平衡等角度去探索安全骑车上学的力学策略。你可以仔细观察自行车的车把、轮胎等零件，还可以去骑自行车，获取有关骑自行车的真实体验，以便上课时与同学们交流、讨论。

3. 本课学习流程分四步：(1)情境思考；(2)发现问题；(3)分析论证；(4)反

思总结。同学们将利用自行车的图片、视频等资料，以小组为单位交流自己的观察与体验收获，重点是对压强的理解与应用，难点是通过分析自行车的问题，建构力学综合知识体系，学会解决实际的力学问题。

设计说明：首先阐明了本节课的学习内容，了解知识的前后联系。然后介绍了真实的生活情境，以真实的任务情境，激发学习动力，提供学习前所需的知识准备以及学习时的思考方向。最后明确了学习本节课的学习流程步骤，指出了重、难点知识，从而引导学生有兴趣、有方法、有信心地参与学习。

## 学习过程

**整体情境：**上初中后，由于家离学校较远，父母为小明购买了自行车。此后，小明每天骑自行车上学、回家。这一天早晨，小明起床晚了二十分钟，于是着急地推着自行车出门上学。

**任务一：探讨自行车急刹车后的现象**

**情境 1：**出门后，他发现天空飘着小雨，路面有点湿滑。但是为了不迟到，他骑着自行车一路飞速行驶。在经过一个下坡时，前面突然跑来一条小狗，小明紧急刹车！所幸，自行车没有撞上小狗，但放在前面车篮里的书本飞了出去。书本为什么会飞出去呢？（指向目标 1）

评价 1：生活中，你还有哪些类似的经历？（检测目标 1）

设计说明：在形式上，主要以熟悉的情境引发学生的回忆与讨论，在交流的过程中识别生活中与惯性有关的现象，并用物体的惯性知识分析这些现象发生的原因。

**任务二：探索自行车雨后的制动距离**

**情境 2：**时间本就不充裕，拾捡遗落的书本又耽搁了几分钟。上车后，小明比刚才骑得还快。在经过一个红绿灯路口时，绿灯忽然变成红灯，他紧急捏刹

车，车子缓缓减速，可仍冲出人行道 3 米左右，差点儿和驶来的小汽车相撞！为什么雨天自行车很难减速停下？（指向目标 2）

评价 2：仔细观察自行车的结构，找一找它还有哪些增减摩擦的设计？（检测目标 2）

设计说明：摩擦力的知识有一定难度，尤其是摩擦力的分类及大小问题。问题情境 2 则将摩擦力的知识分解，通过观察自行车的零件设计探究增减摩擦的方法，为后面的学习做铺垫。

**任务三：探究自行车超载后的现象**

**情境 3：**心有余悸后，小明退回到停车线后面等待绿灯亮。之后，小明减缓了骑行速度，也谨慎地看着道路状况。快到学校时，他遇到了一个正朝学校奔跑的同学小成。小明对小成说："要迟到啦！快上车，我载你！"于是，小成坐上了自行车后座，车胎发生了明显的形变，晃晃悠悠地向前行驶着，湿滑的地面上留下了明显的印迹。为什么会留下印迹？（指向目标 3）

评价 3：一位中学生骑着自行车匀速向前行驶。已知中学生的质量是 50 kg，自行车的质量约为 20 kg，每个轮胎与地面的接触面积约为 40 $cm^2$。$g$ 取 10 N/kg，请你计算：（检测目标 3）

（1）自行车对地面的压力；

（2）自行车对地面的压强；

（3）想一想：自行车的坐垫为何要设计成马鞍形？

设计说明：经历了问题情境1、2的热身后，学生的思维足够活跃，适合学习较为抽象的压强。情境3从直观的“印迹”现象出发，引导学生思考其中物理量的变化，逐步建构压强的概念。最终，再利用练习3的问题展开压强的计算与实际分析。

**任务四：探秘自行车的平衡状态**

**情境4：**到学校附近时，小明碰到了同班骑自行车上学的其他同学。说笑着，小明为了展示自己的车技，双手离开车把继续向前骑行。旁边一同学想开个玩笑，用手推了小明一下，小明和自行车失去平衡，摔倒在地。最终，小明不仅上学迟到，还摔得右手骨折。(指向目标4)

评价4：(1) 画一画自行车平衡与非平衡状态下的受力示意图。(检测目标4)

(2) 对比两幅图，想一想什么条件下自行车能受力平衡。

设计说明：情境4又降低难度，回归形象易感的平衡问题。在内容上，先以交流的形式展开，再引导学生用力的示意图描述物体的受力，学会规范的力学作图。在讨论交流中，对比分析两幅力的示意图，学生便能探究得出二力平衡的条件。

## 作业与检测

1. 如图所示，共享单车是节能环保的交通工具，关于小秦骑共享单车上学的情形，下列说法中正确的是(　　)。(检测目标1、4)

A. 小秦骑行的速度最高可达到 50 m/s

B. 小秦骑车匀速转弯时，运动状态没有发生改变

C. 小秦在骑行过程中，相对于建筑物是运动的

D. 小秦下坡时不蹬车，单车继续滑行是因为受到惯性

2. 自行车的设计者应用了很多物理知识，下列说法中错误的是(　　)。(检测目标 2，3)

A. 车轮的外胎做得有凹凸花纹是为了增大摩擦

B. 车轴上装有滚动轴承是为了减小摩擦

C. 螺母下面垫一个垫圈，是为了增大压强

D. 尾灯可以将从不同方向射向它的光反射

3. 对平直公路上匀速行驶的自行车进行分析，属于平衡力的是(　　)。(检测目标 4)

A. 自行车受到的牵引力和重力

B. 自行车受到的牵引力和阻力

C. 地面对自行车的支持力和自行车受到的阻力

D. 地面对自行车的支持力和自行车对地面的压力

4. 请在 3 题右侧画出自行车的受力示意图。(检测目标 4)

5. 如图所示，小车被人推开后向前运动，最终停了下来。下列分析中正确的是(　　)。(检测目标 1、2、4)

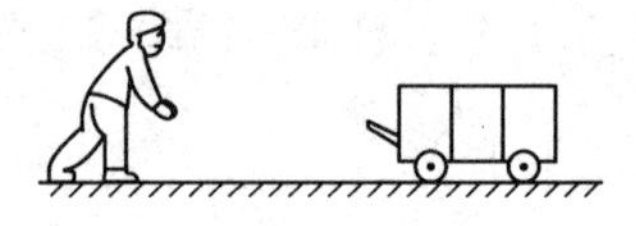

A. 人对小车的推力越来越小

B. 离开人手后的小车不受力的作用

C. 小车在运动过程中受到平衡力的作用

D. 由于惯性，离开手的小车继续向前运动

6. 请选择合适的工具，设计简要的测量方案与步骤，实际测一测你与自行车的质量、自行车坐垫面积、自行车轮胎与地面接触面积。根据你的测量数据，算一算：(1)你对自行车的压力、压强；(2)自行车对地面的压力、压强。(检测目标 3)

| 测量工具 | | |
| --- | --- | --- |
| 测量步骤 | | |
| | | |
| 计算过程 | | |

设计说明：紧紧围绕自行车设计了6个检测作业，包括单独检测对应重难点知识的第3、4、6题，也有综合检测组合知识点的第1、2、5题。第6题的设计主要是想让学生课后实际地去完成压强的测量，这其中，工具的选择、方案的设计可以培养学生的科学探究与实验操作能力。

## 学后反思

1. 回忆本节课所学，说说安全骑车上学的力学策略。

2. 在学习和作业的过程中，你学会了哪些物理方法?

3. 学习后，你对中学生安全骑车上学有哪些科学的建议？对物理知识在生活中的应用有什么新的看法?

设计说明：学后反思主要从物理基本观念、科学探究方法、科学态度三个方面设计。反思1主要通过回顾骑车上学的力学策略，构建基于真实生活情境的基本物理观念。反思2则希望学生能够回忆学习与作业中经历的探究过程，深化对物理方法的理解与应用。反思3则回归情境设计的初衷，希望学生能应用力学知识解决骑车上学途中遇到的真实问题，感受物理与生活的紧密联系。

## 导 读

化学计算综合性强，信息处理量大。本课学习重点是学会计算步骤，难点是形成解题模型。为突破难点掌握重点，本文以燃料电池新能源汽车为情景，设计了“总结计算原理”、“学会计算步骤”、“形成解题模型”、“创编试题”4个环节，在引导学生剖析、解决问题的过程中达成本课3个可观察、可操作、可测评的学习目标，将体现进阶的评价任务镶嵌于学习过程中，体现了“教—学—评”一致性，最后解决了燃料电池汽车跑100公里需多少燃料的问题，体现学习的价值。

# 利用化学方程式的简单计算

周亮　何玲

## 主题与课时

人民教育出版社版《化学》五单元课题3(第1课时)。

## 课标要求

1. 能根据化学反应方程式进行简单的计算。
2. 认识定量研究对化学科学发展的重大作用。

## 学习目标

1. 基于生活情景及问题任务，分享根据化学方程式计算在生产、生活中的意义，分析、讨论并写出利用化学方程式计算的原理。

2. 在问题引导下自主阅读例题，在教师引导下分析、归纳知识，计算时会准确运用利用化学方程式简单计算的一般步骤及归纳解题注意事项，提高思维的逻辑性和全面性，形成解题模型。

3. 通过例题对比和创编习题并解答，感受根据化学方程式计算的意义，能列举 2—3 条定量计算对解决实际问题和化学发展的重要作用。

设计说明：学习目标制定力求体现对课标要求的分解，将“进行简单计算”和“定量分析的意义”的课标要求，分解成了“了解计算原理”、“学会计算步骤”“形成解题模型”、“创编试题”等可观察、可操作、可测评的学习目标，使课堂教学方向明确、环节清晰。

## 评价任务

1. 完成任务一 3。（检测目标 1）
2. 完成任务二 2。（检测目标 2、3）

## 资源建议

1. 前面两课题学习的化学方程式意义及配平方法，是学习这节课的基础，本节课是从“量”的角度反映物质及其变化规律，并体会定量计算在化学学科发展中具有重要意义，为以后学习多步计算和物质含杂计算等化学计算奠定基础。

2. 本课按“计算依据（方程式中的“量”）→解题模型（步骤）→解题警示（注意事项）→学以致用（计算价值）”的流程学习。

3. 正确书写化学方程式是关键，理解计算依据是基础，务必理解化学方程式的“量”的意义和关系，通过例题归纳出简单、准确的格式和步骤，注重解题的规范；通过例题和创编习题进一步体悟利用化学方程式简单计算的现实意义和价值。

设计说明：介绍了利用化学方程式计算与前后知识的关系，便于学生系统把握本节课要学什么；学习流程及其关系的说明，便于学生从整体上把握本节课怎么学；依据信息创编习题和现实问题解决，是为了让学生深刻体会化学计算的价值和意义。

## 学习过程

### 任务一：了解利用化学方程式计算的依据

1. 情境引入：播放 1—2 min 的燃料电池新能源汽车素材。

讨论：燃料是什么？新能源汽车的优点有哪些？如果要到 100 公里远的地方该添加多少燃料？

2. 阅读第 102 页第一自然段，思考利用化学方程式计算在生产生活中有哪些意义并完成以下任务。（指向目标 1）

（1）写出氢气在氧气中燃烧的化学方程式：（并在对应物质的下面标出各物质之间的质量比，相对原子质量：H—1　O—16）

（2）依据上面的方程式，小组讨论利用方程式计算的依据：（小组讨论，分享归纳）

① 理论依据：

② 计算依据：

3. 完成以下评价任务：(检测目标 1)

(1) 根据化学方程式进行计算的依据是(　　)。

A. 化学方程式表示了一种反应过程

B. 化学方程式表示了反应物和生成物各是什么物质

C. 化学方程式表示了反应前后各物质之间的质量比

D. 化学方程式反映了各物质的组成

(2) 在反应 $2Mg + O_2 \xlongequal{} 2MgO$ 中镁、氧气、氧化镁的质量比为(　　)。(O—16，Mg—24)

A. 48∶32∶80　B. 24∶32∶40　C. 24∶32∶64　D. 24∶32∶80

**任务二：学习利用化学方程式进行简单计算**

1. 阅读第 102—103 页例 1 和例 2，思考后简要回答以下问题。(指向目标 2、3)

(1) 利用化学方程式计算的关键是什么？如何迅速找准关键？

(2) 简要描述利用化学方程式进行简单计算的步骤。

(3) 对比例 1 和例 2，例 2 在哪些方面简化了？计算时，从反应物、生成物来看，对已知量、未知量有无特殊要求？

2. 完成以下评价任务：

(1) 利用化学方程式进行简单计算：320 g 的硫完全燃烧会生成多少二氧化硫呢？(检测目标 2)

思考：做完此题，我认为最关键的是哪一步？最困难的是哪一步？最易错的是哪一步？

(2) 下面是一位同学的解题过程，请指出该同学解题中的错误，并将正确解题过程书写在旁边。(检测目标 2)

题目：3.25 g Zn 和足量的盐酸反应制取 $H_2$ 和氯化锌，求可得 $H_2$ 的质量是多少？

[解]设可得 $H_2$ 的质量为 $x$ g。

$Zn + HCl = ZnCl + H_2\uparrow$

65　　　　　　　　2

3.25 g　　　　　　$x$

$65/x = 2/3.25$

$x = 105.6$ g

(3) 小组合作：创编一道计算题，并解答。(信息提示：学校某学生生病急需 640 克氧气，请我们在化学实验室制备这些氧气(药品齐足)，方法自选，请大家根据信息创编。)(检测目标 3)

(4) 问题解决：新能源汽车如果要到 100 公里远的地方去至少该添加多少燃料？普通汽车行驶 100 公里大约需要 10 kg 汽油，大家认为新能源汽车有哪些优势？(假设新能源汽车氢气燃烧放出能量全部转化为汽车动力，1 g 氢气大约放出 150 kJ 能量，汽车行驶 1 km 大约需耗能 3 000 kJ。)(检测目标 2、3)

设计说明：情景创设引发学生思考，并在教师引导下师生一起分析、讨论后归纳出利用化学方程式计算的依据，达成学习目标 1；学生通过例题自学，提升学生自主归纳提取信息的能力，形成解题模型，达成学习目标 2；评价镶嵌入学习任务中，且有一定的逻辑关联，体现学生学习的不断进阶，逐渐走近学习计算的价值意义，达成目标3。整个设计过程环环相扣、逐渐深入，有利于学生深度学习，发展学生“变化观念和模型认知”的学科素养。



## 作业与检测

1. 在 $2A+B \xlongequal{} 2C$ 反应中，已知A的相对分子质量是28，C的相对分子质量是44，则B的相对分子质量是(　　)。(检测目标1)

A. 16 g　　B. 16　　C. 32 g　　D. 32

2. 已知 $A+3B \xlongequal{} 2C+3D$ 中，2.3克A跟4.8克B恰好完全反应生成4.4克C。又知D的相对分子质量为18，则A的相对分子质量为(　　)。(检测目标1)

A. 23　　B. 46　　C. 92　　D. 96

3. (2016成都中考)目前，人们使用的燃料大多来自化石燃料。某工厂每天燃烧的煤含硫0.16 t，根据化学方程式计算该工厂每天生产的二氧化硫的质量是多少？(检测目标2、3)

4. (巩固提升题)菱铁矿(主要成分是 $FeCO_3$)是炼铁的原料。现取20.0 g菱铁矿，向其中加入足量稀硫酸，充分反应，测得固体质量与所加稀硫酸的质量关系如图所示：

已知：① $FeCO_3+H_2SO_4 \xlongequal{} FeSO_4+CO_2\uparrow+H_2O$；②菱铁矿中杂质不参加反应，且难溶于水。

请计算：参加反应的硫酸质量是多少？(检测目标2、3)

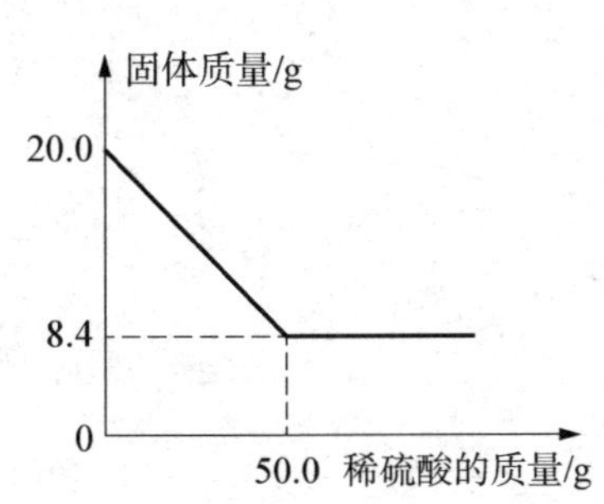

## 学后反思

1. 请绘制“利用方程式计算”的技能思维导图。

2. 学完本节课，你对化学中的“变化观念、模型认知”有哪些新认识和新体会？

设计说明：绘制技能思维导图，是引导学生个性化地建构知识体系，是一个自我监控、自我调节和自我完善的过程；第二题引导学生从“变化观念、模型认知”学科素养视角，审视本节课学习内容的价值意义。

## 导 读

本单元研究碳和碳的氧化物，本课题学习碳的氧化物，采用实验为主的学习方式，主要从实验中获取知识。本设计着力体现学历案文本下化学实验探究的过程、方法及价值，针对学习目标，设计了对应的演示实验、分组实验、探究实验，引导学生在对实验现象的观察、分析、归纳中达成学习目标，同时发展“证据推理、科学探究”等学科素养。

# 二氧化碳和一氧化碳

罗玲　覃鸿　胡进

### 主题与课时

人民教育出版社版《化学》第六单元课题3(第1课时)。

### 课标要求

1. 能结合实例说出二氧化碳的主要性质。
2. 学习科学探究的基本方法，初步形成科学探究能力。

### 学习目标

1. 通过观察、分析分子结构模型，说出 $CO_2$ 和 CO 性质差异的原因；通过实验 6－3、6－4 现象的观察、分析、归纳，能描述 $CO_2$ 的 4 个物理性质和 3 个化学性质。

2. 通过探究实验，初步学会科学探究的方法、步骤，能根据现象分析归纳写出 $CO_2$ 与水反应的反应方程式，说出生成物碳酸不稳定易分解的性质，发展证据推理素养。

3. 通过自主阅读、讨论分析与实验，能够表达并写出二氧化碳的检验方法和原理。

设计说明：学习目标1、2的制定主要针对课标要求1、2的行为条件“结合实例”和“科学探究基本方法”进行了具体分解，设计了不同层次的实验，引导学生通过对实验现象的观察、分析、归纳，能描述$CO_2$的常见物理性质和化学性质；依据成都市考纲和学情制定学习目标3，通过阅读、实验和实际应用等活动形式达成；为教学达标绘制了清晰的地图。

## 评价任务

1. 完成任务一3。（检测目标1）
2. 完成任务二4。（检测目标2、3）

## 资源与建议

1. 碳的化合物种类很多，而二氧化碳是我们非常熟悉的物质之一，与日常生活紧密联系。前面我们已经多次接触和了解过二氧化碳的一些性质，是本节课学习的基础。本节课将通过梳理新旧知识的关系、解释和解决生活中的实际问题，总结归纳二氧化碳的性质，在教材中有承上启下的作用，也为我们后续学习其他非金属氧化物性质打好基础。

2. 本课按“实验演示→探究实验（分析、归纳性质）→二氧化碳检验”的流程学习。

3. 二氧化碳的化学性质是本课重点，科学探究二氧化碳与水反应是本课难点。通过演示实验6－3和分组实验6－4，依据现象归纳出常见的性质来掌握重点；通过实验探究的过程及其分析评价可突破科学探究这一难点。

设计说明：通过对本课时学习流程、重难点及突破方式的介绍，便于学生从整体上了解本节课的学习流程，结合学生已有知识和能力通过演示实验、分组实验观察分析解决$CO_2$的部分性质，通过设计2个实验探究形成科学探究的方法可突破难点，有效激发学生主动性，让学生明白本节课该怎么学。

## 学习过程

### 任务一：了解二氧化碳的部分性质

1. 情景引入：阅读教材第117页第一自然段，了解二氧化碳和一氧化碳分子结构模型，思考并简要回答二氧化碳和一氧化碳的性质存在差异的原因是什么。(指向目标1)

2. 通过视频情景和观察教师演示实验，分析这些现象说明二氧化碳具有哪些性质，并完成下列任务。(指向目标1)

(1) 观看视频，初步猜想：蜡烛为什么会熄灭？

(2) 观察演示实验，记录现象，思考后完成下表：

| 步骤 | 现象 | 分析 | 结论 |
|---|---|---|---|
| ① 第117页实验6－3：在烧杯内放两支高矮不同的燃着的蜡烛，将二氧化碳缓缓倒入烧杯中 | | | |

3. 分组实验，记录现象，思考后完成下表：(指向目标1)

| 步骤 | 现象 | 分析 | 结论 |
|---|---|---|---|
| ② 第117页实验6－4：向刚才集满二氧化碳的软矿泉水瓶内加入半瓶水，立即拧紧瓶盖，振荡 | | | |

4. 完成以下评价任务(检测目标 1)

(1) 完成书上第 117 页最下面的表格,归纳二氧化碳的性质。

(2) 完成课本第 123 页练习与应用 4。

**任务二: 探究二氧化碳的化学性质**

1. 实验探究 1: 用试管取少许实验 6 - 4 中软矿泉水瓶中的水,滴加紫色石蕊试液,观察实验现象。(指向目标 2)

(1) 现象是什么? 如何解释?

猜想:

(2) 阅读教材第 118 页,参照实验 6 - 5 设计实验方案,并作出评价。

| | 步骤 | 现象 | 分析 |
|---|---|---|---|
| 1 | | | |
| 2 | | | |
| 3 | | | |
| 4 | | | |
| 5 | | | |

(3) 师生评价设计方案。(从步骤、现象、分析和方案简便性等方面评价其合理性,确定最优方案)

(4) 根据最优实验的方案进行实验,记录现象,比较思考。

(5) 交流讨论：

a. 二氧化碳能溶于水和二氧化碳与水反应本质上差异在哪里？

b. 此实验中使紫色石蕊试液变红的物质是怎样产生的？它是什么？

2. 实验探究2：加热实验探究1中变红的溶液，观察现象并分析。（指向目标2）

| 步骤 | 现象 | 分析 |
| --- | --- | --- |
| 用镊子将集气瓶中变红了的石蕊小花夹出来，放在酒精灯火焰上小心烘烤大约10秒，观察现象 | 石蕊小花的颜色由________变成________色 | 碳酸________，易分解为________，化学方程式为________________________ |

3. 阅读教材第118页最后一自然段并思考：（指向目标3）

(1) 实验室怎样检验二氧化碳气体？

方法是：

原理是：

(2) 该反应原理在生活中有何应用？（举例）

归纳总结二氧化碳的化学性质：

4. 完成以下评价任务：

（1）如下图所示，将一根充满二氧化碳的试管分别倒放入水、紫色石蕊试液、澄清石灰水中。请分别描述会有什么现象？（检测目标2、3）

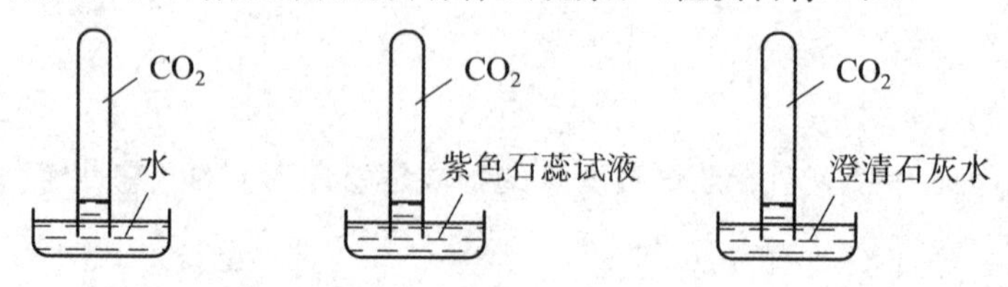


（2）二氧化碳的下列用途中既跟它的物理性质有关，又跟它的化学性质有关的是（　　）。（检测目标1、2）

A. 灭火　　B. 制干冰

C. 做化工原料　　D. 温室中做气体肥料

设计说明：首先，通过学生对探究实验6－3、6－4的观察、现象描述、讨论分析，归纳出二氧化碳的部分物理性质和部分化学性质；其次，通过实验疑惑，分析引入探究，通过实验方案的设计（小组讨论并填写对应的表格）以及汇报交流和评价，让学生进一步熟悉科学探究的环节，初步学会科学探究方案的设计和实验方案的评价；最后，通过阅读教材和小组讨论分析让学生巩固 $CO_2$ 的检验方法及在生活实际中的应用。学生通过清晰的学习历程，在掌握二氧化碳性质的同时，发展了“科学探究和证据推理”的学科素养。

## 作业与检测

1. 氧气和二氧化碳在性质上的相似点是（　　）。（检测目标1）

①都具有氧化性；②都具有还原性；③都易溶于水；④都能跟碳反应；⑤都是气体；⑥都是氧化物；⑦都可用于灭火；⑧通常状况下密度都比空气大。

A. ②④⑤⑧　　B. ①③④⑤⑥　　C. ①④⑤⑦⑧　　D. ①④⑤⑧

2. 用玻璃管向盛有紫色石蕊试液的试管中吹气，过一会再给试管加热，溶液颜色的变化情况是（　　）。（检测目标2）

A. 紫色→红色→紫色　　B. 紫色→蓝色→红色

C. 蓝色→红色→紫色　　D. 红色→紫色→蓝色

3. 检验某种气体是否为$CO_2$的最常用的方法是（　　）。（检测目标3）

A. 将燃烧的木条放入气体中

B. 将气体通入澄清石灰水中

C. 从一个容器倒入另一个容器

D. 将气体通入紫色石蕊试液中

4. 下图所示是实验室用碳酸钙和稀盐酸反应制取二氧化碳并验证其性质的实验装置图，试根据题目要求回答问题：（检测目标1、2、3）

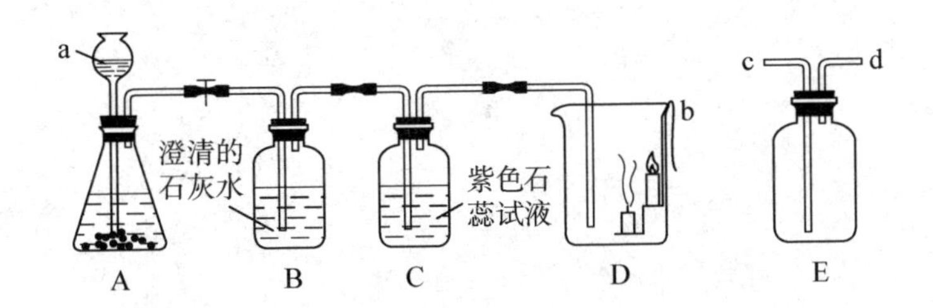


(1) 仪器a的名称是长颈漏斗，装置A中发生反应的化学方程式为________，装置C中观察到的现象是紫色的石蕊试液变________。

(2) 装置D中观察到________，说明________。由此可知，二氧化碳在生活中可用于________。

(3) 实验室用装置E来收集二氧化碳时，二氧化碳应从________端（选填“c端”或“d端”）通入。

## 学后反思

1. 结合本节课所学知识，绘制二氧化碳物理性质及化学性质的思维导图。

2. 通过本节课学习,你对化学实验探究与化学知识学习的关系有什么新认识?

设计说明:绘制学科知识的思维导图,促进学生知识的自我建构,个性化、差异化地完成对“学会了什么”的反思。对化学实验与化学知识学习关系的反思,是引导学生从“实验探究和证据推理”学科素养的角度审视本节课学生学习力的提升。

## 导 读

种子萌发是绿色开花植物生活史的起点。本节课从学生生活经验入手，通过课上解剖、观察种子结构以及课下体验播种、对种子萌发的持续观察，学习种子的内部结构与功能以及种子萌发时各部分结构发育趋势。为突出种子结构这一重点，初步学会实验技能，强化结构与功能适应的基本观点，设计了解剖、观察、记录、展示、交流、练习等系列活动；为增强学以致用的意识，设计了任务式的播种实践体验活动。通过四大学习任务，指向并检测学习目标的达成。

# 种子萌发形成幼苗

杜娟　卓平

## 主题与课时

北京师范大学出版社版《生物学》七年级上册第6章第1节(第1课时)。

## 课标要求

1. 描述种子萌发的条件和过程。
2. 体验一种常见植物的栽培过程。

## 学习目标

1. 结合生活经验，通过对蚕豆一生中的不同时期图片进行排序，概述绿色开花植物的生活史。

2. 通过解剖和观察大豆、玉米种子，说出种子的内部结构及功能，区别单子叶植物和双子叶植物，提升实验操作和观察能力，形成结构和功能相适应的基本观点。

3. 通过观看种子萌发过程的视频，观察种子萌发过程的变化，借助图片连线用自己的话比较准确地说出种子各部分结构在萌发过程中的变化。

4. 通过课后体验播种及观察种子萌发过程，建立生物学知识与生活的联系，养成用生物学知识解决实际问题的习惯。

设计说明：本节的学习目标是依据课标、教材、学情等制定的，依据本章的整体内容要求，首先设计了“目标1——概述绿色开花植物的生活史”。依据课标要求1，针对教材内容以及第一课时的教学安排，设计了“目标2——种子萌发的内部条件(即种子的结构及功能)”、“目标3——种子萌发的过程”。为达到本节课标要求2，设计了“目标4——让学生自我经历播种的过程”。让学生将生物学知识与生活相联系，最终落实生物学科核心素养。

## 评价任务

1. 完成任务一(二)。(检测目标1)
2. 完成任务二(二)。(检测目标2)
3. 完成任务三。(检测目标3)
4. 完成任务四(二)。(检测目标4)

## 资源与建议

上一章学习了绿色开花植物的生活方式，本章要学习它的生活史。这样就可以全面认识绿色开花植物，准确理解它生命活动的规律。而本节是绿色开花植物生活史的第一阶段，是认识绿色开花植物生活史的起点。

本节课可以按照如下的流程进行学习：对蚕豆植物一生中不同时期图片进行排序，理解生活史的概念→对大豆和玉米种子的实验解剖和观察，说明种子的结构，区分单子叶和双子叶植物→观看种子萌发过程的视频，描述种子各部分结构的发育变化。在课后，可以亲自播种某种植物种子，观察它的萌发过程，并且通过持续的观察幼苗的生长发育、开花结果，就可以把本章所有关于植物生活史的问题在你种植的植物中找到答案啦，是不是觉得学习生物很有趣呢？

本节内容的重难点是实验解剖和观察种子的结构，需要按照实验步骤，在教师的指导下，规范进行解剖实验，同时对种子各部分结构进行科学的观察，并且通过将实验结果进行粘贴和展示，来突破种子结构的这一难点。

设计说明：本块“资源与建议”主要目的是为学生提供一个整体而有序的学习思路，明确本节课学习的方向和路径是课上“解剖观察种子”的实验以及课后的“种子播种”的实践。提前了解本节知识的重难点是实验解剖和观察，也提供了突破的方法。让学生知道自己即将面对的是什么，也更有信心去参与学习。

## 学习过程

课前准备：观察一下家里有哪些种子，并带 4－5 种种子到教室来（每种几粒即可）。

**任务一：描述绿色开花植物的生活史**

**一、在生活中，种过或观察过某种植物吗？和同桌讨论以下问题：（指向目标 1）**

（一）根据你的生活经验，说说绿色开花植物的一生要经历哪些时期。

（二）将下列关于蚕豆植物一生中的不同时期图片进行排序（用“→”连接表示出其先后顺序），并根据图片用简短的语言描述它的一生。

**二、结合教材，归纳总结相关概念。（检测目标 1）**

生活史：生物在一生中所经历的________、________、________的全过程。

绿色开花植物的生活史：从________到________的过程，即从一粒种子的________到幼苗的根茎叶的发生和生长，再到成熟植株的开花、________，最后到________的形成。

任务二：观察种子的结构

**一、观察生活中常见的形态各异的种子图片，思考以下问题：(指向目标2)**

(一) 种子外部形态各异，它们的内部结构是千差万别还是有相似的结构呢？

(二) 如果要观察种子内部结构，可以用什么方法呢？

**二、解剖并观察种子的结构，区分单子叶植物和双子叶植物：**

(一) 解剖并观察大豆种子的结构

1. 独立解剖观察：阅读教材，按教材中所提示的方法步骤，独立解剖并观察大豆种子结构。(指向目标2)

2. 小组合作：将实验中解剖下来的大豆种子各部分结构粘贴在下表的相应位置的“□”中，阅读教材，交流讨论并填写出各部分结构的功能。(指向目标2)

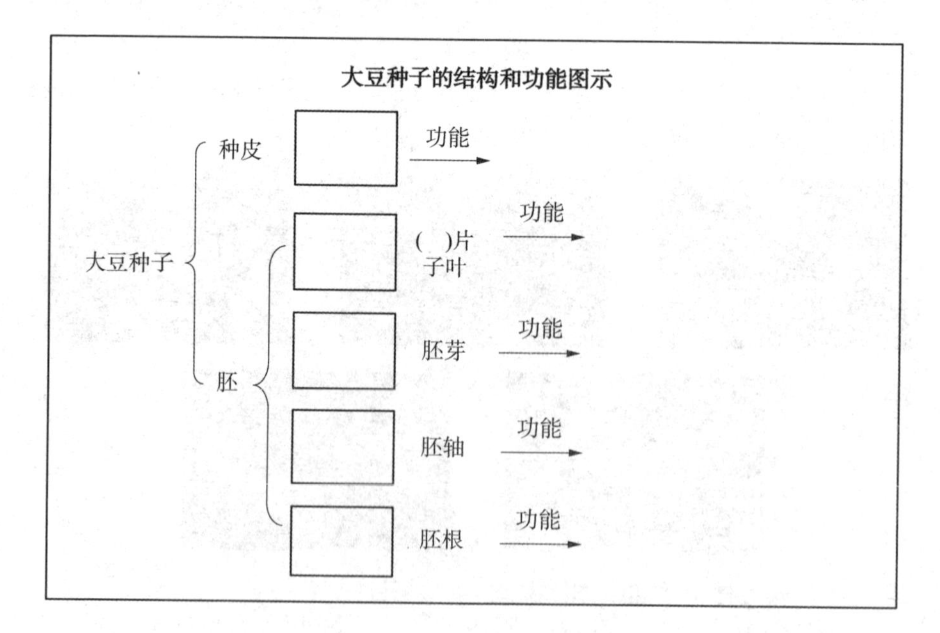

3. 展示交流：请小组代表上台对“大豆种子结构和功能图示”进行展示交流。（检测目标 2）

评价标准：

- 种子各部分结构粘贴是否正确；
- 种子各部分结构的形态描述是否准确；
- 种子各部分结构的功能描述是否正确。

（二）解剖并观察玉米种子的结构

1. 小组合作：阅读教材，按教材中所提示的方法步骤，完成对玉米种子的解剖、染色和观察。（指向目标 2）

（1）经染色呈深蓝色的结构是____________。

（2）根据实验结果在下框中绘制玉米种子纵剖面结构图，并标注其功能。

玉米种子纵剖面结构图

2. 展示交流：请小组代表上台交流玉米种子解剖、染色过程，结合绘制的纵剖面结构图指出各部分结构名称，并描述及功能。（检测目标 2）

评价标准：

- 玉米种子解剖方法是否正确，染色现象是否明显；
- 绘制的种子纵剖面图是否科学，结构标注是否正确；
- 玉米种子各部分结构和功能描述是否正确。

（三）归纳总结：比较大豆和玉米种子的异同（在下表中填“有”或“无”）（检测目标 2）

| 结构＼种子 | | 大豆种子 | 玉米种子 |
| --- | --- | --- | --- |
| 种皮 | | | |
| 胚 | 胚芽 | | |
| | 胚轴 | | |
| | 胚根 | | |
| | 子叶(片数) | | |
| 胚乳 | | | |

（四）区分单子叶植物和双子叶植物

1. 通过对大豆种子和玉米种子的观察和对比可知:(指向目标 2)

大豆种子的胚中含有________片子叶,这类植物称为________植物,营养贮存在________中;

玉米种子的胚中含有________片子叶,这类植物称为________植物,营养贮存在________中。

2. 分类归纳不同的单子叶植物和双子叶植物。(检测目标 2)

找朋友:对自带的种子进行解剖观察并分类,对应摆在下表中:

| 大豆的朋友(双子叶植物) | 玉米的朋友(单子叶植物) |
| --- | --- |
| | |

小组内进行互评,看其他成员是否都归类正确,并将有分歧的种子类型提出来,由全班统一讨论该种子植物是双子叶植物还是单子叶植物。

**任务三: 观察种子萌发时的形态结构变化**

观看“种子萌发过程”视频,并阅读教材,将左图种子与右图幼苗各部分结构进行对应连线。并借助图片连线用自己的话说出种子各部分结构在萌发过

程中的变化。(指向目标 3,检测目标 3)



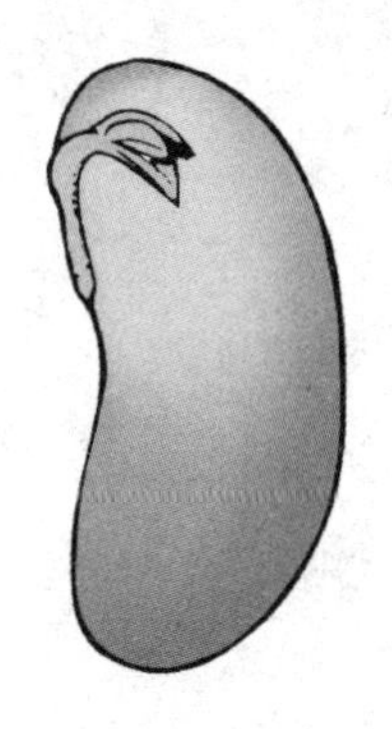

**任务四: 课后延伸——我是播种者**

一、回家后,尝试播种几种自己感兴趣植物的种子,并观察其萌发的过程。(指向目标 4)

二、尝试说出种子成功地萌发需要哪些条件。(检测目标 4)

设计说明:本节课通过四个任务完成学习过程,每个任务都对应学习目标,并嵌入相应的评价任务,体现"学一学、教一教、评一评"的理念。学生参与任务的实施多样化,有基于生活经验的有关生活史拼图(任务一)、有基于动手实验解剖和观察种子结构的展示交流(任务二)、有观察种子萌发视频并连线(任务三)、还有课后实践播种和观察(任务四)。特别是任务四,学生可以通过对种植植物的持续观察,来解决本章的后面内容,可以说是一个贯穿整章教学的课外实践活动。

## 作业与检测

1. 下图表示蚕豆的生活史,是指它一生所经历的生长、发育和繁殖的全过程,下列选项中正确表示其生活史顺序的是(　　)。(检测目标 1)

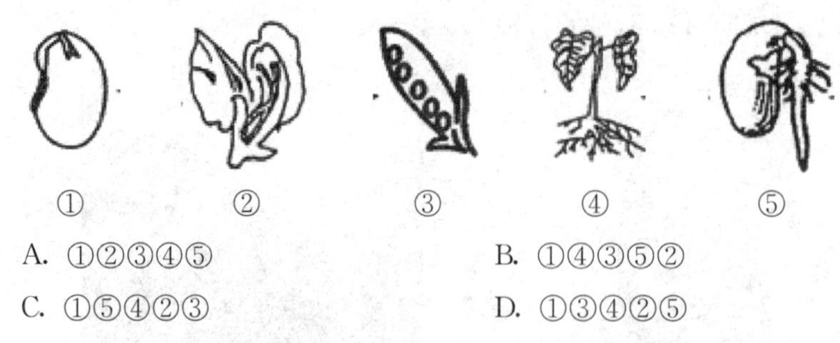


A. ①②③④⑤　　B. ①④③⑤②

C. ①⑤④②③　　D. ①③④②⑤

2. 炸油条是我们常吃的一种早餐，要用到面粉和花生油，它们分别主要来自于（　　）。（检测目标 2）

A. 小麦胚乳、花生胚乳　　B. 小麦胚乳、花生子叶

C. 小麦子叶、花生胚乳　　D. 小麦子叶、花生子叶

3. 图甲、乙所示为两种植物的种子结构图，图丙为种子萌发成的幼苗，请据图完成填空。（检测目标 2、3）

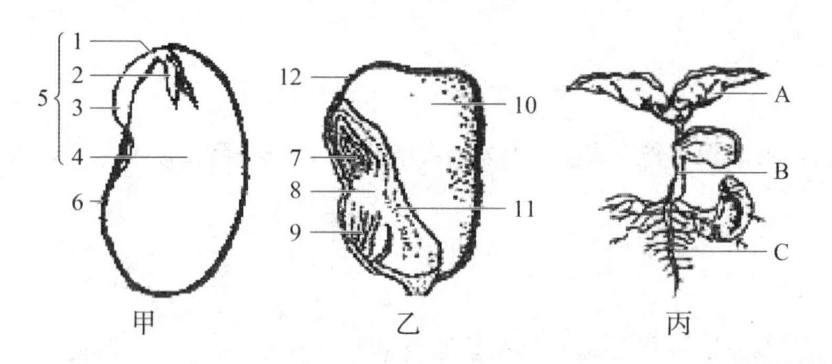


(1) 上图甲为________（玉米、大豆）种子，乙所示为________（玉米、大豆）种子。判断依据是乙图中有[　]________而甲图中没有；甲图中[　]________为 2 片，而乙图中[　]________ 为 1 片。

(2) 丙图大豆幼苗中的 A 由[　]________ 发育而来，B 由[　]________发育而来，C 由[　]________发育而来。

## 学后反思

通过本节课的学习，按下图所示板块写下收获或困惑。（提示：按照一定方式简要呈现出对知识的理解即可）

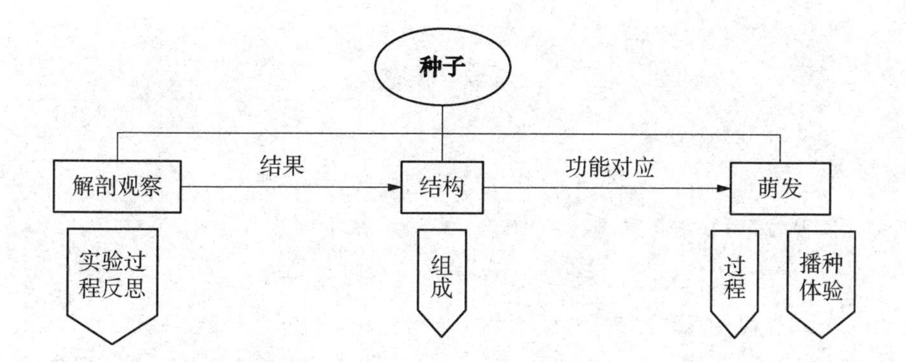


设计说明：完成本节课的学习后，学生需要对自己的学习过程进行整理和回顾，基于三维目标以及核心素养的要求，学后反思的设计主要从知识与技能（种子结构和萌发）、过程与方法（实验操作心得反思）、情感态度价值观（通过播种体验生物学与实际生活的联系）三个方面进行。通过学生的反思及教师的点拨，达到提升学生生物学科素养的目的。

## 导 读

本节内容是在学习了“细胞的结构和功能”、“细胞是生命活动基本单位”的基础上再进行的学习。本学历案基于学习目标，设计了三大学习任务，以突出细胞分裂过程这一重点与难点。任务一中对相关数据的计算和分析，初步学会模型研究法；任务二中将“建议活动”改为学生课前探究课上展示分析实验结果，并对实验材料进行了替换。通过操作、观察、记录、讨论交流等活动，让学生亲历、体验探究过程，初步学会科学探究方法。同时还设计了形式多样的评价任务镶嵌于学习过程中，以检测学习目标的达成。

# 细胞通过分裂而增殖

王桂花　杨旋

## 主题与课时

北京师范大学出版社版《生物学》七年级上册第 3 章第 3 节(1 课时)。

## 课标要求

描述细胞分裂的基本过程。

## 学习目标

1. 通过计算不同立方体的表面积与体积之比，由数据分析得出细胞大小与相对表面积之间的关系，体会利用模型进行生物学研究的方法。

2. 通过完成“研究细胞大小与物质扩散关系”的实验并分析实验现象，说出细胞大小与细胞物质扩散的关系，解释细胞分裂的原因。

3. 通过阅读教材、观察图片及动画等方式，描述动植物细胞分裂的基本过程及遗传物质的变化，感悟细胞分裂对于生物的意义。



设计说明：本节的学习目标是依据课标、教材、学情等制定的，课标对于本节教学的要求是“描述细胞分裂的基本过程”。“描述”这一行为动词具体、可检测，虽然属于“了解水平”，但细胞分裂的基本过程本身需借助精密仪器设备才能观察，才能用自己的语言表述出来。因此设计了演示实验、观察图片、分析现象等，旨在将肉眼看不见的细胞用替代品呈现出来，让学生体验、体会细胞分裂过程从而达到目标要求，置身在实验活动中学习生物学研究方法，强化生命观念。

## 评价任务

1. 完成任务一 2。(检测目标 1)
2. 完成任务二 2、3。(检测目标 2)
3. 完成任务三。(检测目标 3)

## 资源与建议

1. 本节内容是在学习了动植物细胞的基本结构和功能，知道细胞是生命活动的基本单位后，进一步学习细胞通过分裂而增殖。

2. 本节知识的重点是细胞分裂的过程以及细胞分裂的意义，难点是在“研究细胞体积与表面积的关系”活动中预测的提出、数据的处理和结论的获得，以及细胞分裂过程中遗传物质的变化。

3. 本节内容从细胞为什么这么小入手，通过模型法和实验，解释细胞小的原因，细胞只有通过分裂才能保持较小的体积，从而过渡到细胞分裂的内容。通过对立方体模型的计算和红墨水扩散实验理解细胞体积大小和物质扩散的关系。通过阅读教材、观察图片及动画，描述动植物细胞的分裂过程和意义。

设计说明：学生通过课前自读资源与建议部分，初步明确以下几点：本节课学习的主要内容是细胞通过分裂而增殖，细胞为什么要分裂，细胞为什么这么小，细胞是如何分裂的。目的是为学生提供整体而有序的学习路径和方法，同时知道本节内容的重点知识与难点的突破方法。

## 学习过程

### 课前准备

课前，兴趣小组同学完成教材第50页的实验“研究细胞大小与物质扩散的关系”(用凉粉块代替实验材料酚酞琼脂块，用红墨水代替氢氧化钠溶液)。

### 课中学习

**任务一：研究细胞体积与表面积的关系**

1. 识别下图中4个不同的立方体，分别计算出有关数据并分析。(指向目标1)

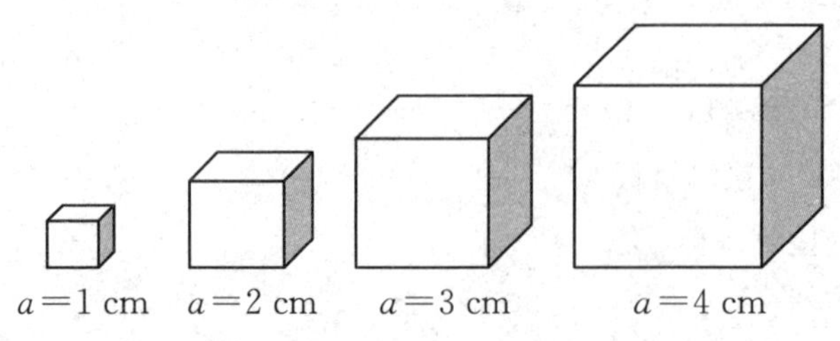


(1) 完成表格：

| 边长 $a$(cm) | 表面积 $S(cm^2)=6a^2$ | 体积 $V(cm^3)=a^3$ | 表面积/体积$=S/V$<br>(相对表面积) |
| --- | --- | --- | --- |
| 1 | | | |
| 2 | | | |
| 3 | | | |
| 4 | | | |

(2) 根据表格中的数据分析：

随着立方体的体积越来越大，表面积与体积之比(相对表面积)有何变化？

2. 如果用上面的立方体模拟细胞，那么，体积越小的细胞，它的表面积相对越________，这对于细胞生活有什么意义？(检测目标1)

**任务二： 研究细胞大小与物质扩散的关系**

1. 兴趣小组代表分享课前实验“研究细胞大小与物质扩散关系”的具体实验过程。(指向目标 2)

2. 根据上面的分享，思考并完成以下填空。(检测目标 2)

(1) 实验中不同大小的凉粉块模拟的是________，红墨水模拟的是________，红墨水扩散进凉粉块模拟的是________现象。

(2) 观察下图，相同时间内，________(选填“较大”或“较小”)凉粉块最先被红墨水完全浸透。

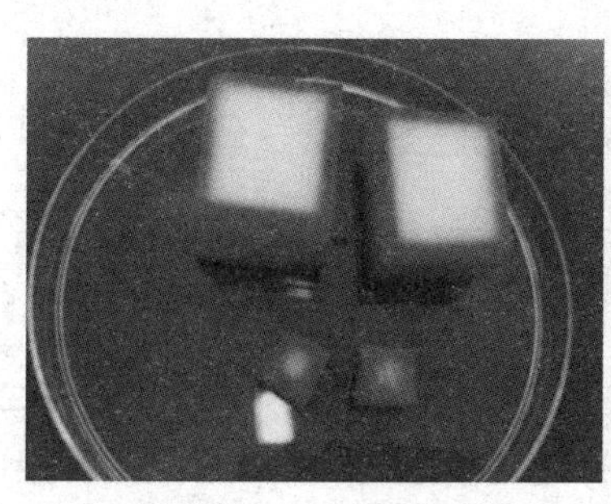
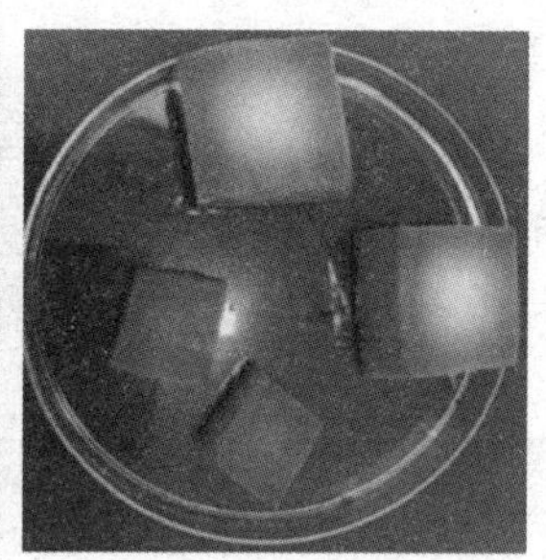

3. 结合以上实验结论，阅读教材第 51 页，完成下列填空。(检测目标 2)

(1) 体积较小细胞的表面积则相对较________，更________保证细胞与外界进行________，从而保证细胞正常生命活动。

(2) 较大细胞的表面积相对________，细胞膜将________保证从外界环境获取足够的生活物质。

4. 由此可见，细胞________无限生长。(指向目标 2)

**任务三： 观察动植物细胞的分裂**

1. 阅读教材第 51 页，观察图 3－17，概述细胞分裂过程。(指向目标 3、检测目标 3)

(1) 动物细胞分裂过程：

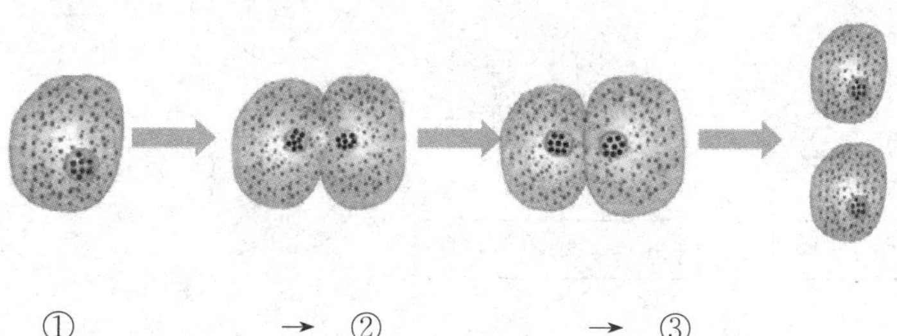

①________ → ②________ → ③________

(2) 植物细胞分裂过程：

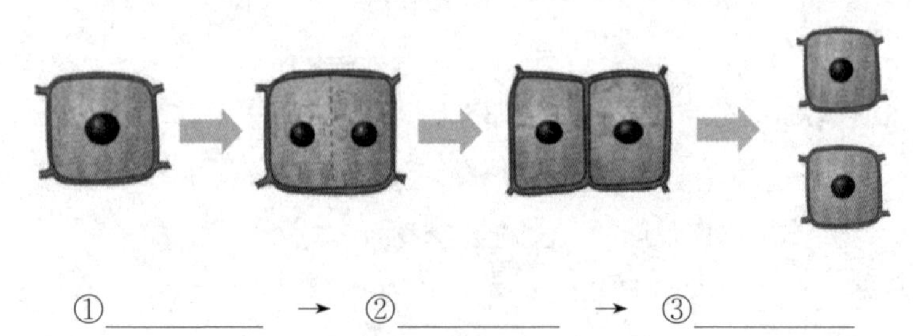

①__________ → ②__________ → ③__________

2. 结合上面的讨论结果，阅读教材第 51 页—第 52 页的内容，完成填空：(检测目标 3)

(1) 当细胞生长到一定大小时就会________生长，有些细胞可以成为两个________的新细胞，这就是________________。

(2) 观看动植物细胞分裂的动画，比较其分裂过程，完成下表：

| | 动物细胞分裂 | 植物细胞分裂 |
|---|---|---|
| 相同点 | | |
| 不同点 | | |

3. (1)阅读教材第 52 页，完成下图填空，分析讨论细胞分裂过程中遗传物质的变化：(指向目标 3)

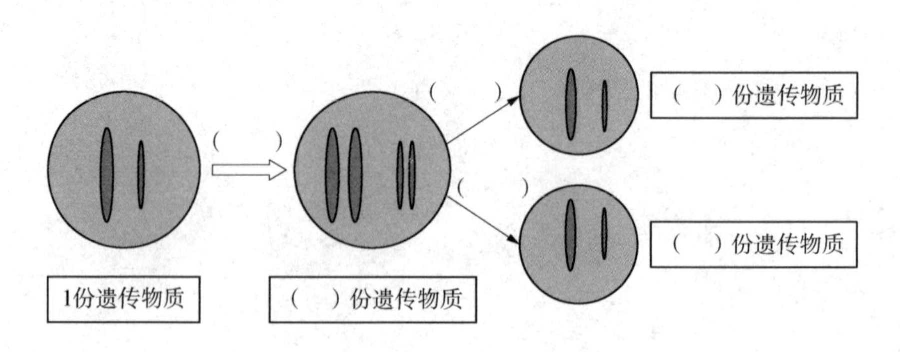

（2）用简短的语言概括细胞分裂过程中遗传物质的变化。（检测目标 3）



4. 阅读教材第 52 页，结合下图思考：细胞分裂对生物体有何意义？用简短的语言概括。（指向目标 3、检测目标 3）

（1）单细胞生物的细胞分裂：

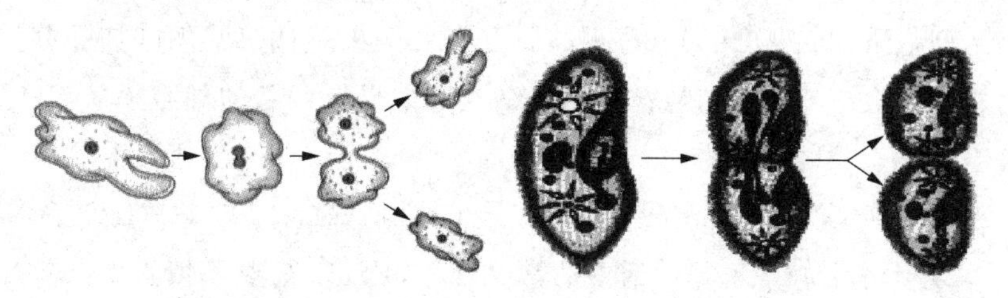

细胞分裂对于单细胞生物的意义：________________。

（2）多细胞生物的细胞分裂：

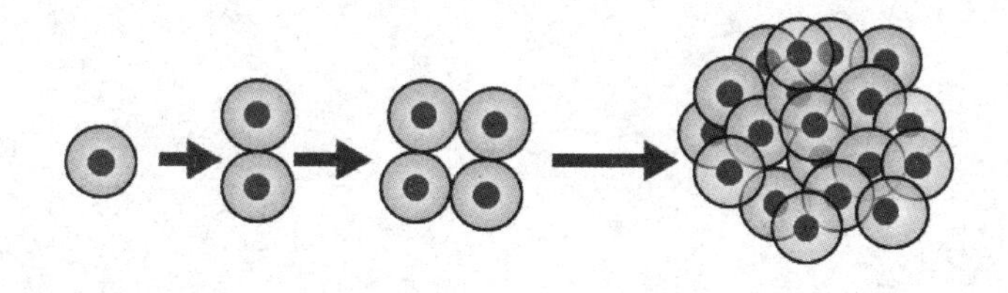

细胞分裂对于多细胞生物的意义：________________。

设计说明：学习过程设计了三个学习任务，任务与任务之间以问题相连，环环相扣；任务一是利用模型法，得出细胞体积越小则表面积相对越大的结论。那么，细胞小有什么意义呢？从而引出任务二；任务二通过实验法探究细胞小对于细胞生活的重要意义，因为细胞小、不能无限生长，所以要进行细胞分裂，从而引出任务三。这样的设计让学生带着问题学习，不断地发现问题并解决问题。

## 作业与检测

1. 细胞体积减少时，表面积与体积之比的变化规律为（　　）。（检测目标 1）

A. 不变　　B. 增大　　C. 减小　　D. 不确定

2. 下列有关细胞分裂的说法中,正确的是(　　)。(检测目标 2、3)

A. 细胞可无限生长

B. 新细胞与原细胞所含遗传物质是一样的

C. 细胞分裂次数越多,体积越小

D. 细胞分裂与多细胞生物由小长大没有关系

3. 植物细胞分裂的顺序是(　　)。(检测目标 3)

①细胞质分成两个部分,每一部分含有一个细胞核　②细胞核一分为二,成为两个细胞核　③新细胞核之间的细胞质中央形成新的细胞膜　④产生新的细胞壁

A. ①②③④　　B. ②①③④　　C. ②①④③　　D. ④②①③

4. 利用本节知识解释生活中的常见现象,比如:皮肤不慎受伤,伤口的愈合与细胞分裂是否有关?说明理由。(检测目标 3)

## 学后反思

1. 通过本节课的学习,完成以下知识框架:

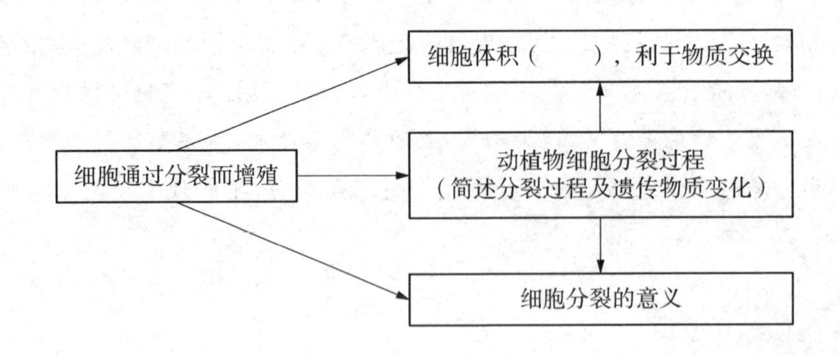

2. 通过本节课的学习，你认为模型法在生物学研究中有什么作用。



设计说明：完成本节课的学习后，学生需要对自己的学习过程进行整理和回顾，基于三维目标以及核心素养的要求，学后反思的设计主要从知识与技能（反思1中知识框架图的填写）、过程与方法（反思2中模型研究法的作用）、情感态度价值观（反思1中细胞分裂的意义）三个方面进行。通过学生的反思及教师的点拨，达到提升学生核心素养的目的。

## 导　读

本单元围绕"计算思维"展开，通过本单元学习，学生将由积木式编程过渡到语句编程，具体到某个实际问题的解决。本学历案试图从三个方面突破重难点：一是基于高中版课程标准中对于学科核心素养能力层级划分，找准初中信息技术学科的学习着力点，将问题解决的思考方式作为课程学习核心；二是分层次、有梯度、重合作的方式解决问题，在问题解决过程中感受、归纳、迁移相关经验；三是以各种具体生活情境来深化"计算思维"这一思考问题解决的方式对于我们生活中的影响，让学习更有实效。

# 计算机专家怎么解决问题

何仕伟

### 主题与课时

四川教育出版社 2017 第 2 版《信息技术》"体验信息的编程处理"(第 1 课时)。

### 课标要求

计算思维：针对给定的简单任务，能够识别主要特征，并用流程图画出完成任务的关键过程。

了解对信息进行加工处理的价值、过程和工具，并能根据需要选择适当工具。

### 学习目标

1. 通过自学，找出用计算机解决问题的三个步骤里的关键词并用自己的语言描述，结合实际生活概括用计算机能解决的实际问题。

2. 通过同伴互助和案例分析，能分析和转化简单数学问题，能使用自然语言描述算法,能将自然语言转换为相应流程图,感受用计算机解决问题的思维过程。

3. 通过实践一个具体数学问题的解决方法和步骤,归纳并叙述用计算机解决问题的基本步骤,交流使用计算机对解决问题带来的积极作用。

设计说明:本课目标是学生能初步了解用计算机解决问题的步骤,着重的是思维训练,也是所有语言编程课程的总纲,重点在于感受整个信息转换过程,而不是对每个步骤进行详细的专业的了解;同时这也是语言课程的前置课程,因此在目标的分解上,按照总体感受,分步实践,总结提升的步骤对学生进行要求。本目标来自对计算思维能力的分解和实践,三维叙写,分步推进以保证具体可观察、能评价能落实。

## 评价任务

1. 完成任务一 2。(检测目标 1)
2. 完成任务三。(检测目标 2、3)

## 资源与建议

1. 本单元共六个活动,本课是活动一,将为后续程序设计做好整体规划和打好基础。

2. 学习流程将按照"整体感知—分步了解—案例实践—总结提升"的步骤开展。

3. 本课重点是体验和运用"三个步骤";难点是思维的两个转换,一是把情景问题向数学问题模型转换,二是将解决数学问题的步骤向自然语言和流程图的转换。可采用微课自学和同伴合作学习,在具体的数学情境中进行知识掌握和方法迁移。

设计说明:交代学习内容的地位和作用,帮助学生建立知识的前后联系。同时,指出重点难点、给出学习路径、方法建议,为学习提供支持。

## 学习过程

### 任务一: 整体感知

1. 微课学习:观看微课"人们如何使用计算机的?",说一说自己的理解:

计算机帮助人们解决了哪些实际问题？它是如何理解人类命令的？（指向目标 1）

2. 阅读教材第 51—53 页，找出用计算机解决问题的三个步骤的关键词并填入，然后向小组成员阐述自己的理解。（检测目标 1）

要求：(1)能找出三个步骤的关键词；(2)能简单阐述三者的逻辑顺序；(3)能以具体实例为根据。

**任务二：分步实践**

1. 实例分析：写出求半径为 $R$ 的圆周长 $L$ 和面积 $S$ 的算法。（指向目标 2）

（1）问题分析

已知：半径 $R$；　圆

结果：$L$　　　$S$

关键：$L=$　　　$S=$

（2）算法描述

① 自然语言描述：

我要让计算机做以下事情：

第一步：输入半径$R$的值；

第二步：计算圆周长$L=2\times3.14\times R$；

第三步：计算圆面积$S=3.14\times R^2$；

第四步：输出圆半径$R$、圆周长$L$、圆面积$S$；

第五步：结束。

② 用流程图表示：

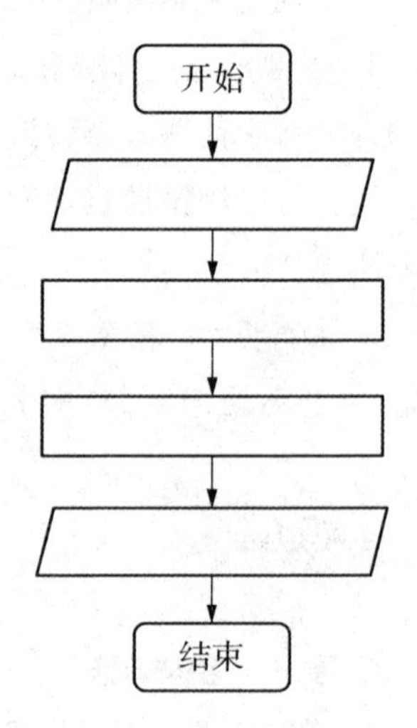

(3) 程序实现

编写程序——上机调试——运行通过——维护

2. 讨论：情景中的问题是如何转化为程序代码的？(指向目标 2)

3. 自学教材，完成下表，识记三分钟，与同桌互相抽查流程图的符号形状或名称或功能。游戏要求：每人出 5 题，连续 5 次后互换，直到正确率达到 80%后结束。(指向目标 2)

| 符号 | 名称 | 功能 |
| --- | --- | --- |
| ←↑→↓ | | 表示流程的路径和方向 |
| (圆角矩形) | | |
| | | 表示处理或运算 |
| (菱形) | | |
| | 输入/出框 | |
| (圆形) | 连接框 | 表示此处下转或上接 |

设计说明：在此案例分析中，一是在案例的带领下，分步理解三个步骤的含义，二是发展从已知到结果的思维路径，三是规范流程图的基本画法。设计了案例法，启发式教学，迁移知识建构学生的计算思维能力。

**任务三：迁移运用（指向目标 3、检测目标 3）**

分组挑战完成其中 1—2 个任务，小组分工合作，最后进行经验交流。

1. 写出求半径为 $R$，高为 $H$ 的圆锥体积 $V$ 的计算式。
2. 求底为 20，高为 6 的三角形面积。
3. 求小明某次考试语文、数学、英语的总分和平均分。
4. 银行存款年利率为 5%，请计算存款的年利息和年终结余。

(1) 问题分析

已知：

结果：

关键：

(2) 算法描述

1. 用自然语言描述：

2. 使用流程图描述：

第一步

第二步

第三步

第四步

第五步

……

(3) 程序实现

……

通过观察对比，个人小结经验并向小组成员作阐述：

要求：①问题分析能找到全部要点；②算法描述中自然语言表述精确，流程图规范，两者一一对应；③在经验交流时能说出问题解决的思维路径或方法。

设计说明：本部分虽然不涉及语言编程，但是其中的思维转换仍然属于较为陌生和复杂的领域，因此第三部分提供分层项目，供小组选择完成，最后总结经验并交流。任务有梯度，但是思维的发展是共通的。

## 检测与作业

1. 在日常生活中我们常常会碰到许多需要解决的问题，以下描述中最适合用计算机来解决问题的是(　　)。(检测目标 1)

A. 计算 100 以内的偶数之和　　B. 设计家庭周末游的旅程

C. 确定班级新年晚会的节目　　D. 找一辆共享单车骑行

2. 小杨同学在做研究性学习的调研中收集了很多数据，她想编写一个简单的计算机程序来统计分析这些数据，则实现这一过程的一般步骤为(　　)。(检测目标 2)

A. 分析问题、设计算法、编写程序、调试运行程序

B. 编写程序、分析问题、设计算法、调试运行程序

C. 编写程序、调试运行程序、分析问题、设计算法

D. 设计算法、调试运行程序、编写程序、分析问题

3. 巩固题：写出求长为 40，宽为 24 的长方形的周长和面积的算法。(检测目标 3)

## 学后反思

1. “计算机处理问题的步骤”与“用计算机处理问题的步骤”有什么区别？

2. 请模拟“计算机专家”处理问题的思考方式。例如：如果我是计算机专家，当遇到……的时候，我会这样思考问题……

## 导 读

本课题是“文字处理软件”学习的第一课时，是常用信息技术的基础及操作。本学历案重在引导学生利用数字化工具与资源，创造性的解决问题，力图从以下三个方面与学科核心素养对接：一在分解目标的过程中，由浅入深，逐步从已有经验向最近发展区前进；二是在目标引领下，用规范的表格来设计学习活动、评价任务，规避学科偏离；三是用表现性评价，让师生明确目标达成的标准。

# 认识 Word 文字处理软件

杨昊

### 主题与课时

四川教育出版社版信息技术教材八年级(上)(1 课时)。

### 课标要求

了解文字处理软件的有关知识，掌握文字处理软件的启动、退出、窗口的组成。

### 学习目标

1. 通过阅读教材自学画出文字处理软件的意义和功能，通过网上搜索信息并归类列举出常用文字处理软件的名称及特点。

2. 通过实践操作掌握 Word 软件的启动、退出方法，并迁移其他软件使用经验，搜集出三种及以上的启动退出方法，并填表。

3. 通过小组合作学习，掌握 Word 软件窗口的组成，并能指出常见工具符号的意义。能够利用工具客观地自评、互评检测学习成果。

设计说明：本课时目标的确定，基于课标要求设计课时目标理念。目标1着力体现课标中对知识目标的要求。目标2、3聚焦课标技能型目标的要求，提出了完成目标的路径及方法，并且引导学生对已掌握的知识进行迁移的经验进行分享，培养和提升信息素养。

## 评价任务

1. 完成任务一2。（检测目标1）
2. 完成任务二2。（检测目标2）
3. 完成任务三2、四3。（检测目标3）

## 资源与建议

1. 本课时作为文字处理软件的第一节课需要系统地了解文字处理软件的发展、基本操作及常用功能。

2. 本课时的学习按以下流程进行：网上搜索信息并归类→小组经验交流并总结→班级经验交流→总结反思评价。

3. 本主题的学习重点是“Word 2003”窗口的组成及工具符号的含义，难点在于迁移学习经验。

4. 本节课的学习资源可以关键字搜索含以下关键词来获取：文字处理软件、软件的使用方法及相关图表。

设计说明：为学生简单介绍了学习内容及其作用，明确了本课的学习重点，并对如何学好本课知识从方法、态度、资源等方面提出了学习建议，有利于学生做好学习准备。同时，为学生提出了评价建议，供学生来判断自己的学习情况。

## 学习过程

### 任务一：学习新知

1. 阅读教材P2－P3，画出文字处理软件的意义与功能（指向目标1）
2. 通过网上搜索信息，完成下表（检测目标1）

| 文字处理软件名称 | 特点及应用 |
| --- | --- |
| | |
| | |
| | |
| | |
| | |

要求：1. 能够找到至少四种软件的名称；2. 能够找出软件的相应的特点及应用。

**任务二：交流与实践。**

1. 分小组(每组最多8人)讨论：我所了解的软件启动与退出方法。(指向目标2)

2. 将小组讨论结果记录到下表并实践。(检测目标2)

| Word操作 | 启动 | 退出 |
| --- | --- | --- |
| 方法一 | | |
| 方法二 | | |
| 方法三 | | |

要求：1. 至少三种方法；2. 能够正确打开软件。

**任务三：探索与尝试**

1. 打开word软件，尝试点击相关区域(指向目标3)

要求：1，区域准确；2. 评注准确。

设计说明：通过活动学生能达成目标基本要求。通过小组探究等活动，让更多的学生能找到规律，运用规律，逐步形成信息技术学习能力。

**任务四：总结与归纳**

1. 启动“word 2003”软件。
2. 小组合作，以猜测—实践验证—填表顺序掌握图标含义(指向目标 3)。
3. 完成表格后，作出自我评价和与同学相互评价。(检测目标 3)

| 工具符号 | 含义 | 工具符号 | 含义 |
| --- | --- | --- | --- |
| | | | |
| | | | |
| | | | |
| | | | |
| | | | |
| | | | |
| 评价 | 自我评价 | 同学评价 | 教师评价 |
| | | | |

评价标准：1. 符号含义准确；2. 评注准确。

设计说明：通过自我评价与同学相互评价、查找学习过程的差距，总结归纳学习方法，逐渐形成信息素养。

## 作业与检测

使用 Word 文字处理软件设计写出一个《Word 软件工具栏图标使用说明

书》并分享。(检测目标 3)

要求:1. 至少 10 个图标

2. 用语准确,简短

## 学后反思

1. 通过本节课的学习,我觉得以下经验可以应用到哪些软件?

(1) 启动、退出方式有________________________________

(2) 软件主界面功能分区有________________________________

(3) 认识软件图标的方法有________________________________

## 导 读

本单元以"小调"为主线，通过重点学唱《无锡景》，结合欣赏《沂蒙山小调》、《一根竹竿容易弯》、《桃花红 杏花白》及《小放牛》形成对"小调"这一民歌体裁的整体认知。本课是单元学习的第一课，"体验并表现歌曲浓郁的江南韵味"是本课的主要目标。本学历案设计试图从两个方面贯彻基于目标达成的学—教—评一致性理念。一是设计"听美"、"赏美"活动，引导学生剖析旋律、衬词等音乐要素与音乐韵味表现的密切联系，精准指向目标；二是针对歌曲旋律、歌词、意境的把握情况设计基于小组合作完成的评价任务，检测目标达成。

# 无锡景

王平　马玥　李星

### 主题与课时

人民音乐出版社版《音乐》七年级下册(2016 年版)第五单元(1 课时)。

### 课标要求

1. 能够有感情地演唱歌曲。
2. 能够简单分析歌曲的特点与风格，表现歌曲的音乐情绪与意境。

### 学习目标

1. 通过聆听歌曲、小组讨论，能说出歌曲的音乐风格，分析并说出装饰音、旋律、歌词特点及其作用，增进对江南小调的认识和理解。

2. 通过聆听范唱和歌唱练习，能用连贯、自然、柔和的声音演唱歌曲《无锡景》，提高歌唱能力。

3. 通过观看视频、小组合作，能大方表现歌曲的情绪和意境，提升音乐创造及综合表现能力。

设计说明：结合七年级学生实际情况，逐条分解课标，确定核心概念，选择如分析、说出等有效的行为动词，制定符合学生学习水平的目标。学生通过阅读该内容能清楚本节课所要达到的“能演唱、简单分析以及表现歌曲”学习目标。

## 评价任务

1. 完成学习任务一(二)。(检测目标 1)
2. 完成学习任务二(一)2、3;(二)1、2、5。(检测目标 1、2)
3. 完成学习任务三(三)。(检测目标 3)

## 资源与建议

1. 上学期我们已学的民歌体裁是“劳动号子”，本节课将会接触民歌的又一重要体裁“小调”，八年级还会学习“山歌”体裁，通过学习这三种体裁及其代表作品，能帮助我们构建中国民歌基本知识框架。

2. 我们将经历的学习路径围绕着“美”展开：初识歌曲美→品味要素美→表现意境美。“用连贯、流畅、自然的声音演唱歌曲”是本节课学习的重点，可以通过认真聆听范唱，关注音乐记号并唱准节奏和音调的方式来达成。突破本课难点“表现歌曲情绪和意境”，建议采用听唱结合方式，从聆听、歌唱中感受旋律风格特点，同时要积极参与创编、表演活动，并尝试模仿“苏州评弹”动作，体会歌曲韵味。

设计说明：通过阅读“资源与建议”帮助学生建立前后知识的链接，知道“小调”与“劳动号子”、“山歌”以及“民歌”的关系，明白本课时的学习路径、学习重难点及解决策略。

## 学习过程

### 任务一：初识歌曲美

(一) 结合多媒体画面欣赏苏州评弹《无锡景》，思考：我“赏”到了曲中唱到

的哪些美景？并与同伴交流。（指向目标1）

（二）聆听教师表演唱歌曲，同伴间相互交流歌曲的音乐风格。（检测目标1）

任务二：探究要素美

**（一）体验旋律**

1. 聆听范唱，划分乐句；用“a”模唱旋律，用手画出旋律线。（指向目标1）

2. 小组讨论，从节奏、旋律发展（起伏）等方面分析旋律特点，完成并分享任务单。（指向目标1、检测目标1）

| 我们组的讨论结果 | |
|---|---|
| 节奏特点 | 旋律发展特点（起伏） |
| | |

3. 自主勾画出旋律中的装饰音，对比聆听和模唱有、无装饰音的旋律，与同伴讨论装饰音在歌曲中的作用。（指向目标1、检测目标1）

**（二）品味歌词**

1. 聆听歌曲，关注歌词，找出歌词的特点。（指向目标1、检测目标1）

2. 小组讨论并分享：歌词中方言和衬词的使用有什么效果？（检测目标1）

3. 小组合作，交流分享：跟琴模唱歌曲第一乐段，小组反馈模唱中存在的问题，共同探讨解决策略。（指向目标2）

4. 各组在组长带领下学习第二、三段歌词。（指向目标2）

5. 小组接龙演唱全曲，互评演唱效果。（检测目标2）

（评价标准：关注歌唱的流畅度、节奏和音准，同时注意是否唱出波音、倚音及衬词。）

任务三：表现意境美

（一）观看评弹视频，自主模仿弹奏。（指向目标3）

（二）小组合作创编，用多种艺术形式表现歌曲。（指向目标3）

（三）各小组展示创编内容，全班投票推选出三种表现方式，并由全班共同演绎歌曲。（检测目标3）

(评价标准:(1)符合歌曲情绪、意境;(2)简单易学。)

设计说明:以“美”为主线,贯穿整个学习过程。通过“感知、体验、表现”三种音乐学习方式,由浅入深、由表及里,循序渐进地唱会、唱好歌曲,达成本课学习目标。通过音乐文化这条暗线的浸入,课堂中始终弥漫着浓郁的江南韵味。

## 学后反思

1. 为了唱出歌曲的江南韵味,我采用的方式是________________________________________________________。

2. 通过本节课学习,我感受到了江南小调独特的艺术美在于________________________________________________________。

设计说明:通过反思学习方法,知道自己是如何掌握或学会的以及这样做是否有效。回答“我感受到了江南小调独特的艺术美在于什么”实为反思学习意义,即通过学习而引发出学生对这一类作品的理解和感悟。

## 导 读

本单元总目标“感受体验音乐剧的艺术魅力，了解这一综合艺术丰富多样的表现形式”，分3课时达成。本设计为第1课时，重点学唱《雪绒花》并参与表演活动。本学历案力图体现两大亮点：一是学习活动设计精准指向学习目标，运用竖笛吹奏歌曲二声部，不仅降低二声部演唱难度，而且丰富歌曲表现，将器乐演奏融入歌曲学习的方式，也较好诠释了音乐剧艺术表现多样性的特点；二是严格遵循学的逻辑体现歌曲演唱能力形成的规律，把欣赏、模唱、演唱、演奏、创编等形式进行阶梯化整合，在循序渐进达成学习目标的同时，增进对音乐剧的了解和认知，提升对音乐剧的鉴赏能力。

# 雪绒花

何玉榕　吴洪莉　张燕

### 主题与课时

人民音乐出版社版初中《音乐》八年级上册(2016版)第二单元(1课时)。

### 课标要求

1. 聆听音乐剧音乐，能随乐声哼唱音乐主题，并能运用适当形式对所听音乐做出反应。

2. 能自信地、有感情地演唱，积极参与演奏及创造活动，发展表现音乐的能力。

### 学习目标

1. 通过观看音乐剧《音乐之声》片段《雪绒花》，感受体验音乐剧。通过小组讨论，说出歌曲的演唱情绪，增进对歌曲情感的理解，提升音乐鉴赏力。

2. 通过听、唱、奏等合作学习，能自信、有感情地演唱歌曲。运用竖笛吹奏歌曲二声部，提升音乐的表现力，增进多声部音乐听觉感知力。

3. 通过小组合作创编情境和动作并进行表演展示，增进对歌曲内容和情感的理解与表现，提升综合艺术的表现力。

设计说明：本课时目标的确定，着力体现了对课标中“知识与技能”要求的分解，将“音乐基本技能”中的“演唱、演奏、创作”技能具体为：建立音乐剧概念——在观赏聆听中学会歌曲，在创造活动中用课堂乐器竖笛演奏歌曲二声部——在音乐剧的创编中表现歌曲3个具有层次性的课时目标。

## 评价任务

1. 完成学习任务一（四）。（检测目标1）

2. 完成学习任务二（四）、（六）。（检测目标2）

3. 完成学习任务三（二）。（检测目标3）

## 资源与建议

1.《雪绒花》是本单元的第一课，通过本课学习认识音乐剧，体验音乐剧的艺术魅力，为本单元后面欣赏《回忆》、《云中的城堡》、《总有一天》奠定基础。我们的学习路径是：感知美（听、赏）—品味美（唱、奏）—表现美（创、演）。

2. 本课重点：用舒缓轻柔、优美深情的声音演唱歌曲。解决策略：（1）采用听、唱、奏结合的方法体验歌曲情绪；（2）在情境中演绎歌曲。难点：“2̇ 0 0 5 5”休止符的演唱处理。解决策略：（1）反复划拍体验休止节奏；（2）采用声断气连的方法演唱。

## 学习过程

**任务一：感知美——听、赏**

（一）了解《音乐之声》的故事情节，观看《音乐之声》片段《雪绒花》，认识音乐剧。（指向目标1）

（二）聆听歌曲，用身体律动表现歌曲节拍，同伴交流歌曲的演唱情感。（指

向目标 1)

(三) 观看课件认识并了解雪绒花。(指向目标 1)

(四) 聆听歌曲,小组讨论,并填写任务单。(检测目标 1)

| 歌曲有几个乐句 | 可分为几个乐段 | 每个乐段的情绪 |
| --- | --- | --- |
| | | |

任务二: 品味美——唱、奏

(一) 划拍跟琴视唱歌曲旋律,找出难点乐句,组内交流解决方法。(指向目标 2)

(二) 各组交流难点乐句,以及解决的策略。(指向目标 2)

(三) 带入歌词轻声慢唱歌曲。(指向目标 2)

(关注:难点乐句是否唱准确。)

(四) 跟随钢琴演唱全曲,小组讨论:为歌曲标注演唱力度,并填在任务单上。(检测目标 2)

(讨论建议:结合歌曲情境,从每个乐句所要表达的情感入手。)

| 小节数 | 第 1—16 小节 | 第 17—24 小节 | 第 25 小节—结尾 |
| --- | --- | --- | --- |
| 力度记号 | | | |

(五) 以小组为单位,在组长带领下用竖笛练习吹奏歌曲第二声部。(指向目标 2)

(六) 全班分两组:一组唱歌曲,一组用竖笛吹奏第二声部。(检测目标 2)

(评价标准:(1)歌曲演唱富有感情和表现力;(2)竖笛吹奏注意音准及力度;(3)人声与竖笛配合度高。)

任务三: 表现美——创、演

(一) 欣赏片尾再次唱起的歌曲《雪绒花》,对比片中的第一次演唱,思考并组内交流:在不同情景下,歌曲演唱的情感、意蕴有何不同?(指向目标 3)

(二) 以小组为单位,自选一个情景,创编动作,表演唱歌曲。(检测目标 3)

（评价标准：动作、眼神、演唱情绪情感符合所选情景。）

设计意图：学习过程强调学生的情感体验，设计了欣赏、模唱、演唱、演奏与创编等学生活动，旨在引导学生充分体验音乐剧的艺术魅力，提升对音乐剧的鉴赏能力，实现音乐审美感知、文化理解和艺术表现的素养培养。

### 学后反思

1. 学习这首歌曲，我觉得最困难的部分是____________，现在是/否解决。
2. 我还会唱的爱国歌曲有____________。

## 导读

排球正面上手发球技术共设计2课时，第1课时主要目标是初步掌握基本技术，并能在降低网高的情况下完成正面上手发球，第2课时主要目标是正确掌握发球技术，并能在正常网高情况下完成正面上手发球。本设计是第1课时，主要为第2课时的学习作好铺垫。通过本课时学习旨在让学生掌握正确的上手发球技术，并能在实践中加以灵活运用。本学历案设计体现了两大亮点：一是创设了“发球大比拼”的任务情境，让学生在真实的任务情景中学习掌握技能，在课时设计中尝试体现学历案基于“大情境、大任务”设计学习过程的理念；二是设计了表现性评价任务并镶嵌在学习过程中，对体育学科“教学评一致”理念的落实进行了有益的探索尝试。

# 排球——正面上手发球

陈琦

### 主题与课时

人民教育出版社版体育与健康教材八年级“排球”单元(第1课时)。

### 课标要求

基本掌握并运用一些球类运动项目的技术和简单战术——排球。

### 学习目标

1. 通过观看挂图和倾听教师讲解，能大致说出排球正面上手发球中抛球高度、击球点、击球部位、击球时机以及发力顺序等要点，为提高排球运动能力打基础。

2. 通过参与体验排球正面上手发球的各种练习，能正确做出稳定抛球一臂高，在最高点时用全手掌击球的后中下部将球发出的技术动作，尝试做出转体、收腹、挥臂的正确发力顺序，提高排球运动能力。

3. 通过“发球比赛”活动，能合理利用正面上手发球技术将球发到得分较高的区域，提升排球技战术素养。

设计说明：学习目标设计充分运用了课标分解及目标叙写相关技术。将课标中的行为动词“掌握并运用”，分解成为“说出、做出”等可观察、可操作、可测评的外显行为动词，将课标的核心概念“技术和战术”，分解为抛球高度、击球点、击球部位、击球时机、发力顺序、发球到相应区域等一系列具体学习内容，并根据“基本掌握”的课标要求，确定了相应的行为条件和表现程度，同时将目标指向提高“运动能力”这一学科核心素养，落实了目标的三维叙写。

## 评价任务

1. 完成任务三 2。(检测目标 1)
2. 完成任务三 8。(检测目标 2)
3. 完成任务四 2。(检测目标 3)

## 资源与建议

1. 本课时学习的正面上手发球是排球运动的基本技术，是在前面学习了排球正面下手发球基础上的一次提高，是排球活动中一项重要内容，是为以后进行排球比赛打下基础。它具有发球准确性高，易于控制发球落点等特点。对发展我们速度、灵敏、协调等身体素质有较大作用，能提高我们参加排球比赛的实战能力。

2. 本课的学习路径：观看挂图(视频)形成表象认识—学习掌握技术—实战运用技术。

3. 学习重点：击球点与击球部位；学习难点：击球时机及全身协调用力。为了突破本课难点，我们可以通过不同位置、不同网高的正面上手发球练习，以及提高发球准确性的方式来实现。

设计说明：首先指出了学习内容的地位，并阐明发球技术的作用与学习价值，帮助学生建立知识体系、促进知识自我建构。接着介绍了“感悟技术，学习技术，运用技术”的学习路径，以及难点的突破方式，有利于学生自主学习的建构，以及学习“暗箱”的开启。

## 学习过程

**任务情境**：如何在排球发球比赛中获胜？学校将在排球活动月中开展排球发球比赛，班主任老师给我们班下达了“保二争一”的成绩目标，如何才能确保达成目标，体育课堂将为大家提供技战术支持。

**任务一：热身准备**

1. 在体育委员带领下绕排球场慢跑5圈。

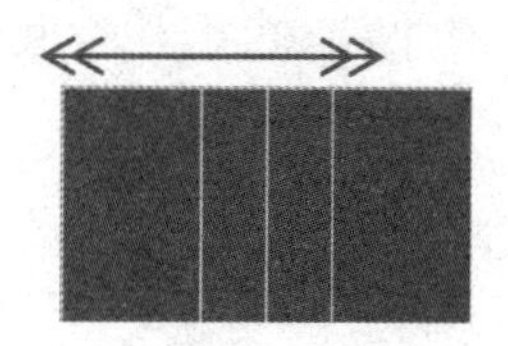

2. 在教师的带领下完成球操和排球专项准备活动。

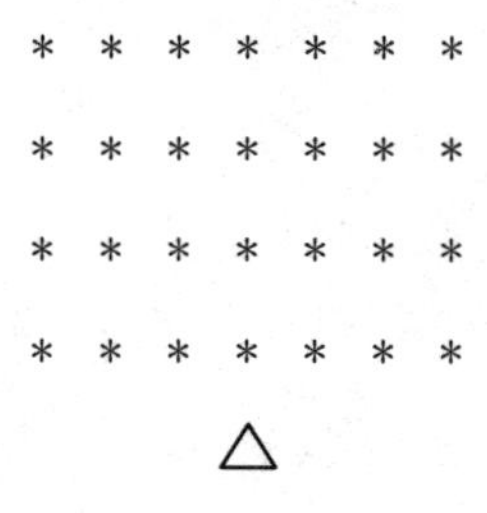

**任务二：熟悉比赛规则**

1. 了解排球发球比赛规则。
2. 小组讨论：为争取获胜，我们应掌握哪些技术？
3. 分小组展示交流结果，其他小组进行积极评价。（指向目标1）

**任务三：学习掌握技术**

1. 观察挂图，并听老师讲解排球正面上手发球动作方法，记住动作的关键要点，并认真观看教师示范。（指向目标1）

动作要领：(1)准备姿势；(2)抛球与引臂；(3)挥臂击球；(4)击球点；(5)结束动作。

2. 根据老师的讲解，小组内再次总结，然后各小组派代表阐述正面上手发球的动作要领。(检测目标 1)

**评分规则：**

优秀：能正确无误、流畅地说出正面上手发球的技术要领。

合格：在同伴的提示下能较为正确、流畅地说出正面上手发球的技术要领。

3. 在教师的带领下做正面上手发球的徒手抛球、寻找击球点和完整发球的模仿动作各 10 次。(指向目标 2)

4. 在教师组织下进行抛球练习 10 次，注意抛球高度、方向和稳定性。(指向目标 2)

5. 在教师的组织下进行抛球后轻发球练习，尝试做出转体、收腹、挥臂的发力顺序，10 次×1 组。(指向目标 2)

6. 分小组进行近距离对墙(网)发球练习，10 次×2 组。(指向目标 2)

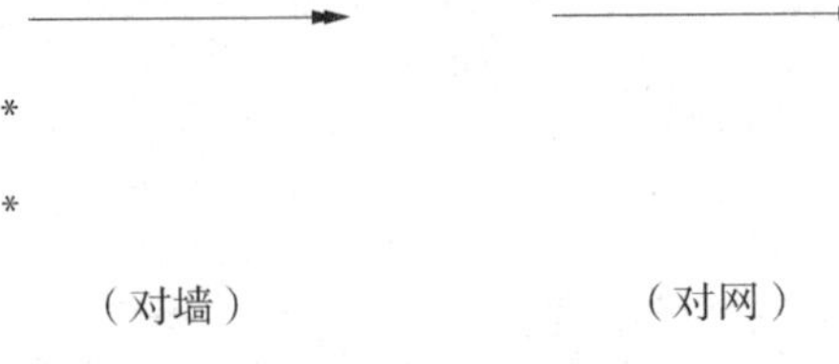


7. 两人一组进行短距离对发球练习，10 次×2 组。(指向目标 2)

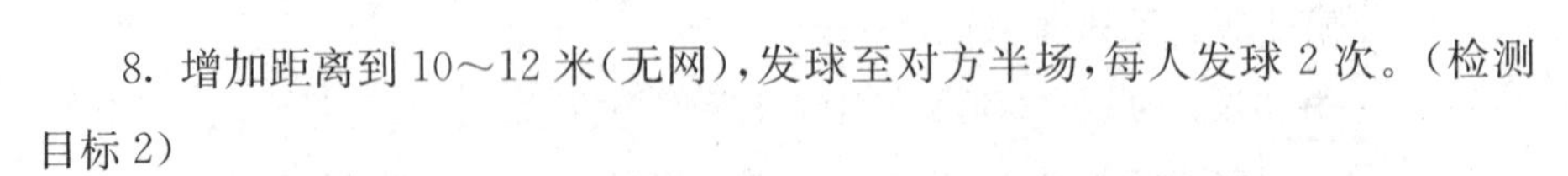

8. 增加距离到 10～12 米(无网)，发球至对方半场，每人发球 2 次。(检测目标 2)

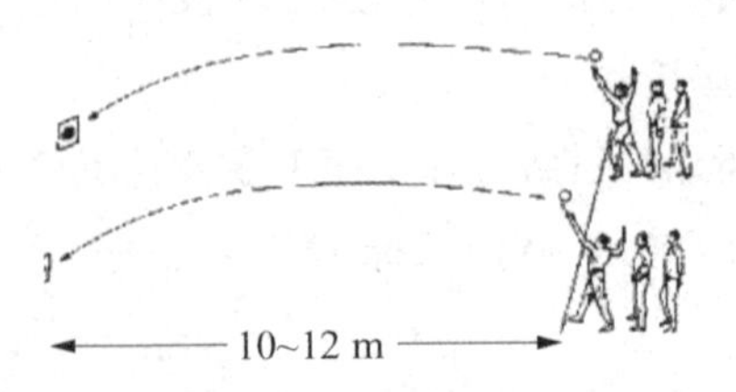

**评分规则：**

优秀：(1)发球准备姿势稍蹲动作到位；(2)垂直抛球稳定，距离身体位置合理；(3)挥臂击球时蹬地转体动作明显，弧形鞭甩动作有力，推压球后球前旋明显；(4)在最高点击球，击球后重心前移自然；(5)成功发球至对方半场，落点位置刁钻。

合格：(1)发球准备姿势稍蹲基本动作到位；(2)垂直抛球较稳定，距离身体位置较合理；(3)有挥臂击球蹬地转体动作但不明显，有弧形鞭甩动作但力度不够，有推压球动作但球前旋不够明显；(4)在上升期击球，有击球后重心前移动作；(5)成功发球至对方半场，落点位置有效。

**任务四：实战运用技术**

1. 小组发球比赛：

比赛规则：将全班每8人一组分组，进行隔网发球比赛(降低网高)，将球发至对方半场相应区域，得到相应的分数，然后各小组累计积分，分数高的小组为胜。

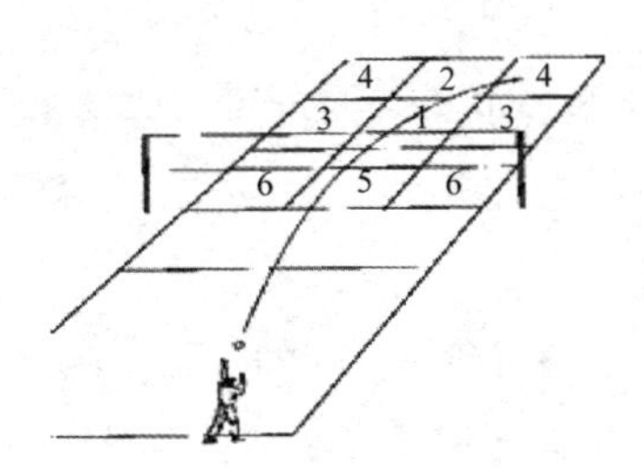


2. 在小组长的带领下，每人发球1次，并计算小组积分，积分最高的小组胜。(检测目标3)

**评分规则：**

优秀：在降低网高网状态下，每组8人各发球1次，发球累计积分在32分以上，且发球动作正确、连贯、舒展、发球有力度。

合格：在降低网高网状态下，每组8人各发球1次，发球累计积分在24分以上，且发球动作正确、连贯。

**任务五：恢复评价**

1. 听音乐放松练习：两人一组相互按摩放松练习。

2. 对自己的学习情况、他人学习情况、小组合作学习情况进行评价。

3. 听老师总结、归还器材。

设计说明：在掌握技术环节中（活动三）结合任务情境，先从认知层面了解和理解上手发球技术要领并熟记，再从徒手抛球练习过渡到有球练习，从轻发球练习开始，再逐渐增加发球距离和难度。整个学习过程力求体现技术学习的层次性，递进性，做到由易到难，让学生在轻松愉快的氛围中掌握排球正面上手发球技术。

## 学后反思

1. 我能说出排球正面上手发球及运用的哪些技术要领？

2. 还有哪些练习方法更有利于自己掌握排球正面上手发球技术？

3. 我的学习效果怎么样？我的体育品德得到发展了吗？

设计说明：本课学后反思主要是围绕学习结果、学习方法和路径、素养养成三方面展开设计。如：学后反思1主要是引导学生以说的方式对学习结果作整体回顾；学后反思2则引导学生寻找适合自身特点和运动水平的学习方法和路径，更利于运动技能的掌握。

## 导 读

本课教学内容是中国传统绘画，属于“造型·表现”领域的教学内容。它是7—9年级中国画教学的起始课，和第8课《写意花卉》构成一个完整的学习单元。通过名家作品的分析，感受中国画笔墨韵味给人带来的美感。通过运用笔法和墨法进行绘画练习，提高学生造型表现能力。同时通过这一学习过程，进一步了解博大精深的中国传统文化，以及中国画艺术承载的思想境界与审美理念。本学历案设计力图体现四大亮点：一是学历案设计依据美术课程标准和目标叙写技术，确定明晰的学习目标；二是从中国画的笔墨的感知与运用入手，通过从知识与技能学习，提升到对中国传统文化的理解，发展学生美术素养与人文素养；三是通过实践创作，发展学生的美术表现能力；四是按照学历案设计理念精心设计了“初识笔墨→探究笔墨→练习笔墨→运用笔墨”的学习流程，并将评价任务镶嵌在学习过程中，关注“怎么学”和“是否学会”，实现“真学习”。

# 中国画的笔墨情趣

曾庆勇

### 主题与课时

人民美术出版社版初中美术教材七年级下册第7课(1课时)。

### 课标要求

有意图地运用线条、形状、色彩、明暗等造型元素，选择传统媒介，探索不同的创作方法，发展具有个性的表现力，表达思想与情感。

## 学习目标

1. 通过自主阅读教材，欣赏梁楷、李苦禅、郑板桥和齐白石等名家作品和观看视频，了解中国画的笔墨，能简单说一说笔墨在中国画中的作用。

2. 通过自主学习教材和实践练习活动，学习中国画的基本技法，初步掌握运笔用墨的方法。

3. 通过欣赏、分析名家作品，感受中国画笔法和墨法的情感表达，并运用笔墨的技法创作一小幅中国画，有个性地表现、表达自己的思想和情感。

设计说明：基于课标要求、学生实际及教材，将中国画的用笔、用墨概念从知识理解到技巧掌握，最后转化为实践创作，设计了3条层层递进的学习目标，发展学生的美术表现、文化理解等学科素养。

## 评价任务

1. 完成任务一2。(检测目标1)

2. 完成任务二2、3、4和任务三。(检测目标2)

## 资源与建议

1. 本课内容是初中中国画教学的起始课，主要学习运笔用墨等基本的知识，它和第8课《写意花卉》构成一个完整的学习单元，通过本课学习将进一步了解博大精深的中国传统文化，以及中国画艺术承载的思想境界与审美理念。

2. 本课学习流程：初识笔墨→探究笔墨→练习笔墨→运用笔墨。

3. 本课学习重点是中国画笔法和墨法的掌握；难点是能通过作品欣赏和笔墨练习体会笔墨情趣。重难点的突破以通过学习活动二、学习活动三、作业与检测来实现。

## 学习过程

**课前准备：**本主题学习工具：毛笔（大、小号）2—3 支、调色盘 2 个、宣纸（生）3 张、国画墨汁、国画颜料、毛毡、小水桶、餐巾纸。

### 任务一：回忆笔墨

1. 在阅读教材第 24—25 页基础上，欣赏老师出示的中国画，选择一幅喜欢的画作谈谈笔墨运用及感受？（指向目标 1）

2. 说一说什么是笔墨？笔墨在中国画中有什么作用？（检测目标 1）

设计说明：笔墨中国画独特的造型语言，也是中国画独立于世界画坛的重要因素。学习跟随教师的作品展示欣赏和视频观看，激发学生的学习兴趣，进入学习情境。通过分析作品中运用的笔墨，帮助学生认识笔墨及其作用。

### 任务二：探究笔墨

1. 自主阅读教材第 26 页，学习中国画笔法和墨法知识。（指向目标 2）

2. 将中锋、侧锋、逆锋、拖笔四种运笔方法填入下面的图中。（检测目标 2）

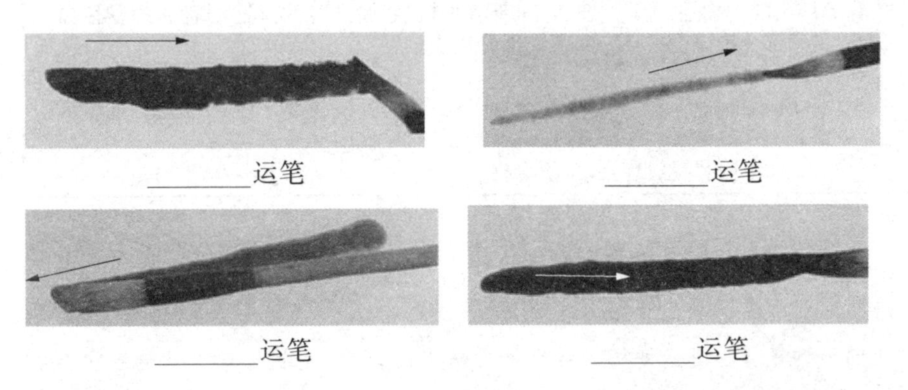

________运笔　　________运笔

________运笔　　________运笔

3. 将焦、浓、重、淡、清五个墨色填入下面的示范图中。（检测目标 2）

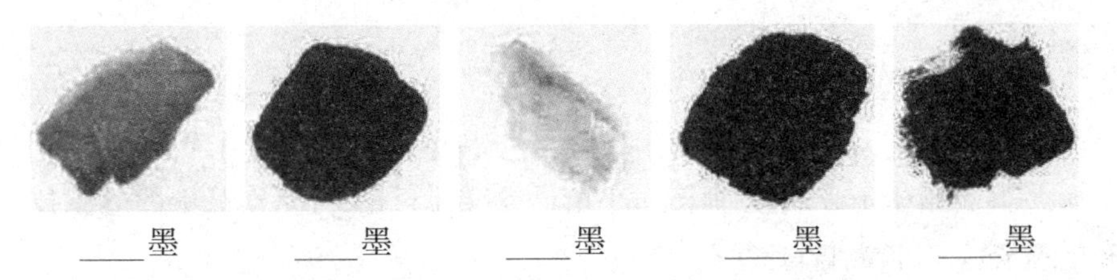

____墨　____墨　____墨　____墨　____墨

4. 将淡墨湿笔、淡墨干笔、浓墨湿笔、浓墨干笔四种墨法填入下面图中。（检测目标 2）

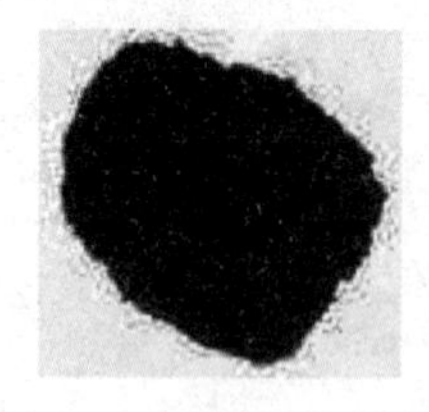 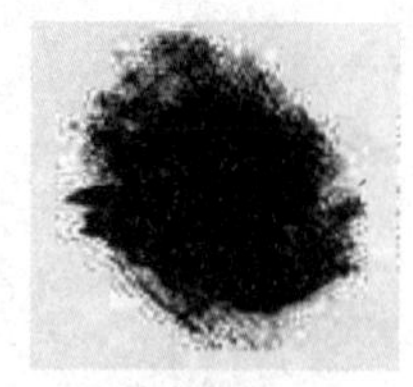 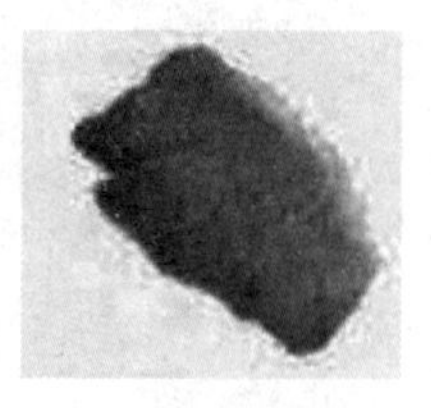 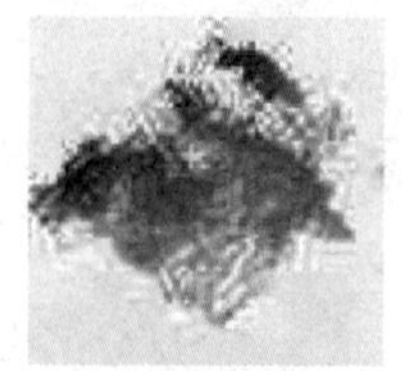

________ ________ ________ ________

**任务三：练习笔墨（检测目标2）**

1. 分小组进行中国画笔法和墨法的实践练习，小组成员相互讨论，合作互助。

2. 根据自己的“用笔”、“用墨”练习情况，在相应的完成情况栏打“√”，并在“总体评价”栏填上等级。

| 笔法运用 | 完成情况 | 墨色运用 | 完成情况 | 墨法运用 | 完成情况 |
|---|---|---|---|---|---|
| 中锋<br>侧锋<br>逆锋<br>拖笔 | 全部正确□<br>大部分准确□<br>部分准确□<br>都不正确□ | 焦墨<br>浓墨<br>重墨<br>淡墨<br>清墨 | 全部表现恰当□<br>大部分表现较好□<br>部分表现较好□<br>全部不能表现□ | 淡墨湿笔<br>浓墨湿笔<br>淡墨干笔<br>浓墨干笔 | 全部表现恰当□<br>大部分表现较好□<br>部分表现较好□<br>全部不能表现□ |
| 总体评价（优、良、合格、不合格） | | | | | |

设计说明：在教师指导和小组协作下，实践运用笔法和墨法，掌握运笔的方法和通过水墨调和出不同深浅、干湿的墨色，并认识宣纸自由渗化的效果，感受中国画的笔墨情趣。通过对自己练习情况的评价，使学生自我了解知识掌握情况，分析学习得失。

## 作业与检测

1. 欣赏教材中王震的《墨荷图》，小组进行交流讨论，分析作品中的笔墨技法和笔墨情趣。（检测目标3）

2. 尝试在老师提供的基本水墨图形上进行创意添加，创作小幅有个性的水墨画作品，体验中国画造型的乐趣和笔墨的情趣。（检测目标 3）

展评交流，评选优秀作品。

设计说明：通过对名家作品的分析，使知识掌握更深刻，更牢固。基于学生的认知水平，给学生提供思路，启发学生创意表现，通过添画创作活动，既巩固所学的新知识，又将“所学”转换为“所用”，通过创作表达，感受中国画的笔墨情趣，激发学生学习中国画的积极性，发展学生美术表现、文化理解素养。

## 学后反思

1. 通过本课的学习，掌握了哪些中国画的用笔用墨方法？如果没有掌握，知道原因吗？

2. 尝试用所学的中国画用笔、用墨知识分析一下自己的作品。

## 导 读

本课属美术课程“欣赏·评述”学习领域，与初中阶段其它五册美术教材开篇的欣赏课形成系列，是初中美术教材外国美术作品欣赏课的起始课。学生重点在这节课中了解欣赏绘画作品的基本方法和发展学生赏析能力。要求学生用美术语言去描述作品，而不是停留在浅层的主观感受上。传统的课堂往往是教师讲、学生听，听了就了，这样的课堂不仅低效，而且不利于学生美术学科素养的提升，在设计学历案时力求避免这种现象的出现。本学历案设计力图体现三大亮点：一是立足对课标要求的细化分解；二是采用表现性评价方式；三是帮助学生从感性欣赏和理性多角度分析来掌握欣赏作品的方法，发展学生美术的图像识读、审美判断和文化理解素养。

# 声讨暴行的檄文——《格尔尼卡》

刘婷婷

### 主题与课时

人民美术出版社版初中美术七年级下册(1课时)。

### 课标要求

欣赏不同时代和文化的美术作品，了解重要的美术家及流派。通过描述、分析、比较与讨论等方式，对美术作品进行简短评述，表达感受和见解。

### 学习目标

1. 阅读教材第1—3页，了解画作《格尔尼卡》基本信息(作者、年代、尺寸)、创作背景，从构图、造型、色彩、风格、内容等方面欣赏评述《格尔尼卡》等绘画作品，了解立体主义风格作品基本特征并能识别立体主义作品。



2. 通过观察《格尔尼卡》画面中人物、动物及动作表情，分析画中形象的象征意义。

3. 对比欣赏不同表达形式的战争题材作品，感受战争给人们带来的灾难和痛苦。

设计说明：依据课标要求，七年级学生学情和教学内容，拟定以上3条课时目标。根据课标要求进行了细化，如“对美术作品的简单评述”，具体为从用构图、造型、色彩等方面欣赏评述《格尔尼卡》，也给学生指明了学习方式和策略，利于发展学生美术的图像识读、审美判断等学科素养。

## 评价任务

1. 完成任务二5。(检测目标1)
2. 完成任务二3。(检测目标2)
3. 完成任务三1。(检测目标1、3)

## 资源与建议

1. 本课属于“欣赏·评述”领域。可以运用七年级上期所学的从内容描述、形式分析、比较作品等方面去欣赏作品。同时，了解《格尔尼卡》立体主义的非写实画风，也为之后学习艺术的多元化做准备。

2. 学习流程：感受《格尔尼卡》→认识画家、作品、风格→相同题材、不同画家的不同表达形式→感受法西斯暴行带来的灾难和痛苦。

3. 重点是了解作品以象征性语言表达对法西斯暴行的愤怒之情。难点是通过欣赏不同画家、不同表达形式的美术作品，感受法西斯战争带来的灾难和痛苦。

4. 人物资料卡：

年幼时，毕加索家发生过一次灾难，毕加索的母亲手举油灯为他们指引逃难方向的情节，也成为毕加索最初对灾难的认识。从心理学角度出发，童年时的灾难阴影是一个人一生最难抹去的记忆。所以在《格尔尼卡》的创作中，毕加索应用了他童年时的记忆也可以说明他对格尔尼卡小镇中平民遭受灾难感同身受。母亲手里的灯火代表灾难记忆的同时，也成为暗夜里指引光明的灯火，带给西班牙人民以希望。

设计说明：本部分的叙述，介绍了本课内容与前后知识的联系，帮助学生将已有的作品欣赏方法迁移到本课学习中，并通过老师提供的学习流程、重难点突破方式从整体上初步感知本课学习内容。同时，运用评价标准，学生可以判断自己学习效果。毕加索童年经历的资料卡，可以为学生分析作品提供辅助。

## 学习过程

### 任务一：感知作品

1. 初看画作《格尔尼卡》，说一说假如我生在20世纪初的格尔尼卡，我在毕加索的画里是什么样子。

2. 观察画作《格尔尼卡》，从色彩、构图、形象等方面说说它有什么特点？（指向目标1）

设计说明：通过“假想”活动，激发学生想象力和兴趣，引导学生了解画作创作背景。通过初步感知画作，了解画家的绘画技巧，并发展图像识读素养。

### 任务二：赏析作品

1. 通过阅读教材第2—3页，勾画出作者介绍、作品背景、作品风格、作品基本信息（年代、种类、尺寸等）。（指向目标1）

2. 观察作品《格尔尼卡》（第1页）中形象，思考以下形象的动作、表情和象征意义。（指向目标2）

3. 欣赏作品《格尔尼卡》，选择画中两个印象深刻的形象，从动作、表情进行分析，谈谈其象征意义，填入以下表格。（检测目标 2）

| 形象 | 动作 | 表情 | 象征意义 |
| --- | --- | --- | --- |
|  |  |  |  |
|  |  |  |  |

4. 阅读第 46 页勾画立体派概念。想一想，说一说：立体派作品有什么特征？（指向目标 1）

5. 请在立体派作品下面划“√”。（检测目标 1）

任务三： 对比欣赏

1. 对比战争题材下不同画家的作品（见 PPT，同学相互交流），完成下列表格。选择 1—2 件作品赏析。（指向目标 1、3、检测目标 1、3）

《构成第四号(战争)》(康丁斯基)

《安吉里之战》(达·芬奇)

《南京大屠杀》(李自健)

《八女投江》(王盛烈)

| 作品 | 种类 | 风格 | 作品形式 | | 自己的感受与见解 |
|---|---|---|---|---|---|
| | | | 构图 | 色彩 | |
| | | | | | |
| | | | | | |
| | | | | | |
| | | | | | |

2. 这些画作和《格尔尼卡》的表现手法有什么不同？(指向目标 1)

设计说明：通过欣赏不同美术作品，感受法西斯战争带来的灾难和痛苦。这些是不同时代、不同国家、不同画家、不同风格、不同种类、不同形式的作品。

通过对比感受不同画家对战争题材作品的表达，感受战争给人民带来的痛苦和不幸，了解艺术的多元化，发展学生图像识读、审美判断和文化理解素养。

## 作业与检测

### 《格尔尼卡》赏析

1.《格尔尼卡》作者________，这幅画画于________年，种类是________，风格是________。（检测目标 1）

2. 任意选择下面画作《格尔尼卡》中的一个形象，分析它表达的意义。（检测目标 2）

赏析评价表（自评）：

| 评价内容 | 得分 | 总分 | 等级（优、良、合格、不合格 |
| --- | --- | --- | --- |
| 收集作品基本信息（作者、年代、尺寸、风格、种类）（2 分） | | | |
| 用美术的语言（构图、造型、色彩等方面）评价作品（3 分） | | | |
| 语言表达清晰（3 分） | | | |
| 能体会作者表达的情感（2 分） | | | |

评价标准：8.5 分以上为优秀，7.5—8.4 为良好，6—7.4 为合格，6 分以下为不合格。

## 学后反思

1. 我对《格尔尼卡》的首次印象是什么？学习过后，对这幅作品的哪些关键细节又产生了什么新的体会？

2. 如果我在博物馆看到一幅毕加索的名画，我将从哪些角度来欣赏这幅画呢？

## 导 读

“探索发现温江之农业篇”是针对七年级学生开发的综合实践活动课程，本课是研究活动的开题课。本学历案设计重点是让初中学生关注调查中发现的问题，并将问题转化为小课题，以小组为单位制定研究计划，激励每个组员都有责任担当，做到事事有人做，人人有事做，以更有效地落实《中小学综合实践课程指导纲要》。

# 探索发现温江之农业篇

李强

## 主题与课时

七年级综合实践活动课程开题活动(1课时)。

## 中小学综合实践活动课程指导纲要要求

1. 初步形成探究社区问题的意识，愿意参与社区服务，初步形成对自我、学校、社区负责任的态度和社会公德意识，初步具有法治观念。

2. 能关注自然、社会、生活中的现象，深入思考并提出有价值的问题，将问题转化为有价值的研究课题，学会运用科学方法开展研究。能主动运用所学知识理解与解决问题，并做出基于证据的解释，形成基本符合规范的研究报告或其他形式的研究成果。

## 活动目标

1. 通过调查、访问、查阅资料等方法了解温江农业的现状特点，能简要描述温江农业的现状及特点，能根据自己感兴趣的内容，确定要研究的问题，提高发现问题、分析问题的能力。

2. 通过整理研究的问题，与研究相同问题的同学组成学习小组，确定小组活动的课题，知道相同的问题要合并，没有价值或目前我们没有办法去探究的问题要舍去，逐步提升分析、归纳和概括问题的能力。

3. 通过小组合作，制定小组活动计划，明确活动任务和活动顺序，提升合作研究能力。

设计说明：通过对《指导纲要》的解读，结合区域实际设计了“探索发现温江之农业篇”主题研究活动，活动的目标是围绕发现问题，提出问题，将问题转化为小组课题并完成小组活动计划的制定，是对综合实践活动培养学生问题解决目标的具体落实。

## 评价任务

1. 完成课前活动 3。（检测目标 1）
2. 完成任务一。（检测目标 2）
3. 完成任务二 2。（检测目标 3）

## 资源与建议

1. 本次活动是一次考察探究实践活动。主题来源于我们的生活，在围绕大主题的探究活动中，本课内容是本主题活动的开题活动——产生小组课题，为后面的分组调查、探究活动做好准备。

2. 活动的流程：交流资料—发现问题—生成主题—制定计划。活动需要课前调查收集的资料、采访视频、调查记录填写“温江农业”调查表。

3. 活动的重点是找到自己需要研究的问题，可以通过对调查资料的分析筛选来完成；活动的难点是将问题变成研究的课题，可以在小组内与同学讨论或请教老师来突破。

设计说明：让学生明白本次活动的特点及重要性，引起学生对活动的关注，明确需要做的课前准备和活动流程，让学生在活动之前有浓厚的兴趣，为课堂活动的开展做好应有的铺垫。

## 活动过程

**课前活动：调查温江农业的现状（课前活动任务）**

1. 采用合适的调查方式（观察、访问、查资料、拍照、录像等），根据温江农业的地方特点及调查表提供的调查项目，完成温江农业现状的调查。（指向目标 1）

2. 实地调查至少了解 2—3 个地点。调查一定要注意文字、图片的收集，以保证资料的真实性。（指向目标 1）

3. 完成温江农业的简单情况调查，填写“温江农业”调查表。（检测目标 1）

**“温江农业”调查表**

| 调查项目 | 调查方式（观察、访问、查资料、拍照、录像等） | 内容简要说明 |
| --- | --- | --- |
| 农业用地 | | |
| 水利资源 | | |
| 主要粮食作物 | | |
| 主要花木作物 | | |
| 主要蔬菜、水果 | | |
| 现代农业建设 | | |
| …… | | |

设计说明：综合实践活动课程的实践性、开放性特点，决定了活动的开展必须走出教室、走进社区，课堂活动前布置前期的调查任务，学生带着前期活动成果回到教室，才能为本次开题活动的有效开展做好资源保障。

**任务一：发现问题，生成小主题**

交流“温江农业”调查表，发现问题，生成小主题。(检测目标 2)

1. 我能与同学分享自己的“温江农业”调查表。

① 我能在小组内交流我的调查表。

② 我要争取代表小组在全班进行交流。

2. 我能根据同学的交流谈谈自己的感受。

3. 我能对同学的交流，进行补充。

4. 在同学交流的基础上找到自己感兴趣的内容或问题，在调查表中勾画出来，再写出自己想要研究的小课题，写在下面的横线上。

________________________________________。

5. 在小组内和同学讨论，筛选、整理、提炼出小组课题。

我们小组研究的课题的名称可以描述为：“关于温江农业________________的问题研究”。

设计说明：通过对前期温江农业现状、特点的调查情况的交流，学生之间的相互补充，学生能感受到温江农业的发展状况，在此基础上找到自己感兴趣的内容或问题，提出自己的研究课题，最后小组内讨论、筛选、整理，提炼出小组的研究课题，完成了从问题到有价值的研究课题的转化。

**任务二：制定活动计划**

1. 设计小组活动计划表。(指向目标 3)

① 小组合作，讨论交流活动计划的主要内容，并把这些内容列举出来。

② 回顾以往的活动经验，对小组活动计划提出新的建议或想法。

2. 制定小组活动计划。(检测目标 3)

① 在小组长的带领下，根据小组成员的长处，做出恰当的分工。(上网搜集材料、调查、访问，拍照、录像、请教有关方面的老师、专家，完成总结的 PPT、展板等)。

② 初步制定活动步骤。(收集资料、分析研究资料、总结资料)

③ 全班交流：通过倾听其他小组的活动计划设想，对本小组活动计划提出建议。

④ 根据同学们提出的建议，修改小组活动计划。

★老师的建议：

① 可以参考下面的活动计划表，也可以自行设计。

② 根据小组成员的特长、优势，选择承担适合自己的活动任务。

**综合实践活动计划表**

<table>
<tr><td>小组名称</td><td></td><td>小组活动课题</td><td></td></tr>
<tr><td>活动形式</td><td colspan="3"></td></tr>
<tr><td rowspan="6">组员</td><td>姓名</td><td colspan="2">分工（任务）</td></tr>
<tr><td>（组长）</td><td colspan="2"></td></tr>
<tr><td></td><td colspan="2"></td></tr>
<tr><td></td><td colspan="2"></td></tr>
<tr><td></td><td colspan="2"></td></tr>
<tr><td></td><td colspan="2"></td></tr>
<tr><td rowspan="6">活动步骤</td><td>活动时间</td><td colspan="2">主要任务</td></tr>
<tr><td></td><td colspan="2"></td></tr>
<tr><td></td><td colspan="2"></td></tr>
<tr><td></td><td colspan="2"></td></tr>
<tr><td></td><td colspan="2"></td></tr>
<tr><td></td><td colspan="2"></td></tr>
</table>

设计说明：制定小组活动计划对研究活动的实施有很重要的作用，小组成员必须明白自己将要做什么、怎么做、承担怎样的责任。围绕这些内容，小组做出了较为恰当的人员分工，有了具体活动时间和内容的安排，这样一来，下一阶段研究活动的开展才有较强的保障。

## 学后反思

1. 我们小组选择的课题是：____________________，选择这个小组课题的主要原因是：____________________。

2. 我自己提出的课题没有被选中（或被选中），我的想法是：________________________________________。

设计说明：这两个问题分别指向活动的结果和过程，引导学生形成科学的研究态度，能积极参与到研究活动中，帮助学生在后期活动中，明确自己的活动内容及任务，从而圆满完成活动任务。

## 导 读

“绿色上网健康成长”是针对七年级学生开发的综合实践活动课程。本课是研究活动的实施阶段。本学历案设计突出以下三个理念：一是引导学生关注社会、关注生活，在搜集、阅读、观看资料的过程中，初步形成自我负责的意识；二是指导学生在独立思考、小组研究、全班交流三级活动中解决不同难度的问题；三是为小组活动赋能，使学生在规则下“运行”，发展合作意识。

# 绿色上网 健康成长

宋新妍

## 主题与课时

七年级综合实践活动课程调查研究活动(1 课时)。

## 中小学综合实践活动课程指导纲要要求

1. 责任担当：观察周围的生活环境，围绕家庭、学校、社区的需要开展研究活动，增强服务意识，养成独立的生活习惯；初步形成对自我、学校、社区负责任的态度和社会公德意识，初步具备法治观念。

2. 问题解决：能关注自然、社会、生活中的现象，深入思考并提出有价值的问题，将问题转化为有价值的研究课题，学会运用科学方法开展研究。能主动运用所学知识理解与解决问题，并做出基于证据的解释，形成基本符合规范的研究报告或其他形式的研究成果。

## 活动目标

1. 通过观看视频和图片，小组讨论、交流感受，围绕自己小组的研究课题，确定具体研究哪些方面的问题，进一步提升自己探究问题和分析问题的能力。

2. 通过小组成员自荐和组长统一调配方式，针对一个研究的问题，确定相应的小组成员，通过小组交流对不同问题确定恰当的科学研究方法，提高自己解决问题、策划能力和合作意识。

3. 通过小组合作讨论，拟定小组课题的研究步骤，初步预测研究活动中可能遇到的困难，并能通过小组讨论和全班交流，找到相应的解决办法，发展自己解决问题及创新能力，进一步强化合作交流意识。

设计说明：学习目标将《指导纲要》中“深入思考并提出有价值的问题，将问题转化为有价值的研究课题，学会运用科学方法开展研究”的要求，结合本课题研究的需求，具体细化为小组研究课题的过程。通过观看视频和图片，小组讨论、交流感受，确定具体研究哪些方面的问题，通过自荐和统筹安排将小组人员分工，并且对面临的问题进行合理预设及预想出对策，三个目标层层递进为实践活动顺利开展和实施奠定基础。

## 评价任务

1. 完成任务一 4。（检测目标 1）
2. 完成任务二。（检测目标 2）
3. 完成任务三。（检测目标 3）

## 资源与建议

1. 紧紧围绕主题，确定研究问题，这是开展研究活动的基础。有了具体的研究问题，确定研究人员与方法和活动步骤，才能保证研究活动的顺利进行。

2. 活动的主要流程：整理调查资料—确定研究问题—确定人员分工—制定活动步骤。

3. 选择恰当的研究方法是活动的重点，可以选择的方法有：考查、查资料、走访、拍摄、设计幻灯片、宣传画报，整理资料等方法。通过分析资料确定研究的问题是难点，可以采用自己比较筛选和在小组内交流的方法来确定。

4. 本次综合实践活动任务完成情况，可以根据下面的标准作等级评定。在小组活动中自己有 3 条建议被采纳可以评定为优秀，有 2 条建议被采纳可以评定为良好，有1条建议被采纳可以评定为合格，没有建议被采纳或没有提出建议就需要继续努力啦！



设计说明：本建议明确了研究内容和重难点，让学生心中有数；为学生提出了评价建议，突出学生的自我评价，将自己在小组活动中的参与、投入及提出的建议被采纳的个数作为标准，激发学生在小组活动中的积极性，培养学生的参与意识和主人翁精神，加强合作交流和互动意识，让自己的探究和实践创新能力等综合素质逐步得到锻炼提升。

## 学习过程

**课前活动：完成资料收集整理（指向目标1）**

1．查阅整理资料，并填写完成《查阅资料收集活动记录单》。

**查阅资料收集活动记录单**

| 小组名称 | | 研究子课题 | |
| --- | --- | --- | --- |
| 资料来源 | | 网址/书名 | |
| 资料内容（摘要） | | | |
| 收集时间 | 年　月　日 | 收集人 | |

2．整理采访资料，并填写完成《采访资料收集活动记录单》。

**采访资料收集活动记录单**

| 小组名称 | | 研究子课题 | |
| --- | --- | --- | --- |
| 采访对象 | | 采访地点 | |
| 采访内容（摘要） | 问1：<br>答：<br><br>问2：<br>答： | | |
| 采访时间 | 年　月　日 | 采访小组成员 | |

设计说明：学生在小组内整理前期活动收集的资料的过程，就是对前期活动的反思过程。完成前期的调查活动资料的整理，为下一阶段中课题问题的确定做好准备，为研究活动顺利进行打下坚实的基础。

**任务一：筛选确定研究的问题**

1. 观看一段反映中学生上网成瘾的视频和文字图片，谈谈自己的感受。（指向目标1）

2. 围绕“绿色上网，健康成长”的研究主题，根据小组的研究课题，想一想本组课题可以研究哪些方面的问题，先认真思考，再记录1—2个问题。（指向目标1）

3. 小组内交流自己认为值得研究的问题。小组内交流、讨论，筛选出最有价值的几个研究问题记录在草稿纸上。（指向目标1）

4. 全班交流各组的研究问题，注意倾听其他小组研究的问题，有没有与自己重复的问题或有没有可以借鉴的地方。再对自己小组研究的问题进行调整。将本组的研究问题填写在“小组研究活动记录单（一）”中。（检测目标1）

设计说明：学生观看视频和图片，真实的画面和图片更能激发学生内心的研究欲望，让学生知道本次课题研究的必要性，并引起学生的深度思考。活动的步骤2、3学生先明白要做什么和怎么做，有分析能力和思维的训练，有助于提升学生分析问题的能力、合作交流能力、整理问题的能力，养成仔细倾听的好习惯。活动第4步在交流碰撞中达成活动目标。

**任务二：确定研究人员及研究方法（指向目标2/检测目标2）**

1. 独立思考选择：自己最适合研究哪一个问题，可以通过哪些方法开展对这个问题的研究活动，并写下来。

适合自己的研究问题：______________________________。

可以采用的研究方法：______________________________。

2. 小组交流。在组长的带领安排下依次轮流发言，确定各问题的研究人员，讨论交流确定各个问题的研究方法，说明选择某种研究方法的原因，并将本组的研究方法、人员分工填写在《小组研究活动记录单（一）》中。

3. 各小组代表在全班交流本小组研究的问题、选择的研究方法和选择这种方法的原因，并认真听取、记录其他小组同学提出的意见和建议。没有展示时，自己要认真倾听，对展示小组选择的研究问题和方法提出自己的意见或建议。

4. 在小组长的组织带领下，各小组修改完善小组活动研究问题和方法，并填写《小组研究活动记录单（一）》。

**小组研究活动记录单（一）**

<table>
<tr><td>小组名称</td><td></td><td>研究课题</td><td colspan="2"></td></tr>
<tr><td colspan="2">研究的问题</td><td colspan="2">研究方法</td><td>研究人员</td></tr>
<tr><td colspan="2">1.</td><td colspan="2"></td><td></td></tr>
<tr><td colspan="2">2.</td><td colspan="2"></td><td></td></tr>
<tr><td colspan="2">3.</td><td colspan="2"></td><td></td></tr>
<tr><td colspan="2"></td><td colspan="2"></td><td></td></tr>
</table>

设计说明：通过自主选择研究问题和研究方法，逐步培养学生对自我的认识能力，进一步提高学生在实践研究活动中的主人翁意识；通过小组合作交流，相互提意见和建议，增强学生合作交流意识和互助能力，小组修改完善活动记录能自我检测小组活动的达到情况，增强团队意识。

**任务三：制定活动计划（指向目标 3/检测目标 3）**

1. 小组讨论：根据研究问题的不同，小组交流讨论研究的时间和地点，并确定下来，做好记录。

2. 先自己独立想一想：在研究的过程中可能会遇到什么困难，有什么方法可以解决这些困难，还有哪些需要注意的地方，然后简单地记录下来，最后轮流在小组内说一说。

可能会遇到的困难：________________________________________。

解决困难的方法：________________________________________。

需要注意的地方：________________________________________。

3. 小组讨论，确定本组研究的具体活动步骤，填写《小组研究活动记录单(二)》。

4. 全班交流：各小组派成员代表在全班交流本组研究的具体活动方案，请其他小组倾听后提出意见和建议，如有疑问也可以提出来讨论交流，并做好记录。

5. 各组根据大家的意见和建议再次完善自己的活动步骤，最后修改完善《小组研究活动记录单(二)》。

**小组研究活动记录单(二)**

| 小组名称 | | 研究课题 | |
|---|---|---|---|
| 研究的问题 | | | |
| 研究的步骤 | | | |

设计说明：通过确定具体的活动时间、地点、步骤以及对可能遇到的困难和解决的方法的预测等一系列活动，提升学生发现问题、解决问题的能力，以及活动策划能力，增强学生的合作交流意识。

## 学后反思

1. 经历了这次“绿色上网，健康成长”研究活动后，我认为开展问题研究需

要做好哪几件事？（整理后依次写下来）



2. 这节课我最满意自己哪些方面的表现，最不满意哪方面的表现？我还有什么困惑？

设计说明：通过引导语提示学生从问题研究的过程、方法的角度进行反思，从而积累问题研究的方法；从自己学习的收获进行反思，学生再次总结自己在活动中的研究成果，从自己的优缺点、自己的困惑反思，有利于学生进一步实施研究活动。这是一个自我总结提高的过程，能逐步培养学生问题解决意识，同时提高他们问题解决的能力。

# 后记

顺应温江教育改革与发展的历史逻辑，温江教育人选择了区域推进学历案，作为新时代深化课程改革的载体。几年来，聚焦学历案推进开展了系列研究实践活动：立项省级课题，编制行动计划，开展专题培训，举办要素解读大赛，组织标杆课展评，进行专题研讨等，在区域内形成了研究学历案、探索学历案的浓郁氛围。在温江，学历案逐渐从少数人的认同转变为多数人的遵从；从无形的理念转变成现实的文本和课堂上的行为；从实验学科、实验学校的小规模试点，发展为全员参与的学历案要素解读大赛、学科满覆盖的标杆课选评。逐渐深入的学历案实践探索，让我们深切感受到了学历案对于提升课堂质量、促进教师专业成长的效益。

为了有效传播学历案理念，充分展现在义务教育阶段推进学历案的价值。我们萌生了编辑一本义务教育阶段学历案样例的想法，既记录我们的实践历程，也给教育同行提供一些参考。这一想法，得到崔允漷教授及其专家团队的热情鼓励和大力支持。2019 年 7 月，我们开始精心策划书籍编写体例，组建骨干教师团队着手创编，持续开展基于课堂实践的修订，2020 年 2 月完成初稿，崔允漷教授及其专家团队多次审阅书稿并提出详尽的修改建议。

崔允漷教授为本书撰写了高屋建瓴的推荐序，对我们的探索给予了热情的鼓励和高度评价。系统梳理了从“教案”到“学历案”的改革历程，深刻回答了为什么基于课程标准的学历案是让教学“回家”，精炼阐释了学历案可能的优势和下一步发展方向等学理问题，为学历案实践提供了专业而权威的理论指导。

本书主体共三个部分。第一部分为温江区域推进学历案的经验介绍，从历史和现实角度梳理了温江选择学历案的初衷，区域推进的主要做法、取得的初步成效、存在的主要问题等等。第二、三部分精选了小学、初中各学科学历案样例。每篇样例前，有简洁的“导读”，揭示该学历案特色亮点或创新点。在学历案要素后有“设计说明”，有的对“为什么这样设计”进行了精炼的阐释，有的“例说”了学历案相关要素的理论主张，努力给读者关于学历案理论主张与实践操作的启示。

作为义务教育阶段第一本规范出版的学历案样例和温江推进学历案的阶段成果，本书承载了太多人的期盼与厚望、凝聚了太多人的智慧和辛劳。值此付梓之际，我们衷心感谢为本书付出心血的专家和同仁。

感谢以崔允漷教授为首的华东师范大学课程与教学研究所专家团队。他们是周文叶博士、朱伟强教授、雷浩博士、王少非教授、付黎黎老师等，以及多年来，一直关心、指导我们的华东师范大学课程所其他专家教授。他们既给了我们热情的鼓励和帮助，更给了我们专业的引领指导，可以说本书既是他们人格魅力的见证，也是他们专业指导的结晶。

感谢南京一中尤小平校长及其学历案研究实践团队，感谢卢明校长以及他带领的元济高中、嘉兴一中筚路蓝缕开启学历案实践探索之路的优秀老师们。他们多次为我区行政干部及骨干教师培训提供热情的支持和无私的援助，他们在高中阶段的研究成果，为我们义务教育阶段学历案探索实践提供了学习、借鉴的宝贵资源。

感谢华东师范大学出版社彭呈军老师和他的团队，他们的出色工作是本书顺利面世的重要保障。感谢本书创编团队核心成员刘吉全、卓平、周丽蕊、李中华、张周、张光伟等，本书从创意到最后成书，每一个环节都凝聚着他们的辛劳和智慧。

感谢四川省教科院、成都市教科院各位专家领导对本项目的悉心指导，他们的指导意见和建议汇聚成了推进本项目的重要动力。感谢温江区教育局各位领导对该项目的大力支持，教育行政部门对改革项目的大力支持，成为本项目的一大特色和亮点。感谢全区中小学校长及其行政团队、教研员及其带领的骨干教师团队，以及参与学历案创编与实施的每位老师。他们的热情参与和实践付出，是温江课程改革坚定的支持力量和重要的依靠力量。

尽管我们付出了艰辛努力，但囿于水平，疏漏和错误在所难免，期待您的批评指正。

编者

2020 年 5 月